恐懼

恐懼如何被操弄

不確定的政治、經濟與社會，為何形成21世紀的恐懼文化

HOW FEAR WORKS

Culture of Fear in the 21st Century

福瑞迪

Frank Furedi

蔡耀緯——譯

恐懼

目錄

導論

「生命無足畏懼，只須了解。現在，就是該好好了解，讓我們更少畏懼的時候。」

——瑪麗．居禮（Marie Curie）

我在一九九七年夏季出版《恐懼文化》（*Culture of Fear*）一書時，這個概念幾乎無人知曉。二十年過去，如今從政治活動到伊斯蘭恐怖主義或禽流感的討論，到處都有人談「恐懼文化」。但關於社會的恐懼文化起因及後果，仍存有不少混淆。本書的宗旨即是要糾正混淆之處，將現代對恐懼的執迷放回歷史脈絡中，考察我們如今恐懼的方式與過去有何不同。本書分析恐懼文化是如何奠基於看待人性的宿命論觀點，並進而強化這一宿命論。本書也試圖指出，開展較不恐懼文化的可能途徑。

恐懼的術語

「恐懼文化」一詞是一九九〇年代才出現的新穎概念，表達一種既存且無所不在的焦慮及不確定情感。就連不接受《恐懼文化》一書論點的批評者，也理解恐懼和文化已經緊密交纏，而這一發展對公眾生活產生顯著影響。

當時，對於愛滋蔓延、失蹤兒童、撒旦儀式虐待（Satanic Ritual Abuse）、環境汙染、犯罪，等等眾多憂慮的危言聳聽及捉錯用神的回應，表明了社會愈來愈執迷於助長恐懼氣氛，培養恐慌性格。但這只是開始。隨後數年，社會的關注更聚焦於劇烈而慘重的威脅，例如全球恐怖主義、全球暖化、流感爆發，和大規模毀滅性武器。與此同時，對於重大威脅的焦慮，又被一種日常生活更為庸常平凡的風險所引發的持續焦慮體系所凌駕。飲食、生活方式、兒童教養，乃至其他數十種生活的正常特徵，它們對人類構成的風險如今全被放大檢視。恐懼本身則被政治化到了這種地步：爭論焦點不再是我們該不該恐懼，而是我們該恐懼什麼人或什麼事。

相較於二十世紀晚期，我們今天運用的語言遠遠更偏向於採用恐懼的修辭。有時看來，更像是恐懼論述本身產生自己的內在動力。從十八世紀開始，提及「焦慮時代」的資料就已累牘連篇。[1]但在最近數十年，提及這種情境的資料更是激增到日常使用的地步。「恐懼政治」、「犯罪恐懼」、「恐懼因子」，以及「未來恐懼」等流行語的誕生，在在說明恐懼本身已經在我們的公眾對話中成了格外重要的參照點。

當「恐懼計畫」（Project Fear）這個用語在二〇一六年英國針對歐洲聯盟成員資格的公民投票中產生，這表明恐懼論述取得常識的地位。唐納・川普（Donald Trump）及其對手希拉蕊・柯林頓（Hillary Clinton）在數月後的美國總統大選期間運用類似修辭，則確認恐懼本身真的成為一套計畫。「倘若這次選舉週期是一面鏡子，那麼它映照出的就是一個被恐懼窒息的社會。」《滾石》雜誌的一篇專題特稿如此評估。[2]

當然，社會是否真的「被恐懼窒息」，僅憑當前通用的語言不足以解釋。儘管如此，語言仍是人們心態的重要標誌，反映了時代的精神。更重要的是，語言是人們對自身困境表達意義至關重要的媒介。「恐懼政治」或「恐懼文化」之類詞語愈益頻繁的使用，表現出很大一部分擅於表達的大眾，愈來愈關切恐懼對其生活的影響。為了洞悉社會附加於「恐懼文化」一詞的意義，我查閱Nexis資料庫的新聞來源，並紀錄它的相關修辭演進及其現行意義的發展。

我搜尋到使用「恐懼文化」一詞的首例，來自一九八五年三月十七日《紐約時報》的一篇報導。[3]那篇報導提及一位企業經理人採取的行動，顯然為組織「帶來紀律與規劃」，他還「致力於撲滅前任老闆們挑起的恐懼和絕望文化」。這個詞在早年的這種用法，預示日後將它與難以捉摸的焦慮及恐懼氣氛聯繫起來的趨向。但在一九八〇年代，這個詞的通行範圍有限，在Nexis資料庫僅能查到八筆記載。在這十年間，這個詞用來指涉機構內部文化之類的特定經驗，通常並不指涉社會盛行的更廣泛情境。

直到一九九〇年代，「恐懼文化」一詞才逐漸取得明確獨立運行，脫離於任何特定機構或經驗之外而存在的術語地位。一九九〇年五月，一名澳洲記者描述一系列駭人的報刊犯罪報導如何激發出「恐懼文化」。[4]「恐懼文化」的這種用法指向一種超乎特定經驗的情感具體成形的過程，是這個概念演進過程中的重要轉捩點。從此以後，這個詞愈來愈常用來指涉對整個社會造成影響的文化實踐及模式。

一九九〇年代提及「恐懼文化」一詞的資料，從八筆增加到五百三十三筆。在一九九〇年代中葉，這個詞獲得充分認可，得以使用於新聞標題。包含這個詞的新聞標題首例，出現於一九九六年一月。[5]用法的增加，在很大程度上受到兩部著作的出版刺激。其一是我的著作《恐懼文化》，一九九七年出版，以及貝瑞・格拉斯納（Barry Glassner）的同名著作，一九九九年發表；兩者都促使眾多評論者在報導時採用這個詞。恐懼和文化經常被表述成密不可分的概念。「恐懼文化」一詞受到的廣泛使用，在二十一世紀的最初十年更加明確。單單二〇〇五年，這個詞在Nexis資料庫裡就有五百七十六筆資料，十年後的二〇一五年，資料數目增加到一千六百四十七筆，二〇一六年又增加到兩千兩百二十二筆。

就算考量到Nexis資料庫有可能膨脹引用這個詞的資料數量，恐懼文化指涉的穩定擴張，顯示這個術語與大眾想像產生共鳴，也和它所描繪的經驗相符。使用它的不只有媒體從業人員，相對來說，它是極少數進入口語之中的社會學概念。人們每天談及各式各樣機構內部從業人員面臨的壓力、焦慮和關切時，都會聽人提到它。比方說，它通常是譴責用的修辭武器，用以指控特定個人或機構的行為。英國政府的學校視導部門的一名批評者就採取這種姿態，指控教育標準局（Ofsted）「對校園中的恐懼文化責無旁貸」。[6]口語中對這個詞的運用在英美世界十分普遍，說明它所表達的情感跨越國族疆界。正如班・夏皮羅（Ben Shapiro）二〇一三年的暢銷著作書名《霸凌：左派的恐懼與恫嚇文化如何令美國人噤聲》（*Bullies: How the Left's Culture of Fear and Intimidation Silences Americans*）所示，這個詞已經成了慣用的譴責用語。[7]

在日常對話中，恐懼文化一詞的含義十分廣泛，可以含括各式各樣的情緒，從尷尬、不適，到不受歡迎的評論和壓力，再到強烈的不安全感、無力感和脅迫感，還有被犯罪或恐怖活動威脅的感受。恐懼文化一詞的作用在於修辭術語，而非精準概念。它的意義通常很不清楚，用於描述人們對於五花八門現象的情緒反應及恐懼。研究顯示，修辭術語要是能夠描繪出大眾想像所不可或缺的群集圖像（cluster images），就能產生影響力並被廣泛運用。[8]人們身穿白色防護衣、佩戴防毒面具這類圖像，或是超商布告板上失蹤兒童的照片擴散，都提供了想像恐懼並予以表達所需的視覺圖景。

在修辭和事實兩方面賦予恐懼文化力量的，是它表達出當代社會的道德不確定性和無力感。這個詞的頻繁使用和過度使用，說明它愈來愈常作為一種詮釋人生的隱喻。有時，它的出現簡直讓恐懼成了自身的諷刺畫。人們表述自己這樣或那樣恐懼的隨意方式，說明它也成為一種修辭姿態，意在為特定論點或說法獲得關注。

最近數十年，危言聳聽競賽大行其道，不同群體為了我們應該或不該恐懼什麼而相持不下。於是在一群專家建議父母讓小孩遠離陽光，以免罹患皮膚癌之際，另一群專家則指出，兒童缺乏日照恐將導致維生素D不足。危言聳聽競賽也圍繞著兒童接種疫苗，是否比自然生長風險更大而展開。

人們習慣指控彼此助長恐懼、打恐懼牌，或聽任自己受到恐懼訴求操弄。恐懼文化的某些批評者顯然被他們指責的對象給嚇倒了，至少也搞錯方向。格拉斯納宣稱：「我們正活在有史以來製造恐慌最甚的時代。」[9]或許他說的對，但批評恐懼無處不在的人們，恐怕反倒不經意地自我投射他們所指控的那種價值。心理分析理論說明，內向投射（introjection）發生在個人採納或吸收他人價值觀及心態之時。人們正是經由這一過程無意識地吸收外在價值，有時甚至內化他們公開批判的那套價值。在這種情況下，將恐懼文化的相關價值內向投射，使得他們在無意間對製造恐慌構成的威脅危言聳聽。

對恐懼文化的評論往往傾向於對這種強大的現象過度反應，傳達出當前的公眾恐懼程度史無前例這一印象，這是可以理解的。《時代》雜誌刊登一篇〈為何美國人比以前更害怕〉（Why Americans Are More Afraid Than They Used to Be）的文章，正是設想公眾恐懼達到歷史新高這一趨向的實例。[10]這種記載很少獲得實證支持。它們應當被解讀成恐懼意識盛行的證詞，而非生活經驗。把這麼多精力用在聳人聽聞地對恐懼發出警告，也就無需意外，會有這麼多人得出這種情緒的力量，達到歷史新高的結論。

不想被最新的恐怖故事嚇倒的話，就得看穿表象，探查其內在動力。以下各章將探討我們的文化與眾不同之處，由此理解二十一世紀恐懼的運作方式。

恐懼文化命題

對恐懼文化的爭論，往往未能處理「恐懼的文化因素為何」這個問題。他們因此混淆了恐懼文化作為論述的衝擊與影響，和恐懼的生活經驗兩回事。恐懼論述試圖提供一套意義體系；

在人們著手理解及回應威脅的方式中，引導他們的一個背景、脈絡和一套假定。

人們恐懼的方式也取決於多種特定變數，像是他們的文化、政治、宗教態度與歸屬，及他們的社會經濟處境、性別和年齡。可是儘管恐懼的行為是受到個人經驗與影響作用的個別表現，它也同樣經由現行的意義之網調節。如同社會學家諾伯特・埃利亞斯（Norbert Elias）的解釋：「潛伏或熾燃於個人身上的恐懼之強度、性質和結構，從來就不僅僅取決於他個人的『品性』」，它們「歸根結柢都是由歷史，由他和他人關係的結構……決定」。[11] 換言之，群體價值、態度及期望，為個體恐懼的表述提供文化脈絡。

我在一九九七年的研究《恐懼文化》之中開展的論證，不是用來探討人們的個別恐懼，它反倒為助長恐懼社會興起的論述提供分析。我後續的論文〈我們唯一該恐懼的是「恐懼文化」本身〉（The Only Thing We Have to Fear is the 'Culture of Fear' Itself），則強調這種論述對人們態度與行為的作用及影響。[12] 恐懼文化命題指向生存的不安全感（existential insecurity）和風險趨避（risk aversion）兩者的成長與擴張。它主張為恐懼論述推波助瀾的，乃是對傷害意義的徹底重新定義與誇大，而不是增加人類面臨的危害。

我的命題也突顯社會道德觀中，一項關鍵發展的重大意義：安全轉化為基本價值的一環。（這將在第六章詳加探討。）這些發展與人觀（personhood）地位的急劇下降是同步發生的。自一九七〇年代晚期開始，對於人類應對逆境能力的悲觀文化心態已經蔚為常態。日常語言經由頻繁使用「脆弱」或「面臨危險」之類詞語描述人類，反映出這樣的轉移。如此強調個人的情緒脆弱與無助，則必然造成被定義為風險的經驗範圍不斷膨脹。傷害及其衝擊的定義，也擴張到納入以往被認為尋常或正常的經驗。從水龍頭喝水，或是吃一個大起士堡，如今都成了健康警報的目標。事實上，你吃下的任何東西幾乎都被牽扯上癌症！對隨機從食譜取得的五十種常見成分進行的一項研究發現，其中四十種成了論文主題，報導它們的致癌風險。13

正如《恐懼文化》的副標「風險承擔與低期望的道德觀」所揭示的，這一命題的重心仍聚焦於道德觀。它表明，由於對道德規範產生混亂，西方文化變得愈來愈無法對人性或個人應付風險與未知的能力提出積極敘述。迴避風險的頻繁呼籲，同樣可以詮釋成對人喪失信心的反映。不信任與厭惡人類（misanthropy）的心境，持續影響公共政策及辯論。自《恐懼文化》出版以來，我所歸納的「低期望的道德觀」變得更加根深柢固。這樣的發展在大學院校尤其引人注目，在許多情況下，學生都不被期望能夠應對批評、冒犯及壓力。對安全空間的呼籲，正是要求將學生隔離於這些事物之外的範例。高等教育機構對於學生應對能力的低期望，也重複出現於日常生活的其他領域。

我對這種恐懼文化抬頭的論證，著重於公共機構對於愈來愈廣的人類經驗，聳人聽聞式反應的激增。它指向一種感受的興起，這種感受慣於將社會面臨的威脅描繪成生存性質，並運用天災地變的語言描述那些可由政策或科技解決的風險——例如「千禧蟲」或禽流感。我的論證指出，這些發展養成一種恐懼最壞狀況、過度反應，及恐慌的性情。

一九九〇年代以來恐懼文化的抬頭，是否正如某些人所言，意味著社會前所未有的驚恐？

這個問題不可能嚴謹或確切作答。有大量調查試圖估量人們在一段時間內的恐懼。[14]然而根據闡釋，一時衝動所做出的意見陳述而得到的結論，能在科學上賦予何等重要性卻遠非顯而易見。仰賴量化分析的方法論並不是捕捉人們言下之意的有效工具，例如他們說「我害怕未來」的時候。

估量歷史時代中恐懼程度的不同，根本就不可能做到。我們如何恐懼和我們如何表述它，受制於互不相同的影響及歷史、文化變數。恐懼作為一種情緒，是經由道德規範及社會心態、期望所調節的。在某些情境中，恐懼被描繪成明智與負責任的表現。而在其他情況下，則被指責為懦弱或非理性行為。文化心態的這種重大差異，使得恐懼難以被簡化成常見的可計量屬性，就算未必不可能。回顧歷史時代，我們對恐懼經驗唯一能確切表述的，也就是我們表達這種情緒的方式受制於重大變數。

儘管不可能解答「我們是否比以前更害怕」這個問題，但西方社會很可能投注規模前所未見的情緒及論述談論恐懼。對於恐懼在美國的歷史撰寫過重要研究論著的彼得・斯特恩斯（Peter Stearns）也呼應這個論點。斯特恩斯斷言，十九世紀和二十一世紀的一個重大差別，在於美國人被允許，甚至被鼓勵更公開表述這些恐懼。他注意到，「若非恐懼的美國人比以往更多，就是……他們的聲量更大，或者更受歡迎、更被公眾授權。」[15]任何人看了白天的電視節目或各種實境告白節目都會同意，來賓不斷被勸誘承認自己的恐懼，並因「分享」自身痛苦而獲得精神上的報償。

斯特恩斯指向恐懼生成於其中的變遷脈絡。他注意到，恐懼的公眾脈絡已經改變了，因此「談論恐懼，從而在相當程度上自行予以承認」，也就更能被接受。[16]為了說明論點，他提醒人們注意第二次波斯灣戰爭中準備參戰的美國軍人的例子，他們心甘情願地公開向記者承認自己害怕。[17]三軍官兵樂意強調自身的恐懼，表示在這個過去一向自誇英勇無畏的專業中，談論自己覺得害怕已經愈來愈能被接受。一九九五年在波士尼亞戰爭期間被擊落的美軍飛行員史考特·歐格雷迪（Scott O'Grady）上尉，正是這個趨勢的體現。歐格雷迪設法安全跳傘落地，並躲過地面上塞爾維亞敵軍的追捕。「可以給我一張面紙嗎？」他在一場表彰他獲救的記者會上問道。「人人都說『你是英雄』，但我不過是隻嚇壞的小兔子，努力想要活下去。」[18]

在第二次世界大戰的空戰中被擊落的飛行員，很可能也和歐格雷迪一樣害怕。但當時的社會不鼓勵軍人公開表達自己的恐懼和焦慮。這倒未必表示他們的恐懼經驗和歐格雷迪相同。逆境經由一套意義體系而受到體驗，這套體系在如何參與受難、痛苦、風險與威脅的問題上，很可能聯繫不同概念。

恐懼言論的激增促成恐懼感的正常化，甚至平庸化。但這種表達恐懼趨勢的增長，是否證明今天的社會比以往更令人恐懼，卻很不明確。但願在本書終卷時，我們對當前恐懼文化各種不同面向的探討，能有助於釐清這個問題。

媒體與文化

近年來，我在全世界不同地方針對恐懼文化進行大約八十場演講。無論聽眾是在新加坡、澳大利亞、美國、荷蘭還是英國，有一個問題必然會被提出來：「媒體扮演多重要的角色讓我們恐懼？」這個顧慮並不令人意外，因為多數的恐懼文化論述都在推銷聳人聽聞訊息這方面，為媒體安排了主要角色。「當前恐懼氣氛媒體難辭其咎」這個說法一呼百應，竟取得不證自明的真理地位。

對公眾恐懼的描述，往往被認為是操控能力無孔不入的媒體巨頭所製造。「福斯新聞恐懼工廠」（Fox News Fear Factory）是一位記者的用語，用以刻劃專事編造恐怖故事的媒體產業形象。[19]評論家有時進而宣判，媒體負有將閱聽人轉變成心懷恐懼，甚至被洗腦的臣民之罪責。電影導演珍·森柯（Jen Senko）以她的父親為主題製作一部電影，她確信父親被保守派媒體灌輸了恐懼。「所有這些情緒，尤其恐懼，煽動人們進入驚恐狀態。」森柯宣稱：「它就像瘟疫，傳染全國千百萬人。」[20]

媒體，尤其社群媒體要單獨對恐懼文化負責的假定，往往也滲入學院中的評論者對這個主題的著述。匹茲堡大學的社會學家瑪姬·柯爾（Margee Kerr）認為，媒體及「我們取得新聞的即時性」正是「我們如今比兩百年前更恐懼的理由」。柯爾提到，持續接觸新聞「使它負載更多情緒」，她同時宣稱：「災害一發生……我們就開始從手機裡接到通知。因此我們如今有一種一百五十年前不具備的虛假參與感。」[21]

弔詭的是，一百五十年前的評論者也和柯爾一樣確信，媒體對於在大量配銷報刊、廉價恐怖故事（penny dreadful）和言情小說人心惶惶的讀者中，挑起高漲情緒反應難辭其咎。在十九世紀，對於媒體破壞力量的驚恐描述，其本身就往往成為我們恐懼文化早期版本的來源。比方說，某位匿名作者一八七四年在倫敦文學雜誌《聖殿關》（*Temple Bar*）撰寫的文章〈閱讀之惡〉（The Vice of Reading），就將閱讀行為與駭人的後果聯繫起來。閱讀小說被指為要對道德敗壞負責。這位匿名作者主張，沉迷於閱讀有如酗酒：

> 閱讀小說的習慣，只為了閱讀而一本接一本讀小說，是整體閱讀之惡的首要原因；吸收小說不像喝少量烈酒那樣昂貴，那樣在外觀上令人反感，也不能說帶給家人同等的破壞與恥辱。但個人無疑也因它而衰弱，品味敗壞、意志動搖，理解也受到傷害。[22]

按照這種當時一再複誦的觀點，媒體將無助的讀者腐化，使得被洗腦的個人容易養成反社會、不道德的行為。

我對於媒體與其對人們的影響兩者歷史關係的研究顯示，這始終與聳人聽聞的恐懼密切相關。[23]這樣的說法早在二十四小時新聞循環，與社群媒體興起之前數百年就已經產生。自古至今，將人類非理性行為及據稱失常的情緒狀態歸咎於媒體的傾向，應當令我們對於仰賴這種亙古不變的論點解釋小說，乃至二十一世紀恐懼文化的特徵保持警惕才是。

聳人聽聞地譴責媒體製造恐慌，往往正與其所批判行徑的加油添醋修辭如出一轍。就在譴責媒體恐懼修辭的行為之中，這些譴責無意間提供了替代版本，召喚出一種媒體作為全知全能的惡意力量，對於製造出易受操弄的大眾難辭其咎的形象。根據其中一種敘述，九一一事件之後「媒體以其對暴力的反常沉迷，以及為逐利而投身全天候即時報導」，應當對灌輸大眾「危機感」及無力感負責。「意識到美國在這種滲透及侵襲之下不堪一擊，仍在震驚之中的美國社會，開始將自己轉變成恐懼與馴順的文化，」席琳娜・哈柏（Selena Harper）與布魯斯・呂西尼昂（Bruce Lusignan）教授如此總結。[24]這篇分析為美國轉變為「恐懼與馴順的文化」提供了媒體帶頭、媒體引導的解釋，卻忽略這樣的文化在九一一悲劇以前即已存在的事實。

過分簡化地歸咎媒體，又與貶損的將公眾呈現為輕信易騙、不辨是非密不可分。從這種觀點出發，人們被描繪成易受洗腦，將媒體的最新指令內化並執行。因此哈柏和呂西尼昂聲稱，媒體建構的恐懼文化導致「布希政權的議程幾乎完全不受挑戰地得以落實」。[25]

幾乎無須懷疑，媒體所傳遞的訊息往往以藉由訴諸人們的焦慮感與恐懼感，引起閱聽人關注為導向。媒體的聳人聽聞劇碼早已留下大量記載。[26]媒體乃至晚近的社群媒體，對日常生活舉止的影響顯而易見。但人們如何思考、行動及恐懼，並不是媒體消費的直接結果。人們可以思考媒體傳遞的最新嚇人故事，並與鄰居和朋友談論，卻不至於受它嚴重影響而改變行為。比方說，對經由媒體傳遞的氣候變遷末日闡釋所作的研究，顯示出這樣的恐懼訴求往往無效。[27]

批評者主張，持續接觸言過其實的氣候變遷訊息，同樣有可能令人倒盡胃口。

人們害怕的，未必是他們從頭條新聞讀到的最新威脅。二〇〇九年，當我和歐洲各國同事一同進行一項旨在查明歐洲聯盟公民，最害怕哪一種威脅的研究計畫時，很快就能明顯看出，人們的憂慮主要是針對與末日恐怖故事幾乎毫不相干的問題。作答者在意見調查中提出的最重大憂慮，是關於經濟不安全感的傳統問題，物價高漲及失業名列前茅。儘管媒體最多的關注是全球恐怖主義，但這個問題卻證明是他們較少擔心的。我們在報告中提到：「媒體談論的一切高規格／戲劇性的威脅中，只有『恐懼犯罪』名列受訪者的重大憂慮之一。」[28]

那麼，媒體與文化之間的關係究竟是什麼？在當前時代，大眾媒體已經成為獨具一格的強大機構。大衛・阿爾賽德（David Altheide）斷言，媒體是「我們最重要的社會機構」，他說的沒錯。[29]媒體對公眾社會施加令人畏懼的影響力，發揮媒介作用，讓人們經由它而認知生活所面臨愈益多樣的問題與威脅。當代社會所突顯的恐懼，遠遠不像過去那樣基於直接體驗；媒體則是人們對於缺乏直接體驗之事物的最主要資訊來源。[30]在這層意義上，媒體的首要成就在於提供大眾一份不斷演變的腳本，指導它應當如何體驗及回應全球威脅。

媒體作為機構，對於恐懼形勢的培植發揮了重大作用。如同史蒂芬妮・格魯普（Stefanie Grupp）指出的：「有一個從可怕的生活，轉向與可怕的媒體共同生活的全面轉移。」[31]但媒體與其說創造了恐懼，更像是提供一個宛如身歷其境的二手體驗恐懼的媒介。法理學家克里斯多夫・古澤利安（Christopher Guzelian）認為，恐懼的這種間接面向，是當代恐懼文化最為與眾不同的特徵。他聲稱：「美國電子時代的多數恐懼」，乃是「被傳遞給社會的風險資訊（無論正確與否）」所帶來的結果，他得出結論：「風險傳播最能引起當今的恐懼，而非個人體驗。」[32]

沒有確切的證據能證明，媒體傳播「最能引起當今的恐懼」。直接體驗、個人境況、社會脈絡及情緒本質，全都對於影響個人如何恐懼發揮了關鍵作用。研究也顯示，年齡、性別、社會階級和教育，對於人們如何應對犯罪或氣候變遷等威脅，發揮了關鍵作用。社會與文化變數，導致媒體所描繪的威脅受到有所區別的回應。一項探討大眾對媒體關於「極端天氣」警訊回應的研究指出，所得較低的人們對這項威脅的憂慮，遠少於更富裕及受過教育的人。女人對這項威脅比男人更感困擾，認同共和黨的人比民主黨支持者，更有可能對這個問題的媒體警訊抱持懷疑。該研究報告的撰寫者總結：「個人在社會情境的脈絡中體驗極端氣候，從而透過文化與社會影響的透鏡感知極端氣候的衝擊。」[33]

公眾往往忽略或質疑，經由媒體傳遞的風險資訊。儘管有各種言論指出，大眾被動地內化媒體所推銷的九一一事件情節及解釋，但仍有很大一部分美國人抱持懷疑。二〇〇六年八月，對一千零一十位成年人進行的一項調查發現，美國大眾仍有百分之三十六懷疑聯邦官員助長九一一攻擊或不予制止，好讓美國取得正當理由參與中東戰爭。[34]許多意見群體拒絕接受主流媒體的九一一事件版本，反映出他們對威脅的評估和對恐懼的盤算，受到其他影響作用。

即使媒體的角色顯眼，卻不是應當對建構恐懼文化負責的全知全能力量。這樣一種對媒體與公眾恐懼關係過分簡化的估計，實際上干擾了對媒體調節恐懼這一至關重要角色的理解。雖然媒體偶爾看似擁有自主能力，得以選擇及設定意欲引起大眾關注的議題，但必須注意，這個機構本身仍受到文化支撐。無論支配某一特定媒體機構議程的政治或經濟利益為何，都無法有效地傳播憑空編造的警訊及恐懼訴求。媒體是現代文化的成分之一，它與文化心態互動並施加影響，但其關於設定恐懼的活動，終究建立在現行的文化腳本（cultural script）之上，並受其引導。

文化腳本的概念是由社會學家開展的，用以解釋個人、機構及社群，如何運用文化資源理解自身的體驗。文化腳本在人們應對日常生活的問題之際，提供引導及意義。它傳遞關於感受的規則，以及情緒所代表意義的概念。它在很大程度上編寫人們對威脅的回應，提供社會藉以應對恐懼的語言及意義體系。文化腳本滲透著被視為理所當然的文化事實，後者又從常識論述繁衍而來，建立於傳統、習俗及價值觀之上。文化腳本也表述現行的時代精神，因此得以安定個人的信心，但在其他時代則足以擾亂信心。

關於影響社會恐懼的方式，媒體最顯著的貢獻在於提供一套具備戲劇性內容，及有力象徵的文化腳本。它因此發揮重大作用，建構的背景及周遭文化敏感度，滲入人們對自身遭遇的挑戰、風險，及威脅所表現的性情。從這個觀點說來，媒體有時採用的天災地變末日修辭，其主要後果在於強化既有的悲觀及宿命論情緒。菲爾．韓蒙德（Phil Hammond）在他的重要論著《氣候變遷與後政治傳播：媒體、情緒與環境倡議》（*Climate Change and Post-Political Communication: Media, Emotion and Environmental Advocacy*）一書中指出，出現在這個議題上的恐懼，是以一種招引人們感受絕望與無力感的方式設定。[35]

媒體最重要的貢獻倒不在於如何設定及傳播一種特定威脅，而在於將詮釋社會經驗的語言與符號及意義體系普及化與正常化。就以對戀童癖威脅的焦慮急遽升高為例。如同我在別處的主張，人們對兒童安全的自然焦慮轉變為文化執迷，與西方社會現行的道德迷向和不信任密不可分。[36]媒體並沒有造成這些焦慮，而是在創造縈繞於我們想像中的符號及形象方面發揮重大作用。至少在這個議題上，媒體有助於將我們的恐懼變得明顯、可見、戲劇化，且強烈攸關個人。

不斷接收兒童被綁架、殺害、虐待和霸凌的新聞，產生出這樣一個環境：人們單單看到兒童的照片，反應就會被引向最壞的情況。從這個角度出發，遊戲場再也不被認知為兒童能夠東奔西跑、打鬧玩樂的開放空間，反倒成了青少年面臨意外、惡棍和戀童者的敵區。我們想像兒童不斷遭受成人的不負責任及道德墮落危害。當觀眾看見兒童的畫面出現在電視新聞節目，他們就會自動預期負面消息。[37]於是大多數人被要求解釋一張男人摟抱兒童的照片時，回答都是將它說成戀童者的照片，而非慈愛的父親。

二〇一一年，我寫一篇文章談論《週末澳大利亞人報》（*The Weekend Australian Magazine*）的頭版，上面是一個小女孩坐在船邊，和父親一起釣魚。我看到這幅畫面的時候，看見的是父親與女兒愜意地眺望大海，享受天倫之樂。但寄給報社的大量信件顯示，我所見的美好在他們眼中卻是恐怖。有些人看到的不是兒童與大自然合一的純真描繪，而是察覺到重大危險和家長不負責任的警訊。有個人對於船上沒有救生衣感到不安，從女孩的表情裡看到恐懼、不確定或不舒服。另一個憤怒的人問道：「你還能多麼不負責任？」顯然兒童沒有穿戴安全帽、護目鏡、救生衣，及其他防護裝備的景象，向其他兒童傳達危險訊息！由此看來，就連一張在兩英尺靜水區拍攝的照片，都可以被理解成坐實了兒童在定義上就是面臨風險的既有信念。[38]

媒體的力量也呈現於它影響語言使用，推廣恐懼修辭的能力。經由純粹複誦超級細菌（superbug）、大流行（pandemic）、滅絕（extinction）或有毒（toxic）等字詞，這一整套毀滅詞彙就有助於替威脅添加攸關存亡的特性。自一九八〇年代以來，傳達警告意義的字詞在媒體出現愈來愈頻繁。Nexis資料庫顯示，任何危言聳聽之徒的字典裡會收錄的大多數字詞，在今天的報刊上使用得遠比二十年前更為規律。這樣的趨勢在所謂「質報」使用的語言裡，和「羶色腥」小報的語言同樣顯而易見。

就以英國的《衛報》（*The Guardian*）為例。一九八八年，「滅絕」這個字在該報版面上出現過九十三次。二〇〇七年，提及這個字的次數上升到兩百零七次。到了二〇一六年則提及六百零二次。

一九八八到二〇〇七年，「大流行」一詞的使用增加近七倍，從十一次到七十三次，「流行病」（epidemic）則從一百八十一次上升到兩百九十一次。二〇一六年，「大流行」被提到一百七十一次，「流行病」更有一千三百一十九次。「風險」一詞的使用增長超過兩倍——自一九八八到二〇〇七年，從兩千兩百七十五次到五千一百一十一次。單單在二〇一六年第一季，

「風險」就被使用七千四百六十三次。在《泰晤士報》（*The Times*）等其他大報，相同的趨勢也很明顯。「有毒」一詞在一九八八年使用兩百四十八次，二〇〇七年使用六百六十五次，二〇一六年又增加到七百七十三次。

對未來的焦慮感，也經由新成語及表述的普及反映出來。就以「臨界點」（tipping point）一詞為例。它對世界的未來傳達出一種不祥的預感，天災地變將在未來接踵而至。根據一份報紙對於天災將至的敘述，「臨界點就是一去不返之處」。該報熱心提供一幅世界地圖，顯示出「倘若全球暖化以攝氏三到五度的幅度持續，將於本世紀跨越不同臨界點的風險」。[39]回到一九八八年，無論《衛報》還是《泰晤士報》都沒有使用這個詞的理由。十年後的一九九八年，《衛報》使用過一次，但《泰晤士報》完全沒用過。二〇〇〇年，前者用過五次，後者用過兩次。直到二〇〇五年，「臨界點」一詞才得到更普遍的運用，在《衛報》出現四十一次，《泰晤士報》四十八次；到了二〇〇七年，它在《泰晤士報》使用一百九十九次，《衛報》使用一百零六次。而在二〇一六年，這個詞在《泰晤士報》使用七百七十三次。

賦予媒體這種修辭所呈現的棘手特性是：即使它敦促採取緊急行動，卻往往助長「麻木的懼怕」（paralysing dread）心情。[40]《牛津英語大辭典》將懼怕定義為「極度恐懼；深刻驚懼或敬畏；對未來事態的擔心或焦慮。」[41]懼怕是對未來的情緒定位，可以理解成對於尚且未知或不明的威脅的強烈焦慮感。「臨界點」一詞意味著過不了多久，我們就再也來不及拯救自己逃脫暗藏於未來的威脅，它正可作為培養出懼怕感的那種修辭榜樣。

媒體不只是單純動員既有的陰鬱詞彙而已，它也在創新或普及招引人們恐懼的新詞語這方面發揮重要作用。就連預報天氣這樣平庸的行為，都經由採用修辭誇大相對正常狀況的危害，而被轉變成迷你劇。暴風雨、大雪或高溫等例行事件，都被媒體重新命名為極端天氣。自一九九〇年代以來，「極端天氣」這個表述迅速獲得廣泛運用。一九九〇年代包含這個詞的標題，從Nexis資料庫可以找到六十九筆；接下來十年，標題數量增加到一千零四十五筆，從二〇〇一年初到〇六年底更出現在五千五百九十九處範例中。

「極端天氣」一詞是典範性的恐懼文化表述。「極端」作為形容詞，意指遠遠超乎正常的狀態。天氣與「極端」的概念聯結，成了藉由突顯非自然事件不可預期且變幻莫測的性質，誇大自然現象所構成風險的日益增強趨向之範例。它並非科學隱喻，而是體現出我們這時代焦慮的文化隱喻。在當代文化，極端天氣往往透過道學說教論述受到詮釋，呈現為人類不負責任行徑的必然後果。

我對媒體與文化關係的分析，著重於人類恐懼自其中表述及定型的互動元素。這一分析帶出以下的結論：「都是媒體的錯」這種論點不僅過度簡化，而且搞錯對象。我們的分析不接受控訴媒體機構，對於創造恐懼氛圍難辭其咎的單面向詮釋。當然有這樣一些例子，媒體名副其實地編造出恐怖故事以娛樂閱聽人。[42]但恐懼文化並不能化約成歇斯底里的小報標題，這種令人困惑的結果。恰好相反，媒體本身在顯著程度上，抱持的是既有心態及價值觀，其間滲透了社會對於恐懼等情緒的概念。

自二十與二十一世紀之交以來，「媒體」一詞喪失大半意義。在西方社會，尤其英美世界，媒體變得愈發支離與碎裂。媒體消費，尤其在線上，也高度分化及區隔。社會上的文化及政治分歧，被投合於不同種類人群的分裂媒體複製及放大。結果，對於威脅再也沒有統一的媒體再現。

不同新聞出處也各自推銷相互矛盾的恐怖故事。近日對於假新聞的爭論，標誌著媒體危言聳聽的重大升級。它也反映出對於如何看待相互矛盾的媒體恐懼訴求，公眾意見激烈地兩極分化。這場爭論和圍繞它的強烈焦慮，顯示媒體本身也成了一向被控推銷的那種恐怖故事的目標。偶爾，對媒體製造恐懼的恐懼，看似超越了針對媒體機構危言聳聽的傳統憂慮。當前對於假新聞的焦慮，正顯示出猜疑的氛圍籠罩新聞業的症狀。這些焦慮尤其針對他人的新聞來源。從社會學觀點看來，媒體的碎裂化與區隔化所反映的，正是瀰漫於恐懼文化的更廣泛道德混亂及不信任的氛圍。

恐懼與文化

正如前文所述，針對媒體提出的威脅而來的危言聳聽，顯示出恐懼文化的影響是如何體現批判者的看法。實際上，恐懼文化最令人不安的特徵之一，即是它的前提與實踐，就連反對它的諸多體現的黨派或個人都不自覺地接受。不幸的是，針對恐懼文化的批判慣於攻擊其後果，同時又不經意地接受其前提。這樣的見解在針對恐懼文化錯置恐懼目標的反覆批判中，得到最有系統的闡述，正如格拉斯納的著作書名《恐懼文化：美國人何以怕錯的對象》（*The Culture of Fear: Why Americans Are Afraid of Wrong Things*）所示。

人們經常擔心「錯的對象」，這點毫無疑問。

大量研究指出，人們往往更擔心孩子被綁架之類或然率低的風險，而非道路交通引發的這類更有可能發生的風險。眾所周知，人們的風險評估受到媒體及更普遍文化描述方式的扭曲。比方說，關於核能發電廠對生命可能構成風險的公眾焦慮，與這種能源形式所涉及的實際危險關聯極小。許多分析也顯示，我們對於安全受恐怖攻擊危害的憂慮，與我們所面臨來自這種威脅的風險並不相稱。約翰・穆勒（John Mueller）的著作《誇大其詞》（*Overblown*）提到，自二〇〇一年以來，「在美國死於國際恐怖行動的人數，少於在廁所淹死或被蜜蜂螫死的人。」
43 有個風險評估不當造成危害的實例頻頻受到引用：九一一事件過後，據估計有一千兩百名美國人由於選擇乘車旅行，不搭乘飛機而喪生。

對恐懼對象做錯決定，可能導致悲劇性後果。因為父母錯誤評估，認為疾病預防接種的風險大於該疾病，而導致兒童喪生。但人們對於自身面臨風險的評估往往被誤導及混淆這件事，則與二十一世紀的恐懼文化幾乎無關。人們往往害怕對自身存續幾無客觀或實質威脅的現象，這反倒可說是，我們這時代的恐懼文化最不明顯的特徵。

自古以來的故事與傳說，都指向風險評估不當導致悲劇後果。修昔底德（Thucydides）的《伯羅奔尼撒戰爭史》（*History of Peloponnesian War*）成書於基督誕生前四百年，對雅典人在瘟疫侵襲城邦期間，「恐懼錯誤事物」的致命後果提供了生動記述。恐懼與驚嚇讓許多公民逃離家園，移入城裡擁擠的茅舍，人口過度擁擠助長瘟疫蔓延，正如修昔底德所述：「他們的死亡率驚人。」[44]往後數百年，歐洲人持續「害怕錯的事物」。在與瘟疫搏鬥的過程中，「對陰謀及傳染抱持已久的恐懼，逐漸聚焦於痲瘋病人，而後是猶太人（最終則是女巫）身上」，如同菲利普．阿爾卡布斯（Philip Alcabes）在他的著作《懼怕：恐懼與想像如何從黑死病到禽流感為流行病火上加油》（*Dread: How Fear and Fantasy Have Fueled Epidemics from the Black Death to Avian Flu*）所述。[45]

教育人民評估風險，顯然是值得做的事。然而，教訓人民該恐懼和不該恐懼什麼，卻無助於事態改善。「人們恐懼錯誤事物」的問題之一，在於它無意中增強了恐懼氛圍。批判「恐懼錯誤事物」可以天衣無縫地進而敦促「恐懼對的事物」。對於問題值得或不值得恐懼的相互矛盾觀點，為危言聳聽競賽的過程火上加油；這樣的爭論足以迷惑公眾生活，加深不安情緒。

再者，就算是採取最嚴謹的風險評估技術，都無法將恐懼情緒及其助長的行為模式轉變為理性工具。人們恐懼的強度幾乎無涉於其面臨風險的嚴重性及可能性。所謂「擔心健康的健康人」（worried well）增多——無需藥物治療，卻堅信自己需要服藥的人們——正可作為範例。[46]對盛行的犯罪恐懼或健康焦慮的研究往往揭示，西方社會最憂慮個人安危的人，總是那些最富裕的人，也就是經濟和社會地位最穩固的個人。

眾多評論者費盡心力說明前所未見的繁榮與安全狀態，何以與無處不在的恐懼氛圍並存。

挪威哲學家拉斯・史文德森（Lars Svendsen）解釋：「恐懼文化的一個弔詭特性在於，它興起的時代正是人類史上活得最安全的時候。」[47]美國人為何在需要恐懼的事物少得前所未見之時更加害怕，這個問題令眾多學者困惑。[48]用來解釋這種「安全社會悖論」的論點之一認為，繁榮促使人們更加排斥風險與損失。[49]

繁榮與排斥風險與損失相關，這個主張無疑有些價值。然而，繁榮與恐懼傾向之間卻不太可能有直接因果聯結。歷史上某些最繁榮的社會，如古代雅典、文藝復興的義大利，以及十九世紀英國，都是最傾向於實驗和冒險的社會。本書往後幾章開展的論點是，滋養了排斥風險及畏懼不確定性的不是繁榮，而是通行的文化規範。

示意恐懼的行為並不總是對於人身威脅的直接反應。亞里斯多德指出，多數最令我們擔憂的恐懼，是關於丟臉、蒙羞或名譽受到輕慢。人們如何應對這樣的輕慢或人身威脅，則貫穿於對恐懼的通行規則之中，這些規則又相應地受到引導人們適應自身不安全感及恐懼的道德規則所擔保。在希臘城邦，如同在後來的社會，恐懼與關於應當畏懼之事，以及人們應對威脅應有的一套文化腳本相關。

今天的恐懼一如古代，也有重要的歷史、道德及文化面向。恐懼情緒也有生物學基礎，在人類物種的生存與演化中發揮關鍵作用。精神醫學的創始者之一西格蒙德・佛洛伊德（Sigmund Freud）似乎提示了，在作為行動信號的範圍之內，這種情緒能具備「有目的的面向」，像是戰鬥或逃跑。佛洛伊德確信「有目的」的部分並非恐懼，而是產生於恐懼的行動。

他警告，要是恐懼變得太強烈，就會「挫敗自身目的」，癱瘓「一切行動，包括逃跑」。[50]從這個觀點看來，「恐懼對的事物」可能是一種適得其反的反應。

儘管恐懼情緒有生物學的基礎，但也受到「個人體驗與社會規範」兩者形塑。[51]相對於動物應對威脅的方式，人類也擁有一種經由文化傳遞的恐懼傾向。這是一種基於過去經驗的傾向，經由社會化過程與社群所提倡的價值和心態，它保留了作為生活故事一定程度的力量。恐懼因此被寫成腳本。社會學家齊格蒙·包曼（Zygmunt Bauman）形容這是一種「繼發性恐懼」（secondary fear）——「可被看作過去零距離面臨威脅經驗的積澱」——這種積澱比遭遇本身存在更久，成了形塑人類行為的重要因素，即使生命與個人誠信不再面臨直接威脅。[52]過去的困擾，以及關於這些困擾流傳下來的故事，繼續影響人類的想像。

自古至今，哲學家、神學家、心理學家和社會學家，都極力想要理解恐懼的運作。佛洛伊德寫道：「可以確定的是，恐懼問題是許多重要問題的交會點，這個謎團的完全破解，將為精神生活投入滿溢的光。」[53]儘管對這個問題的研究取徑眾多，但關於區別恐懼與焦慮的條件，兩者似乎有廣泛共識。佛洛伊德在〈精神官能症總論〉（General Theory of the Neuroses）的討論中躊躇地寫道：「我以為，焦慮的用法與一種不論任何目的的狀態有關，而恐懼本質上則指向一個目的。」可以說，佛洛伊德的區別先前已由丹麥哲學家索倫·齊克果（Søren Kierkegaard）提出，後者區分兩種形式的焦慮：一種是恐懼，對特定明確的外在威脅的回應，另一種則被描述為神經質焦慮——恐懼在這種狀態下，作為一種永久性的神經質狀態而存在。[54]

佛洛伊德在說明恐懼與焦慮的分別時毫不嚴謹。有時他用「神經質恐懼」一詞指涉傳統上與焦慮相聯繫的狀態。他把神經質恐懼寫成與焦慮狀態相關，形容為「一種無來由恐懼的狀態，準備附著於一切合適的觀念，以影響判斷，產生期望，其實是要把握任何機會讓自己被感受到。」他也將這種狀態稱為「預期性恐懼」，或「焦慮性期望」。[55]

佛洛伊德的概念在協助我們理解恐懼文化的運作時，最切題的是預期性恐懼的條件，它驅動了我在別處說的最壞情況思考（worse-case thinking）。[56]這種趨向期望最壞的可能後果，且往往以此為基礎而行動的取向，早在西元前四世紀就得到亞里斯多德承認。他在《修辭學》（*Rhetoric*）中寫道：「恐懼的定義可以這樣：一種由於想像有足以導致毀滅或痛苦、迫在眉睫的禍害，而引起的痛苦或不安的情緒。」[57]亞里斯多德在恐懼與未來景象之間做出的聯結，對於理解我們當前的窘境有著重大影響。對未來悲觀敘述的激增，突顯出我們這時代的普遍文化狀態。

二十一世紀的恐懼與對尚未看見、尚未知曉之威脅的預期互相關聯這點，說明了區分恐懼與焦慮兩者並不總是有幫助。實際上，對未知的焦慮強化了大眾對特定威脅的擔憂，令他們習慣於恐懼。當社會習慣性地被引向最壞的可能後果，它就培養出讓恐懼取得習慣特徵的心境，賦予恐懼一種庸常且隨意的性質。史文德森將這種類型的恐懼稱為「低強度恐懼，這種恐懼圍繞著我們，構成我們的經驗以及對世界詮釋的背景」。[58]這種相對低階的環境恐懼，提供個人與社群在其中應對威脅，控管不確定性的文化情境。

文化心態對於定義不確定性與恐懼之間的關係，發揮了主導作用。對於不確定性的觀念，受到社會認知現在與未來關係方式的支配。當未來被認為是危險區域，就像今天這樣，不確定性就以消極意義受到表述。在這樣的情境中，改變本身就被認為具有威脅性。對改變戒懼的強大潛流——無論技術、社會還是政治的改變——瀰漫在當代西方世界的日常事務之中。不確定性有時被視為一種機會。它如今往往被投射消極意義，正顯示出對於社會面臨挑戰的宿命論情緒。這種宿命論心態被概括於這句一再重複的流行語：「問題『不是會不會發生，而是何時發生？』」對災難性氣候事件、致命的流行性感冒，或恐怖行動造成重大傷亡的警告，通常都以這句失敗主義的老生常談作結，它含蓄但有時則是明白地質疑，人類面臨威脅時避免破壞性後果的能力。經由這種方式，未來的危難獲得直接切身的性質。它們要求我們敲響警鐘，同時暗示著避免眼前的危險幾乎無計可施。

近來的評論往往提示，對集體及個人幸福構成最大威脅的是焦慮狀態，而非恐懼。這兩個詞的用法通常可以替換。史文德森認為：「焦慮與恐懼的分界線，並不像那些概念區別可能意味的那樣明確。」[59] 包曼對「恐懼」的定義，說明了它在概念上與焦慮的互相吻合：

恐懼在瀰漫、分散、不明、無聯繫、不固定、無來由，沒有明確對應與原因之時最令人畏懼……在我們應當害怕的威脅到處都可以隱約感受到，卻無處可見的時候。「恐懼」是我們為自己的不確定，自己對於威脅及應對之道的無知給定的名稱。[60]

這個定義所敘述的情境，突顯了恐懼文化運作的一個重要特徵。那正是我在別處所說的恐懼自主化與恐懼客體化。[61]無聯繫且無來由，看來幾乎是在尋求威脅以供沉湎的焦慮，似乎就像是被自身內在命令所驅使那樣。正因如此，這種戒懼的對象可以毫不費力地在一天之內就轉換，從擔心個人外貌到為了孩童安全擔憂，再到對於大量移民及犯罪的不安感受。

作為情緒或懼怕，孤立於任何具體威脅而存在的恐懼自主化，有時可以自我表露為對恐懼的恐懼（fear of fear）。據說這個詞是由十六世紀法國隨筆作家米歇爾・德・蒙田（Michel de Montaigne）首先使用，他宣稱：「我的最大恐懼便是恐懼本身。」[62]儘管這種情緒有著漫長歷史，但直到更晚近的時期才開始被視為一種需要被認真看待的風險。結果，與任何外在指涉對象脫鉤的恐懼，有時被當成一種需要風險管理人介入處理的問題。[63]恐懼行為在某些情況下，被認知為與社會面臨的威脅有同樣程度的問題。

傳統上，社會將恐懼與一種明確表達出的威脅聯結起來——死亡威脅或饑餓威脅——該威脅則被定義為這種恐懼的對象（死亡或饑餓）。今天，我們經常將恐懼行為描述成威脅本身。這種發展的一個顯著實例，是社會應對犯罪恐懼的方式。今天，它被理解成嚴重問題，在相當程度上與犯罪問題區分開來。如同一位犯罪學家的觀察：「對犯罪的恐懼本身逐漸被當成是一個問題，與真實的犯罪及被害很不相同，特別的政策也被發展出來，以降低恐懼程度為目的，而非降低犯罪。」[64]實際上，有些社會科學家宣稱，犯罪恐懼「如今被認為是比犯罪本身更普遍的問題」。[65]在許多事例中，警方花在處理犯罪恐懼的時間，就跟偵查及防制犯罪活動一樣多。

在大眾媒體，關於恐懼文化的日常對話及評論，往往被說成是有意識操弄、媒體宣傳，或企業逐利及專業危言聳聽者帶來的結果。但正如迄今為止概述的論點理當明確揭示的，這種主觀的解釋無法說明恐懼文化的抬頭。恐懼的自主化，它毫無來由且明顯任意的軌跡，說明了至少有一些恐懼文化中不可或缺的走向，已經取得自身的內在動力。如同我們將在第四章說明的，這樣的發展給恐懼一種視角（perspective）性質，令人生的不同面向受到評估。

任何對恐懼文化的嚴肅分析，都需要認真看待這個詞的第一個字。文化不是選擇性的外掛。它提供恐懼得以滋長、培植，最終為社群及個人所體驗的腳本。當然，許多個人和群體——恐懼事業家（fear entrepreneur）——力圖助長恐懼，並從人們懷抱的焦慮中獲利。但即使他們促成恐懼氛圍的擴張，他們的成就仍有賴於利用無關於其活動而存在的文化資源。

恐懼與道德

恐懼文化的負面，是傾向於誇大社會面臨威脅的性質及範圍。想像人類正面臨生死存亡危機的習性，就連試圖解釋當代恐懼氛圍的分析者之間，也是顯而易見。不同於強調媒體操弄及組織性助長恐懼之作用的敘述，「風險社會」的學術研究，往往對於當代恐懼文化的興起提供結構性解釋。這種結構性解釋提出的主要論點是：科學與技術不斷革新及全球化所促進的迅速改變，創造出各式各樣的強大風險，其後果無從得知或計算。按照這一命題，其中某些風險——氣候變遷、超級病菌、全球恐怖主義——不僅對人類，也對人類所居住的地球構成威脅。

我們生活在一個遠比過去更危險的世界這種說法，經常受到呼應基本教義派對於時間終結之末世論警告語調的論點所激發。「快要沒有時間了」，是一種恐懼分析文類很愛用的老生常談，它看來往往像是被自己探討的題目給壓倒了。包曼以這種思路提出「預言」：除非人類面臨的威脅能被「抑制及馴服」，否則天災地變就是「無從逃脫」。他警告：「如今威脅地球的不只是另一輪自找的禍害……也不只是又一長串的天災地變……而是一場終結一切災難的大災難，一場沒有人類能存活下來記載的大災難。」[66]

不同於其他多數對將來災難的聳人聽聞敘事，包曼藉由提醒讀者恐懼的道德成分，成功地為自己的敘述降溫。換言之，恐懼也是一種道德成就，不只是對客觀威脅的回應。他正確地指出，「一切道德故事都經由煽動恐懼而運作」。[67] 自開天闢地以來，人類的恐懼一直是透過道德語法闡述。我們恐懼的對象及恐懼方式，是由盛行道德法則的規範及價值所引導。就連我們某些最原始的恐懼，如恐懼死亡，也經由道德規範斡旋。對人類存亡的恐懼，通常運用宗教故事及主題。在歷史上，對災難的描寫有著深刻的宗教意義。它們往往被認知為「上帝的作為」（Act of God）——神報復人類罪過的形式。

包曼指出，恐懼與罪惡密切關聯。它們在道德上等同於「暹羅雙胞胎」（Siamese Twins，即連體嬰）；我們所恐懼者即是罪惡，而我們恐懼罪惡之事。[68]許多流傳於當代社會的恐懼訴求都起源於特定形勢，是對人們所認知的特定問題之回應。然而，為了將這些問題轉為威脅，它們運用一套在社會上耳熟能詳的罪惡意識型態。在歷史上，罪惡概念有助於解釋為何壞事會發生；它對社會理解不幸起因的需求提供了答案，並對應當咎責的對象提供指引。在西方社會傳統裡，罪被描繪為惡行的主要誘因。

而在現代的世俗時代，由於我們放棄了明指善惡而更加複雜。西方社會對道德語言感到不自在，因此往往缺乏一套條理分明的敘事為恐懼賦予意義。在這樣的形勢中，我們極力想找出貼切的字眼。這種情緒由德國社會學家烏爾利希・貝克（Ulrich Beck）表達出來，他慨歎：「我們釋放了不可預見、無法控制，實際上不能傳達的後果，危害地球上的生命。」[69]「不能傳達的」（incommunicable）這個詞讓人注意到，缺乏能為人類所面臨的威脅賦予意義的語言。

即使是在當代的世俗世界，恐懼、罪惡與道德關懷，仍然彼此交錯。圍繞千禧蟲的爭議這一例證，說明了對技術問題的恐懼能夠如此輕而易舉地呈現出道德面向。在新千禧年來臨前一年，有許多惡兆暗示著即將到來的可怕危險。專家警告，在一九九九年十二月三十一日午夜，電腦程式會產生災難性問題，會表現得像是退回一九〇〇年，而非進入二〇〇〇年。起初被稱作二〇〇〇年問題（Y2K bug）的潛在技術差錯，隨即轉變成一場對於全球電腦系統崩潰的巨大恐慌。

對千禧蟲毀滅性後果的陰暗預測，引人入勝之處在於其作者們傳達的準宗教（quasi-religious）與壽命終止主題。宗教傳道們預言，電腦普遍故障的世界將爆發翻天覆地的善惡鬥爭。比方說，五旬節宗神醫布道家石汝樂（Morris Cerullo）就預言一場與《聖經》相稱的大災難：

> 這場即將席捲萬國的恐慌，會轉化為一次全球大蕭條。銀行倒閉將癱瘓世界金融市場。全球經濟會崩潰……《聖經》預言了末日，世人會看到全球經濟在一小時內崩潰！暴動會在城市發生……就在午夜進入二〇〇〇年的那一刻，美國恐怕在不到三十分鐘內就會遭遇核毀滅。70

眾多恐懼事業家都順應著末日潮流，發明出最怪誕、最可怕的情景。其中一本書《定時炸彈二〇〇〇》（*Time Bomb 2000*）預言二〇〇〇年會引發全球大亂。格蘭特．傑佛瑞（Grant Jeffrey）的《千禧年熔解：二〇〇〇年電腦危機》（*The Millennium Meltdown: The Year 2000 Computer Crisis*），則預言電腦系統崩潰為一個策劃陰謀的反基督世界政府鋪路。

末世論焦慮與尋求技術解決辦法的交織，應當解讀成尋求一種語言，以突顯對未來不祥預感的嘗試。貝克所指涉的這種缺乏語言傳達對未來的不安全感，招引人們去尋找意義。至少有些評論者在《聖經》〈啟示錄〉的理想型與修辭中找到慰藉這一點，對近時的恐懼與罪惡提出耐人尋味的問題。

自古至今的社群都經由自身道德法則提供的故事與指導，在面臨威脅時保護自己。人們覺得安好或是不安全，是受到他們與普遍盛行的意義感之間關係的影響。社會學家萊特・米爾斯（C. Wright Mills）是這樣看待一套意義體系，與人們感到被威脅的認知之間的關係：「當人們珍惜某些價值觀，不覺得被它們威脅，他們就體驗了幸福」；但「當他們珍惜價值，但確實感到受威脅，他們就體驗了危機。」米爾斯補充：「倘若他們的一切價值看來全都涉及威脅，他們就感受到恐慌的完全威脅。」米爾斯也呈現出一個情景，刻劃出今日社會焦慮構造的一個重要面向。「假設他們終究感受不到任何受珍視的價值，卻仍強烈意識到威脅，」他宣稱，而後做出結論：「那就是不安、焦慮的體驗，倘若它夠完全的話，就成了一種致命的不適。」[71]

感受不到任何受珍視價值的後果，對於理解今日的恐懼運作方式尤其重要。有時，靈魂不朽的信念幫助人們逐漸接受對死亡的恐懼。古希臘思想派別——伊比鳩魯派、懷疑論者和斯多葛派——發展出一套將死亡恐懼拒斥為非理性的哲學。它們提供一套價值體系，幫助人們接受對死亡的恐懼。有些社會比其他社會更能提供一套意義之網，讓人們經由其中理解世界，發展出理解自身所面臨威脅的能力。在道德法則強大的社會，恐懼與一套關於應當恐懼之事，及人們處理恐懼應有之道的文化腳本相關。例如在古希臘，勇氣這項美德在恐懼的公共管理及表現上扮演重要角色。

當代社會極力想要為對錯概念賦予自覺的道德內容。如同以下章節所主張的，恐懼文化的修辭與現實兩者都表達出，當代社會盛行的道德不確定性與無力感受。在今日脆弱的道德中，我們欠缺一種足以作為恐懼解毒劑的美德。結果，我們仰賴非道德資源——心理學、治療、專業技能——指導我們應對所面臨的恐懼。道德混亂既維持，也繁殖恐懼文化。

為了理解恐懼如何運作，以及它的當代表現有何獨特之處，本書將聚焦於它如何被寫成腳本，以及如何被表現出來。我們在提及文化腳本概念時，已經指出它為人們如何詮釋及應對不確定性與威脅提供引導的作用。我們的文化腳本提供規範、修辭及理所當然的假定，告知我們恐懼的方式。它也提供一套關於生而為人意義何在的故事。它在這方面傳達的觀念，告知我們在困苦情況下被預期應當如何表現。文化腳本對於在艱難境地中如何感受也有一番見解，有助於引導個人的情緒體驗。它傳遞了關於情緒的規則，以及關於情緒意義的觀念。個人根據自身處境及性情而詮釋及內化這些規則，但也經由受到文化認可的成語表述它們。

一切文化都有關於恐懼及其意義的獨特腳本。既然恐懼深深浸淫在關於人生意義的文化假定之中，它也會隨著歷史而變化。實際上，研究當代恐懼最有用的方法之一，就是將它如何運作與其他歷史時刻對照。這一取徑有助於促進我們對自身恐懼文化的獨有特徵及不同屬性開展而理解。從事恐懼在歷史上變動的研究，是解答「我們恐懼的方式相較於過去有什麼不同？」這個問題不可或缺。它也幫助我們想像，一個恐懼不再對我們的人生擁有居高臨下影響力的世界。

本書主要借鑑於英美世界的經驗，但恐懼文化的影響確實已經遍及全球。我寫下這些字句時正在祕魯的利馬。過去十天，我被沒完沒了地提醒遠離那些被說成「不安全」的地方，同時被告知哪間餐廳和哪家計程車行「安全」。我對利馬恐懼敘事的初體驗，是從英美佬觀光客在這個主題上歡迎指導的預期所了解到的。但我和祕魯人——多半是中產階級——談論時，情況變得很明顯，他們同樣將英美世界對恐懼看法的各種面向給內化了。在新加坡、布達佩斯、阿姆斯特丹或米蘭等各不相同的地點進行的對話，使我確信恐懼文化已經取得普遍的全球影響力，差別只在於程度多寡。

我得到的結論是，社會在無意間疏離了控管恐懼所必要的價值——如勇氣、判斷力、理性思考及責任感。恐懼文化並非自然的產物；在許多方面，它的力量都源自年輕人社會化的方式。本書主張，成為恐懼文化得勢催化劑的不是任何歷史發展，而是採用了將年輕人社會化的新方法。年輕人受到的社會化使他們感覺脆弱，被不確定性嚇倒。本書的寫作乃是期望他們找到方法，超越當前社會化體系令他們喪失自信的作用。

---

1 對這種趨勢耐人尋味的反思，參看 Alex Williams, "How Anxiety Became Society's Prevailing Condition," Independent, June 17, 2017, https://www.independent.co.uk/news/long_reads/anxiety-prozac-nation-depression-mental-health-disorder-america-panic-usa-memoirs-self-help-book-a7785351.html（二〇一七年七月三日瀏覽）。

2 Neil Strauss, "Why We're Living in the Age of Fear," *The Rolling Stone*, 6 October 2016.

3 N. R. Kleinfield, "An Intense New Chief: Robert R. Frederick; Running RCA from Behind the Scenes," 17 March 1985,

New York Times. 我在二〇一七年四月十四日從Nexis資料庫上搜尋「恐懼文化」一詞。

4 Andy Rooney, "Andy Rooney on Bad News," 6 May 1990, *60 Minutes*.

5 "The tyrant, his sons and a culture of fear," *Evening Standard*, 19 January 1996.

6 Chris Thomson, "Ofsted is responsible for a culture of fear in schools that too often results in job losses," *TES*: 5 October 2016, https://www.tes.com/news/ofsted-responsible-culture-fear-schools-too-often-results-job-losses（二〇一七年四月四日瀏覽）。

7 書籍資料參看：https://www.amazon.com/Bullies-Culture-Intimidation-Silences-Americans/dp/1476710007 。

8 修辭術語概念的討論，參看Ibarra and Kitsuse (2003), pp.25-26。

9 Glassner發言引自Strauss (2016)。

10 Lily Rothman, "Why Americans Are More Afraid Than They Used to Be," *Time*, 6 January 2016, http://time.com/4158007/american-fear-history/（二〇一七年一月二十五日瀏覽）。

11 Elias (2005), p.327. 譯者按：此處參看諾伯特・埃利亞斯（Norbert Elias）著，袁志英譯，《文明的進程（第二卷）》（北京：三聯書店，一九九九年），頁三五二。

12 參看http://www.spiked-online.com/newsite/article/3053#.We35sRNSyi4 。

13 Schoenfield & Ioannidis (2003).

14 例如，可參看A. Trevor Thrall, "Introducing the American Fear Index," 14 September 2017, CATO Institute, http://www.cato.org/blog/introducing-american-fear-index（二〇一七年十月四日瀏覽）。

15 Stearns (2006), pp.4-5.

16 前引書，頁十三。

17 前引書。

18 轉引自"A scared bunny and his appetite for ants," *Independent*, 10 June 1995, http://www.independent.co.uk/news/a-scared-bunny-and-his-appetite-for-ants-downed-us-pilot-in-tears-as-he-tells-his-story-of-survival-1585833.html（二〇一六年四月三日瀏覽）。

19 參看Tim Dickinson, "How Roger Ailes Built the Fox News Fear Factory," *Rolling Stone*, 9 June 2011, http://www.rollingtone.com/politics/news/how-roger-ailes-built-the-fox-news-fear-factory-20110525 。

20 轉引自Strauss (2016)。

21 柯爾的說法轉引自Strauss (2016)。

22 轉引自Jackson (1932), p.xliii。

23 Furedi (2016).

24 參看Selena E. Harper & Professor Bruce Lusignan, "Fear Factor: Terrorism, Bush, The Media Post 9/11," 6 June 2003, http://web.stanford.edu/class/e297a/FEAR%20FACTOR.htm（二〇一二年七月七日瀏覽）。

25 前引文。

26 參看Altheide (2002)。

27 參看O'Neill & Nicholson-Cole (2009)。

28 參看Hayley Watson & Frank Furedi, "Review of Existing Surveys on Public Opinion of Security," Changing Perceptions of Security and Interventions, Seventh Framework Programme, EU, http://www.cl.cam.ac.uk/~rja14/shb10/watson.pdf（二〇一六年一月二日瀏覽）。

29 Altheide (2017), p.63.

30 前引書。

31 Grupp (2003), p.43.

32 Guzelian (2004), pp.712 & 767.

33 Cutler (2015), p.7.

34 參看“A Third of US Public Believe 9/11 Conspiracy Theory,” Scripps Howard News Service, 2 August 2006。

35 Hammond (2017), pp.8-10.

36 Furedi (2013a).

37 參看 Altheide (2002)。

38 參看 Frank Furedi, “Good, Bad or None of Our Business,” *The Australian*, 9 April 2011。

39 Ian Sample, “Global meltdown: scientists isolate areas most at risk of climate change,” *Guardian*, 5 February 2008.

40 Hammond (2017), p.1.

41 ‘dread, n.,” *OED Online*, Oxford University Press, June 2017, http://www.oed.com.chain.kent.ac.uk/view/Entry/57581?rskey=wJ4kMN%result=1&isAdvanced=false（二〇一七年七月七日瀏覽）。

42 比方說，十九世紀晚期的媒體串通起來，在英美兩國推銷所謂白人奴隸貿易的恐慌。它成功將白人女性在外國被賣身為娼的謠言，轉變成數十年間令大眾牽腸掛肚的文化迷思。

43 參看 Mueller (2006), pp. 2, 3, 13。

44 Thucydides (1900), p.138. 譯者按：修昔底德著，謝德風譯，《伯羅奔尼撒戰爭史》（臺北：臺灣商務，二〇〇〇年），第二卷第五章，頁一四六，本句譯為「他們像蒼蠅一樣地死亡」。

45 Alcabes (2009), p.36.

46 參看 Maxine Frith, “Are you one of the rising numbers of the ‘worried well’?,” *Daily Telegraph*, 20 July 2014。

47 Svendsen (2008), p.7.

48 例如 Stearns (2006), p.76。

49 對這個悖論的討論，參看Johnston (2003)。
50 Freud (1920), http://www.bartleby.com/283/（二〇一七年一月三日瀏覽）。
51 Svendsen (2008), p.24.
52 Bauman (2006), p.3.
53 Freud (1920), http://www.bartleby.com/283/（二〇一七年一月三日瀏覽）。
54 Kierkegaard (1986).
55 Freud (1920), http://www.bartleby.com/283/（二〇一七年一月三日瀏覽）。
56 參看Furedi (2009a)。
57 Aristotle, *Rhetoric*, Book II, Chapter 5，可在線上閱讀：http://rhetoric.eserver.org/aristotle/index.html（二〇一七年三月三日瀏覽）。譯者按：本段參看亞里斯多德著，羅念生譯，《修辭學》（北京：三聯書店，一九九一年），頁八一。
58 Svendsen (2008), p.46.
59 前引書，頁三六。
60 Bauman (2006), p.2.
61 參看Furedi (2012)。
62 參看*Essays of Montaigne*, http://oll.libertyfund.org/titles/montaigne-essays-of-montaigne-vol-1（二〇一七年六月五日瀏覽）。
63 Gray & Ropeik (2002), p.106.
64 Garland (2001), p.10.
65 Bannister & Fyfe (2001), p.808.

66 Bauman (2006), pp. 21 & 72.

67 前引書，頁二八。

68 前引書。

69 Beck (2003), p.257.

70 轉引自Nancy Schafer (2004), "Y2K as an Endtime Sign: Apocalypticism in America at the *fin-de-millennium*," *The Journal of Popular Culture* 38 (1): 87。

71 Mills (1959), p.11.

第一章
變遷的恐懼故事

恐懼的當代意義，和它在過往歷史時代受到認知的方式形成強烈對比。直到二十世紀為止，恐懼通常被當作一種情緒狀態，與道德顧慮相吻合。依照直到十九世紀末都居於支配地位的不同文化規範，恐懼被認為是一種陶冶道德價值的媒介。好恐懼往往與壞恐懼區隔開來，社群也在這個問題上為人們提供道德及實務指導。宗教與道德法則讚揚恐懼的正向屬性——只要是正當的恐懼。

今天，當恐懼本身經常受到憎惡與害怕，它往往作為一種應當避忌的疾病而被醫療化。本章的主旨在於探討過往支配恐懼，變動不居的慣例與規則。它特別聚焦在一個時期：一九一八至三九年的戰間期，二十一世紀恐懼文化的許多特徵在這時開始成形。

恐懼規則

本書導論突顯美軍飛行員歐格雷迪的案例，他公開講述自己被迫在敵後落地時有多麼恐懼。他的反應和兩位前英軍水兵：比爾．威克（Bill Wake）與比爾．奈斯（Bill Ness）在D日（諾曼地登陸）當天登陸法國之後，對其所見恐怖的回應大不相同。他們回想：「每個人都不只是害怕而已」，他接著說：「我們當然也嚇壞了」，但「我們得擺出英勇的表情」。[1]這兩個案例的軍人都嚇壞了，但英軍老兵知道自己被期望不要表現出來。他們得擺出一副「英勇的表情」。按照第二次世界大戰期間通行的恐懼規則，軍方人員被期望在公開場合展現出堅忍克己，不論他們的內在情緒多麼動盪。

從《聖經》時代以來，當權者都費盡心思想要管控官兵在戰爭前和戰爭中的恐懼。舊約《歷代志下》激勵猶太人：「你們當剛強壯膽……不要因亞述王和跟隨他的大軍恐懼、驚慌，因為與我們同在的，比與他們同在的更大。」[2]自己的神比對方的神更大這個說法，在為數更多的敵軍壓境之時用以安定官兵心神。第一次世界大戰期間，每一位普魯士步兵的腰帶扣上都銘刻著「上帝與我們同在」（Gott Mit Uns）這行字。這句話表明上帝站在他們這邊，他們無須懼怕。[3]

官兵如何應對焦慮，尤其是對死亡的恐懼，千百年來始終是軍政及民政當局關注的課題。社群為自己的軍人被期望在戰場上如何應對危險，提供一套十分明確的故事。他們的宗教與道德法則經常試圖貶抑戰爭中對死亡的恐懼。它們讚揚英雄主義，以及為了更崇高目標而犧牲的志願。

社會對於死亡恐懼有著不同敘述及故事。美國社會學家亞莉・霍希斯柴德（Arlie Hochschild）在她引人入勝的情緒社會學研究中，將這些對於適切回應情勢之構成要件的非正式期望，稱作情緒規則。[4] 情緒規則指導我們恐懼的方式及應當恐懼的對象，由此相應地影響我們的行為方式。經由社群慣例與習俗，這些規則影響人們對於威脅及不確定性的回應。

為恐懼設定情緒規則的最早嘗試之一，見於古希臘哲學家柏拉圖的著作。柏拉圖在《理想國》（*Republic*）裡直接處理人們應當如何懼怕死亡的問題。該書撰寫於西元前三八〇年前後，重要目的之一即是提供讀者指導，將公民社會化以畏懼正當的恐懼。透過蘇格拉底的發言，柏拉圖概述一套讓理想國軍人免於死亡恐懼的策略。為了實現讓士兵勇敢的目標，蘇格拉底主張對文字通信及口傳詩歌與神話細心審查。蘇格拉底要確保人們害怕死亡的軼事及範例，從說給兒童的故事中完全刪去。就連荷馬瑰麗的史詩，也無法倖免於這項吹毛求疵的文字審查。蘇格拉底對於荷馬描繪的冥界來生之恐怖尤感不安，他擔心這些段落會導致戰士害怕戰死沙場。[5]

蘇格拉底斷言，為了倡導勇敢、英勇與犧牲的美德，確保軍人害怕戰敗更甚於戰死，理想國應當施行智識操控政策，這在今天會被看作是社交工程的一種型態。蘇格拉底堅稱，傳遞給共和國護衛者們的故事內容，應當有助於培養看待死亡恐懼之可取心態的方案。從這個觀點出發，希臘英雄就要被描繪成寧願戰死也不做奴隸的勇敢戰士。

在《理想國》第三卷，蘇格拉底問與他對話的格勞孔（Glaucon），如何確保未來的護衛者——兒童能「勇敢」。他接著問：「我們要不要用正確的說法教育他們，使他們不要怕死？你以為一個人心裡怕死能勇敢嗎？」[6]

格勞孔回答：「當然不能。」蘇格拉底再問：「如果一個人相信地獄確實存在且非常可怕，他能不怕死，打仗的時候能寧死不屈不做奴隸嗎？」[7]從這段對話產生的首要結論，是為正向描述陰間在文化上提供支持的重要性。接著則是要強制禁止一切對來生的負面描述，以減少軍人的死亡恐懼，且提倡武勇。為確保冥界獲得正向描述，蘇格拉底力主刪除詩歌及故事中一切對冥界的負面表述，「必須從詞彙中剔除」描述陰間的「那些可怕又淒慘的名字」。蘇格拉底甚至主張，公開悼念死者的行為應當為了提倡勇敢而被抑制，他陳述：「我們應該刪去註明作者所作的那些輓歌，把它們歸於婦女（不包括優秀的婦女）、歸於平庸的男子，使我們正在培養的護衛者，因此看不起這種人，而不去效法他們。」[8]

柏拉圖控管死亡恐懼的心理模板，還不限於文字審查。他也倡導政策削弱軍人對家人、親友，乃至物質財富的依戀。近似於今天圍繞二十一世紀極端聖戰士自殺炸彈客，那種殉教者文化的神祕色彩，柏拉圖也賦予陣亡將士不朽英雄的地位。[9]

往後千百年，遞嬗交替的社會都試圖控制死亡恐懼對軍隊官兵的侵蝕效果。它們開展出來的情緒規則，倚仗一套頌揚犧牲、愛國、忠誠，及榮譽等價值的道德法則。古往今來，人們逐漸承認，既然戰場上的恐懼不可能根除，就需要將這種情緒導向更高尚的目的而加以抵銷。當權者經常將人們對神的敬畏，認知為死亡恐懼的解藥。揚・普蘭佩爾（Jan Plamper）在他對二十世紀初俄國軍隊精神醫學，及其應對恐懼方式引人入勝的敘述中，提及在十九世紀前半，當局仍倚靠宗教及道德抑制恐懼問題。他引述一八三四年的一部出版品《軍方醫療警察的經驗，又名俄國地面部隊官兵衛生保健規範》（*The Experience of the Military-Medical Police, or: Rules for the Healthcare of the Russian Soldiers of the Land Forces*），其中只有一處明確提及恐懼。恐懼是在談論沙俄帝國內部「俄羅斯人、烏克蘭人，及哥薩克人對其他民族的優勢」這一文脈下提到的，該書對於這三個族群的偏好，乃是以他們的人民往往「在敬畏上帝下成長」作為正當理由。普蘭佩爾觀察到，在這本出版品裡，「恐懼得以被談論或幾乎被談論的範疇，仍在道德及宗教領域，而非醫學及心理學；描述官兵時的強烈族群成分，則從社會氛圍及宗教推論國族性格，而非從基因或個人人格類型。」[10]

大半個十九世紀之中，軍方都試圖訓練官兵將死亡恐懼視為可恥的怯懦。但到了二十世紀初，官兵們對死亡恐懼迷向影響的承認，在軍事當局內部已十分普及。普蘭佩爾引述日俄戰爭、一九一二年巴爾幹戰爭，以及第一次世界大戰對於提升軍陣精神醫學重要性的作用。這幾次戰爭中被提報的「歇斯底里、精神耗弱及恐懼」個案數量遽增，結果成了軍陣精神醫學的一項關鍵課題。[11]第一次世界大戰結束時，支配軍人在戰場上死亡恐懼的傳統情緒規則隨之瓦解。普蘭佩爾寫道：「一百年前，幾乎沒有任何軍陣精神醫學，但也幾乎沒有任何提及軍人恐懼的第一人稱資料來源。」但到了一九一八年，恐懼不只成了軍陣心理科學的核心關懷，也

「同時是這個時代的癥狀與產物」。[12]

恐懼作為需要心理學介入的心理衛生課題而產生，傳統上的解釋聚焦於戰爭性質的變遷。新的摧毀技術展現出比刺刀和步槍的威脅更驚人也更強大的殺傷力。戰爭持續多年，有賴於動員大量公民進行壕溝戰，據說對官兵士氣產生了有害影響。[13]然而，儘管現代戰爭的毀滅性後果促成恐懼感增強，且至今持續促成，光憑這點仍不足以為二十世紀初看待恐懼公開表述的心態產生劇變，提供滿意的解釋。

第一次世界大戰的直接後果，是帶來恐懼規則的重新定向，不只是在軍中，更遍及整個社會。戰間期見證了心理學影響力的顯著擴張，正是在這個時間點上，恐懼與焦慮的課題本身開始被視為問題。斯特恩斯觀察到美國的恐懼文化在一九二〇年代改變了，同樣的變化在歐洲許多地區也顯而易見。[14]儘管恐懼敘事作為獨立變數或文化力量的影響，相對於二十世紀晚期和二十一世紀初並不太大，它已經與在更傳統背景之中表述的方式脫節了。

恐懼規則的重新表述，不只是對第一次世界大戰慘痛經驗的回應而已。大戰同時也是催化劑，使得對於傳統價值及道德法則意義的既有懷疑浮上檯面。「獻身的菁英受到大規模屠殺」，令先前用以抑制死亡恐懼的價值受到質疑。[15]社會替換舊有道德法則的困難，是恐懼自傳統的停泊處脫離的主因。

看待死亡的情緒規則轉變，並非發生於一夕之間。世界各地的當權者都力圖維護傳統軍人價值，實際上至今也持續這麼做。然而，軍事當局承認自己無法再倚仗傳統戰士精神的影響，從而選擇運用心理學技術影響對死亡的恐懼情緒。正因如此，美國陸軍對於所謂「長期派駐的情緒週期」向官兵及其眷屬提供建議，也對「關於忠誠或婚姻誠信的恐懼」及「分離焦慮」恐懼的處理提供指導。[16]

從傳統價值轉移開來的後果之一，在於死亡與任何正向的道德意涵脫節，僅被看作一種無法理解、不可接受的個人悲劇。在軍隊內部，這些文化心態經由採用為避免友軍傷亡而設計的演練及戰術而反映出來。這種規避傷亡的風氣，在軍事當局不願駐軍及避免持久戰鬥行動上展現得尤為顯著。這一名為「軍事事務革新」（Revolution in Military Affairs, RMA）的學說，可以被看作是避免將部隊投入持久而血腥戰鬥的嘗試。據一份研究指出，許多「政治家及將領完全且毫不置疑的確信，美國無法再成功動用武力，除非美軍人員毫無傷亡。」[17]歐巴馬和川普兩任政府頻頻出動無人機進行空襲，首要優點也正在於能夠避免美軍人員傷亡。

弔詭的是，西方國家軍隊的損失規避心態，反而給了他們的對手誘因來利用這種恐懼。二〇〇〇年的《恐怖攻擊全國調查委員會報告》（*Report of the National Commission on Terrorism*）認為：「倘若恐怖分子的目標在於挑戰美國人的安全感及信心」，那麼就連一次相對小規模的化學武器及生化攻擊「都能夠奏效」。恐怖行動威脅能對西方大眾想像產生的衝擊，給了這些明顯「無所畏懼」的人們力量。實際上，正是自殺炸彈客將死亡視為光榮殉教之路的這種大無畏，增強了其攻擊目標的憂慮。畏懼神明顯然更甚於死亡本身的自殺炸彈客，至少體現柏拉圖在《理想國》裡讚揚的某些美德。

一種歷史失憶感使得西方文化回想不起來，就在不久以前，他們的許多青年都準備好戰死沙場。著名德國社會學家馬克斯．韋伯（Max Weber）在第一次世界大戰前期的著作中宣稱，一個在戰場上創造出來的團結社群所提供的意義與動力，可與宗教兄弟會的體驗相比。他陳述：「戰爭對一位戰士發揮的作用，在實質意義上是獨一無二的」，因為「戰爭讓他體驗到死亡的一種神聖意義，唯戰場上的死亡所特有」。不同於正常死亡在現代世俗世界中並無特殊意義，在戰爭中，也「只有在戰爭中，個人才能確信他知道自己『為了』特定事物而死。」[18]

韋伯對個人犧牲生命的神聖化並不只是一廂情願的宣傳。他對於「戰場上袍澤情誼，以及戰爭中的死亡極其非凡性質」的說法，對於交戰各方志願參戰的眾多官兵仍是有意義的，在第二次世界大戰期間也同樣存在。直到美國的越南戰爭期間及其後，它的逐漸衰退才引人注目。

對死亡的恐懼

自古至今，在許多思想家看來，公開闡述的恐懼整體而言是以死亡恐懼為基本框架。除此之外，對死亡的焦慮同樣是一種極為私密的恐懼，據說它潛藏於無意識中，與對於生存安全的基本顧慮密不可分。這一觀點持續影響當代對這個問題的反思。包曼宣稱，「對死亡的恐懼」是「最原始的恐懼——一切恐懼的原型」。[19] 歐內斯特．貝克（Ernest Becker）在一九七三年出版，影響深遠的著作《拒斥死亡》（*The Denial of Death*）則主張，對死亡的焦慮構成人類最深沉的恐懼；它是如此根深柢固，因而催生了盛行於社會上的眾多特定恐懼及個別恐懼症。[20]

對死亡恐懼的心理及文化意義受到希臘哲學家的承認，其中許多人將這種現象理解成與對未來的憂慮息息相關。有些人——例如伊比鳩魯派、懷疑論者及斯多噶派——也願意直面這種恐懼，並試圖藉由主張這是一種無意義的情緒消耗來對抗其效果。伊比鳩魯（Epicurus，西元前三四一至二七〇年）提出一個命題：一旦死亡能被正確理解，懼怕它就沒有意義。他把對死亡的恐懼描繪成未來威脅的投射：支撐這種恐懼的是痛苦的可能性，而非某種特定傷害。他寫道，既然這種恐懼的對象在當前「並未造成煩惱」，因此它就是「毫無根據的」，並補充：

> 因此，死亡這最壞的罪惡，對我們毫無影響，既然我們在世時，死亡不會來到，死亡來臨時，我們已經不在。因此，不論對生者或死者，它都沒有意義，因為它不與生者同在，死者則已不復存在。[21]

伊比鳩魯確信，只要人們理解死亡傷害不了生者，就能克服對死亡的恐懼。死亡也傷害不了死者，因為死者不復存在。

在古代，對死亡恐懼提出最雄辯也最有力批判的人，則是羅馬詩人盧克萊修（Lucretius，西元前九九至前五五年左右）。他的哲理長詩《物性論》（*De Rerum Natura*）提供了對於「構成人類心靈基本元素的一種無處不在的恐懼」最早認真反思的嘗試之一。[22]盧克萊修一如伊比鳩魯，也強調恐懼死亡的非理性面向。他的論證說法仰賴於拆解人們對於不復存在的焦慮。他斷言，既然人們對於在出生之前的過去未曾存在並無一絲懼怕，他們憂慮未來不復存在的狀態就沒有意義。這個論點由羅馬哲學家塞內卡（Seneca，西元前四年至西元六十五年）在他的〈論自殺〉中進一步闡述：

> 難道你不覺得他為了一千年前不在世而哭泣愚蠢至極嗎？他為了一千年後不復存在而哭泣，豈不同樣愚蠢？其實都是一樣：你未來不復存在，過去也未曾存在。這些時間都不屬於你。[23]

塞內卡一如盧克萊修，試圖強調死者不復存在，也無從憂慮自己的不存在，以對抗人們的死亡恐懼。

伊比鳩魯派哲學對死亡批判的局限之一，在於它狹隘地聚焦於人們對自身衰亡的焦慮。儘管盧克萊修有時看似超越人們對自身死亡的焦慮而尋求恐懼的起因，他的分析卻往往迴避一個問題：經由死亡恐懼表述的可能是哪種更廣泛的焦慮。相對於盧克萊修和塞內卡的觀點，往後千百年間，「不存在」愈來愈被認為是焦慮的首要重心，而非肉體死亡。「對死後被遺忘的恐懼，是人類最根深柢固的焦慮之一」，一部名為《死亡：人類執迷與恐懼歷史》（*Death: A History of Man*）的著作如此表示。[24]

盧克萊修對死亡的探討中，發現粉碎人類事務的「某種隱藏力量」。一部研究盧克萊修的著作指出，這種隱藏力量「屬於不受控制的自然暴力，如暴風、地震、潮汐，及其他破壞性的自然現象」，而它「也運作於人類生命中」，影響「愛與死的概念」。[25]這股如今有時被稱為焦慮的「隱藏力量」，當然不只是對死亡可能性的反應，思想家千百年來也持續想要理解它的運作。

盧克萊修的某些洞見在佛洛伊德的著作中得到呼應。第一次世界大戰爆發六個月後，佛洛伊德在著作中表示，死亡恐懼純屬其他某些更深沉焦慮的昇華表現。佛洛伊德認為「我們無法」真正「想像我們自身的死亡」，因為「我們無論何時試著這麼做，都會發現自己身為觀眾而存活」。他假定「在無意識層面，我們每個人都確信自己永生不死」。佛洛伊德並未低估死亡恐懼對人類生命的影響，但他主張這種情感是人們難以承認的無意識焦慮之結果。「對死亡的恐懼比我們所意識到的更常控制我們，但它相對來說是次要的，通常是內疚的結果。」他如此聲稱。[26]

對照希臘人與佛洛伊德對死亡恐懼的詮釋，從哲學轉向心理學的認知轉移顯而易見。佛洛伊德對面臨死亡時英勇行為的敘述，是基於他的無意識及其所產生衝動的理論。「我們的衝動完全容不下死亡的概念，」他寫道，而後推斷「或許這正是英勇行為的真正奧祕所在。」[27]佛洛伊德暗示，無意識衝動及本能是他所謂的「衝動性英勇行為」得以展現的原因。他承認英勇行為也有理性基礎，取決於「個人一己之生命價值不如某些共同理念的抉擇」。[28]但總的來說，他將英雄描述為憑藉衝動行事，非理性地「無法相信自己會死」的個人。[29]

不同於佛洛伊德，亞里斯多德相信面臨死亡的英勇行為具有理性基礎，而且是顯著的道德基礎。他相信死亡恐懼的解藥是勇敢這項美德。如同這個主題的一位論者所說明，在亞里斯多德看來，為人類行為賦予勇氣的，是個人對於自己為崇高目標而行動的信念。結果，這樣的人將能「承受即使在明知無法成功的人們看來都感到可怕之事」。[30] 亞里斯多德的恐懼哲學強調陶冶勇敢美德，以緩解死亡恐懼效果的重要性。亞里斯多德在討論這個問題的過程中斷言，從道德觀點看來，問題不在於恐懼的行為，而在於以不適當的方式恐懼。他在《尼各馬可倫理學》（*Nicomachean Ethics*）寫道，人們「對不應當害怕的事物，或者是以不適當的方式，在不適當的時間感到恐懼」，同時區分高貴的恐懼與卑賤的恐懼。他認為，懼怕威脅我們的許多事物並無不當；但要實現高尚的目標，就必須直面恐懼展現勇敢。亞里斯多德陳述，勇敢的人在高貴的事業危在旦夕之時不怕死亡，尤其是在戰場上。[31]

《尼各馬可倫理學》的章節，可被解讀成提供如何以高尚方式面對恐懼的指南。亞里斯多德一如在他之前的柏拉圖，也力圖為勇敢的美德提供哲學肯定，以抵銷人們對死亡的恐懼。然而，在希臘及多數社會中，被調動起來面對死亡恐懼的卻是宗教資源而非哲學。宗教對生命、來生與死亡意義提供的敘述，在減緩某些附加於死亡恐懼之上的迷向感受時發揮了重大作用。

對神的恐懼

按照彼得・哈里遜（Peter Harrison）的說法：「已知最古老的『宗教理論』是『恐懼

論』。」[32]自希臘時代以降，宗教研究（尤其是批判取向）往往認為，宗教是為了回應初民社會對一個能夠控管恐懼之機制的需求而興起的。「『首先創造神明的是恐懼』這句古代諺語，在宗教史的每個時代都得到累牘連篇的證實。」美國心理學家與哲學家威廉・詹姆士（William James）寫道。[33]「神明是對未知根本恐懼的昇華表現」這一見解，經常與「對神的恐懼是維持道德秩序之先決條件」這一命題攜手結盟。人們經常認為，對神的信念協助人類控管及接受自己的恐懼。

希臘原子論哲學家德謨克利特（Democritus，約生於西元前四六〇年，卒年不詳）通常被人們認為是宗教恐懼論的首創者。德謨克利特認為，當「人們被天上打雷驚嚇」，他們就想像「神明是這種現象的起因」。[34]他確信，是人們的恐懼與迷信，促使人們將罕見且不尋常自然現象的責任與因果歸於神明行為。西元前四世紀末，亞里斯多德的門徒提奧夫拉斯圖斯（Theophrastus，西元前三七一至二八七年）經由對敬畏鬼神（deisidaimon）一詞的分析，闡述宗教恐懼論。這個字眼涵蓋與迷信及畏懼神明相關的意義。提奧夫拉斯圖斯假定，人類的害怕作為一種心理狀態，催生我們如今稱為宗教的事物。[35]盧克萊修做了著名的陳述：「恐懼是在世上創造神明的頭等大事。」[36]從這個觀點出發，對神罰的恐懼存在於與令人動彈不得的死亡恐懼互相強化的關係之中。關於宗教恐懼論的這些論點，看來被社群對「反常的」自然生成之回應方式從經驗上證實。對於令人憂慮之自然生成迸發的不安與憂慮，被神罰的預期給加強了。

就以中世紀為例。在整個中世紀，不尋常的自然事件經常被理解成天主發怒的不祥之兆。一份研究說明：「日蝕與彗星被看成是天災地變，因為它們被理解成神對人類罪惡發怒的跡象，一如地震與火山爆發。」[37]這種對大自然作為的戲劇性詮釋，直到近現代都繼續形塑人們的想像。

而在近代前期，莎士比亞經由怪異不尋常事件的象徵性運用，成功獲得強大的戲劇效果。在《居里厄斯．凱撒》（*Julius Caesar*），觀眾發現一場強烈的暴風雨在三月十五日前夜襲來。嚇壞的凱斯卡（Casca）拔出劍，向西塞羅（Cicero）講述他親眼所見的離奇不尋常的事件。他說自己看到「天上掉下火團」，一個男人的手燃燒著卻沒有灼傷，一隻獅子逡巡於丘比特聖殿（Capitol），夜梟在廣場尖叫。幾個場景過後，在凱撒家中，卡爾帕妮婭（Calpurnia）將這場暴風雨解讀為不祥之事的預兆，請求丈夫凱撒不要前往聖殿。[38]

形塑中世紀對天災地變認知的，與其說是人類苦難的強度，倒不如說是重大物理破壞行動發出的強烈信號。雷暴與不尋常的氣候生成在十六世紀被認為是反常的；人們普遍相信「冰雹可能是天主的信號，魔鬼的工作或巫術的結果。」[39]超自然力量應對多數人類悲劇形式負責的信念，普遍深植於前近代及前科學時代的心態之中。

批判迷信信念的人也試圖揭露他們所見的畏懼神明之謬誤。伊比鳩魯並不質疑神明存在，但他斷言，既然神明與人類世界毫無干係，就沒有理由懼怕祂們。他認為神明並不干預人類生活，因為祂們在自己的世界裡自得其樂。伊比鳩魯也提出以下見解：人們恐懼神明在來生的懲罰是沒有意義的，因為死後即無生命。[40]

盧克萊修與伊比鳩魯對於神罰提倡的懷疑論點，遠遠超前於他們的時代。柏拉圖堅稱，無神論者應當為了否認「法律的根基」而被監禁或懲罰，是對於這個主題遠遠更具代表性的觀點。[41]就連對神罰力量心存懷疑的思想家，往往也會接受畏懼神明是道德秩序存續所必需。西塞羅等哲學家明白，智者毋須迷信及畏懼神力即可循規蹈矩，但卻相信平民百姓需要畏懼神明。

到了文藝復興時代，人們承認「哲學家或政治家菁英」有權利「私下不信神」，但這個觀點卻與「不畏懼神的人不值得信任」這一共識不謀而合。根據一項對於「近代前期政治理論中的敬畏神明」的研究，十六世紀興起一套「以畏懼天主和絞刑吏」作為社會秩序基礎的理論。這個理論的影響力強大到「此後一百年幾乎不受挑戰」。[42]約翰・喀爾文（John Calvin）的見解認為，畏懼上帝將罪人轉化為公民，這呼應了後宗教改革時代盛行於歐洲菁英之間的看法。[43]對上帝的敬畏支撐了權威、維繫了道德秩序的論點，即使在今天仍有顯著影響。

直到十八世紀，希臘人抱持懷疑態度的宗教恐懼論，才重新獲得智識上的可信度。義大利政治哲學家揚姆巴蒂斯塔・維柯（Giambattista Vico，一六八八至一七四四年）生猛有力的著作《新科學》（*New Science*，一七二五年），提出一切人類文明皆源於恐懼的論點。維柯斷言，對自然元素及力量的恐懼，由早期人類化身為神明。恐怖與畏懼創造了神明，同一衝動也促成宗教、文化及文明的發展。[44]維柯的概念開展於一個將道德生活與畏懼天譴脫鉤的趨勢開始發展的時代。英格蘭道德哲學家沙夫茨伯里勳爵（Lord Shaftesbury，一六七一至一七一三年）試圖開展一種「毋須倚靠懼怕天譴」，同樣能約束無神論者與信徒的道德理論。45

在十八世紀，對宗教、迷信與敬畏神明之間的關係提出最有條理也最精微探討的人，是蘇格蘭哲學家大衛・休謨（David Hume，一七一一至七七六年）。他的恐懼哲學是由對抗迷信信念及熱情的目標所激發。他主張迷信與恐懼互相強化的影響力，對人類事務的施行產生有害且扭曲的影響，並寫道：人類「懼怕死亡」已經夠糟糕了，「造成迷信的東西若與這種天生的怯懦結合起來，便會奪去人的全部生活動力」。在休謨看來，迷信的宗教是「無情暴君」。46

休謨在一七五七年的著作《宗教的自然史》（*The Natural History of Religion*），則進一步開展希臘人對敬畏神明的批判。他觀察到「人類最早的宗教主要來自對未來事件的一種焦急的恐懼」。休謨寫道，當這樣的焦慮固著於「不可見的未知力量」，恐懼將名副其實地取得自身的動力：

> 有關復仇、嚴酷、殘忍和惡意的每一種形象都肯定會出現，而且肯定會助長那種壓抑著擔驚受怕的宗教家的驚慄與恐怖。當那種深不可測的黑暗（或更糟糕）環繞我們隱約的微光，以可以想見的最可怕的外觀表現出神的幽靈時，一旦恐慌攫住人們的心靈，他們活躍的幻想還會進一步倍增恐怖的對象。那些受到驚嚇的信仰者，都會把任何可以想見的乖張邪惡的想法，應用到他們的神身上。47

休謨承認宗教理想不只由恐懼激發，也由希望激發。但當恐懼與迷信互相補強，宗教就受到腐化，令信徒迷失方向和困惑。

而在近現代，維柯的命題繼續由世俗派及理性主義撰稿者開展及闡發。英國自由主義哲學家伯特蘭・羅素（Bertrand Russell）在一九二九年三月的演講〈我為什麼不是基督徒〉（Why I am Not a Christian）之中陳述，恐懼是宗教的基礎，具體來說是對未知的恐懼。他表示：「恐懼是殘忍之源，因此，殘忍與宗教攜手並進也就不足為奇。」[48]到了這個時間點，培養對上帝畏懼的做法已經成了自由派、世俗派及左派一再批判的標靶。

羅素演講後三年，聲譽卓著的科學家阿爾伯特・愛因斯坦（Albert Einstein）對他所謂的「恐懼式宗教」課題冒險發言。他接續維柯及其他人的論點，寫道：「在原始人心裡，最主要是恐懼引發宗教觀念，包括對飢餓、野獸、疾病和死亡的恐懼。」按照他的理論，這種恐懼即使「並非被創造出來」，卻被「特殊僧侶種姓的形成所鞏固，他們在人類與人類害怕的神鬼之間，將自己設定為中間人。」愛因斯坦確信，隨著社群走向文明，恐懼式宗教將要被他所謂的「道德宗教」取代，界定後者人神關係的不是恐懼，而是愛。[49]

愛因斯坦對比恐懼式宗教與道德宗教的努力，是讓宗教脫離其勸誡虔誠信徒畏懼神明之傳統的遠大計畫，不可或缺的一環。但愛因斯坦論點的言外之意——畏懼神明的教義不合道德——卻是錯置的。傳統宗教所建構的畏懼上帝，是由恐懼道德化的衝動所激發。正因如此，倚賴於敬畏神明的宗教並不比專注於愛的宗教更不道德。在信徒看來，恐懼構成深刻的道德體驗。倡導敬畏神明的人們認為自己的計畫本來就符合道德，並且能夠訴諸傳統權威。在猶太—基督宗教脈絡下，恐懼（具體來說是對神的敬畏）由於能幫助人們發現及接納道德德行而受到讚頌。在此同時，宗教也公開宣示自己能為恐懼這種情緒體驗賦予道德意義，以幫助人們接受自己的恐懼。

根據猶太—基督宗教傳統，義人正是經由對神的敬畏而得以獲取道德知識。正因如此，敬畏天主成為猶太教及基督宗教神學的最重要特徵。古典希伯來文及其他閃米語最早指稱宗教的詞語就是「敬畏神」，[50]而「敬畏神」作為宗教同義詞的用法一直持續到相對晚近。潘妮洛普．尼爾遜（Penelope Nelson）在一九八〇年針對這個主題撰寫一篇文章，其中回憶自己的高祖父在一八三〇年代晚期前往加勒比海「傳揚對上帝的敬畏」。這位長老會宣教師的日誌記載：「黑人將被《聖經》教會敬畏上帝，以及人對上帝的義務。」[51]恐懼被認為是取得良善生活必需的道德洞見所不可少。

舊約及新約《聖經》都以敬畏天主作為獲取道德德行的先決條件。《聖經》提供一套名副其實的文化腳本，對需要及無需恐懼的事物提供指導。摩西一再鼓勵猶太人屏除對敵人的恐懼，轉而敬畏天主。摩西勸誡同胞：「你要敬畏耶和華」，[52]並且接著說：「你不要怕他們，因為你爭戰的是耶和華你的神。」[53]他在別處也勸告猶太人：「不要懼怕，只管站住！看耶和華今天向你們所要施行的救恩。」他承諾：「因為你們今天所看見的埃及人，必永遠不再看見了。」[54]

在整部舊約《聖經》中，敬畏天主被賦予正向屬性，並被描述成一項道德義務。《約伯記》告訴我們：「敬畏主就是智慧」。[55]《箴言》則一再重複敬畏天主乃是智慧來源的表述。僅舉數例：

敬畏耶和華是知識的開端。（一章七節）

因為你們恨惡知識，不喜愛敬畏耶和華。（一章二十九節）

敬畏耶和華是智慧的開端。（九章十節）

敬畏耶和華是智慧的訓誨。（十五章三十三節）

按照《聖經》的說法，經由敬畏天主而獲取的智慧是道德知識。宗教對恐懼行為的著重是基於這樣的信念：恐懼行為是維繫及繁衍道德秩序所不可或缺的文化實踐。正如寇利・羅賓（Corey Robin）所指出：「不論宗教或世俗，前近代思想家都主張，恐懼必須由一種對於男女為何許人，身為道德存有又應如何行事的道德理解精心養成及維持。」[56]神學家並不認為培養恐懼是負面或有害行為，反而認為是道德行為所必需。許多基督宗教神學家進而斷言：恐懼源自於愛。多瑪斯・阿奎那（Thomas Aquinas）在《神學大全》（*Summa Theologica*）中條理分明地推展這個論點：「一切的畏懼都是由愛而來，因為人所畏懼的，無非是那些與他所愛之物相反的。」[57]

今日追隨多瑪斯主義恐懼概念的人們相信，基督宗教對於培養恐懼的方法，為良善生活的行為提供不可或缺的先決條件。史考特·貝德爾—薩耶（Scott Bader-Saye）在一篇題為〈多瑪斯·阿奎那與恐懼文化〉的有趣文章中，重新探討作為道德課題的恐懼這一問題。他認為「過份的」恐懼養成猜忌和不信任的氛圍，因此會有負面後果，像是損害「殷勤好客、維持和平，及慷慨等基督徒美德」。[58]但他認為，只要把恐懼放在條理分明的道德宇宙脈絡中，恐懼就能脫離其腐蝕及破壞面向。他提到，在過往宗教對西方社會更有影響之時，「恐懼在一個有秩序的世界，以及一位高瞻遠矚天主的脈絡下受到理解，對政治、道德及自我認同的某些假定，由這一脈絡產生。」[59]

按照多瑪斯主義的論點，一旦恐懼被剝離宗教脈絡，就產生迷向及破壞性的面向。貝德爾—薩耶陳述，隨著宗教及其傳達的指導影響力式微，恐懼也被剝奪道德屬性：「在現代性中，隨著我們喪失共同故事的觀念，政治恐懼也脫離道德與政治的這條紐帶，以普遍焦慮及不加掩飾的恐怖形式而存在。」[60]從這個觀點看來，二十一世紀恐懼文化的迷向影響，可被歸因於恐懼從道德的意義語法中被分割開來。

到了現代，倡導畏懼神明美德的宗教人士，被斥之為危險迷信的世俗主義潮流壓倒。批判「引導人們敬畏上帝以確保道德秩序」這套計畫的人們，試圖對抗及詆毀他們所察覺的危險迷信。有些人進而宣稱，科學與理性足以重重打擊恐懼。羅素對聽眾說：「科學能夠幫助我們戰勝人類世世代代一直生活於其中的怯懦的恐懼。」他提出一套對未來的樂觀看法，在此盛行的將是「大無畏的觀點」。羅素的未來願景是，「再也不要虛構天上的支持者」，人類能夠憑藉自身智慧與努力，「把這個世界改造成適合生活的地方」。61

羅素演講之後數十年，宗教在西方社會文化影響的持續衰退，看似證實他對於畏懼上帝將在大眾想像中站不住腳的預測。但他所期望的「大無畏觀點」盛行卻落空了。宗教影響減弱及畏懼上帝文化價值的喪失，並不意味著社會變得更加無畏。實際發生的是人們恐懼的方式，連同恐懼的焦點及性質都改變了。少了宗教正當性之後的恐懼，也失去大部分的道德承重。這一趨勢最戲劇性的指標，在於敬畏上帝愈來愈被一股漫無目標，從而令人困惑且往往缺乏意義的力量給取代：對恐懼本身的恐懼。

對恐懼的恐懼

和許多世俗派及自由派論者的期望恰好相反，對上帝的恐懼喪失文化價值並未導致「大無畏的觀點」得勢。以往經由宗教所提供的意義體系調節的恐懼，這時喪失了大多數的道德意涵。結果，有一種恐懼脫離控制它並在道德上給予指引的機制，而往往顯得既險惡又不可預期。在這全新的世俗文化形勢中，恐懼通常作為一種全然負面且有害的力量而被體驗。

就歷史時間而言，恐懼與道德語法脫鉤發生得相對迅速。最晚到了十九世紀最後數十年，恐懼情緒通常仍與「尊重」、「敬畏」或「景仰」的表述相關。從這個觀點說來，「敬畏天主」

仍然傳達了在文化上受到珍重與肯定的意涵。然而已經有些跡象顯示，即使在基督宗教內部，恐懼也成了不安與爭議的題目。丹麥哲學家與神學家齊克果極力想解答這個問題，他似乎相信恐懼與驕傲阻礙了對神的愛。到了十九世紀晚期，愈來愈多基督徒對令人畏懼的上帝描述感到疏離。為數眾多的基督宗教思想家試圖將自己的宗教描述為愛的宗教，而非恐懼的宗教。

失去一部分神學吸引力的並不只有敬畏上帝而已，對地獄的恐懼作為基督宗教教義問答的核心主題也開始褪色。直到此時，提倡義人必須畏懼地獄仍被視為道德行為表現所不可或缺。將罪人打入地獄，仍是所有基督徒都無法忽視的強大威脅，這可怕的威脅縈繞著罪人的想像。以下這段華特・艾略特（Walter Elliott）在十九世紀時對美國天主教徒的講道節錄，提醒有犯罪之虞的人：「啊！但是當罪人聽說永不熄滅的火、永不死亡的蟲，他的靈魂受恐怖擊打，你會看見他臉色發白，看見他熱淚盈眶。」[62]呼應這一主題的講道，此後仍持續數十年。傑佛瑞・羅威爾（Geoffrey Rowell）在他引人入勝的研究著作《地獄與維多利亞時代人》（*Hell and the Victorians*）指出，對地獄的恐懼在倡導個人從出生到臨終的道德行為發揮重大作用。[63]但到了十九世紀末，人們開始對地獄是否存在，以及畏懼地獄是否可取提出嚴肅質問。

如同一部研究著作《維多利亞時代家庭中的死亡》（*Death in the Victorian Family*）所說明，到了十九世紀末，「對於不得好死的認知，同時隨著福音傳道熱潮及地獄恐懼的減退而改變。」[64]世俗派及具有科學思想的論者，愈來愈不把自己對地獄概念的拒斥侷限於私下談話。一八七八年三月，《大眾科學月刊》（*Public Science Monthly*）的編輯在一篇題為〈關於對地獄的信念〉（Concerning the Belief in Hell）的文章中主張，相信冥界存在已經成了落伍的想法。他們譴責地獄概念，因為地獄概念與「強烈的不寬容」及「殘酷的民法和報復性懲罰」相關。他們表示，對地獄的恐懼「在人類僅由最低下的動機驅使時，作為嚴厲規訓的手段有其用處」，但這種情感與「人性的進步」互相牴觸。[65]這些意見在當時引發強烈反彈。許多虔誠的基督徒發現，自己很難捨棄對於可怕上帝與駭人地獄的信念。「我們經常聽到有人說，人要愛神而不畏懼地獄，」非裔美國人神學家約翰·斯莫主教（Bishop John B. Small）在一八九八年輕蔑地寫道，他接著補充：「我們懷疑那些愛神卻不怕地獄的人究竟有多坦白。」[66]對許多基督徒而言，摒棄對地獄的恐懼對於他們的信仰不啻一記重擊。

十九與二十世紀之交對於地獄地位及來生信念的爭論，顯示出看待恐懼規則的心態正在不斷變動。正如歷史學家喬安娜·柏克（Joanna Bourke）在她的著作《恐懼文化史》（*Fear: A Cultural History*）的說明：「到了世紀之交，就連虔誠的信徒也對地獄本質表達出互相矛盾的觀點。」[67]儘管許多受過教育的基督徒愈來愈不信服地獄真實存在，但對撒旦的恐懼在大眾文化中仍保有大半力量。對上帝、對地獄及天譴、對啟示錄記載的末日等諸多恐懼，提供狂熱宗教領袖及危言聳聽者大量素材，將恐怖打進平民百姓心中。詹姆士·喬伊斯（James Joyce）一九一六年出版的小說《青年藝術家的畫像》（*Portrait of an Artist as a Young Man*），生動地說明地獄恐懼仍有能力引發的焦慮。有一次，小說的主角——青年斯蒂芬·迪達勒斯（Stephen Dedalus）「聽一位神父敘述那些落入地獄的可憐人過著什麼樣的生活」。按照這位神父的說法：「他們的血液在他們的血管裡冒著泡兒，沸騰著，他們的腦髓在他們的頭骨裡沸騰著，他們胸腔裡的心臟冒著火焰，劈劈啪啪地爆炸，他們的肚子裡，是一團被火燒紅的肉醬，他們溫柔的眼睛都像燒紅的鐵球一樣冒著火花。」小說讀者們必定能夠理解斯蒂芬的情緒翻騰與強烈罪惡感。在第一次世界大戰期間，末日景象與末世恐懼並存。[68]儘管世俗思想及對《聖經》敘事懷疑論的影響力漸增，地獄恐懼仍持續縈繞著大眾想像。

但在愈益世俗化的世界裡，地獄正在迅速失去可信度。即使這樣的懷疑論在受過教育的人們中間最為顯著，它仍逐漸對整個社會取得權威。教會領袖也受到這波懷疑論浪潮的影響，有些人甚至將對地獄的恐懼鄙斥為古老傳說。[69]就連那些持續堅守古老教義的教會領袖，也意識到宗教恐懼的傳統敘述所遭受的強烈反對。看待恐懼的文化心態已經來到轉捩點，仍然接受敬畏上帝之傳統敘事的人們被迫採取守勢。

第一次世界大戰過後數年間，總部位於紐約的期刊《衛理評論》（*Methodist Review*）所刊載的論文，對於恐懼在宗教中的作用表達出一種模稜兩可與不確定的感受。評論者李特爾（E. F. Little）問道：「我們應當作受恐懼抑制的司祭，還是受信仰引領的先知？」接著批判那些「懼怕改變」的人。[70]一篇題為〈邪靈存在嗎？〉（Are there Evil Spirits?）的評論探討恐懼在宗教中的用途，質疑恐懼「魔鬼及其天使」有無需要。「我完全支持將我們從對它們的誇大恐懼中解放出來的任何事物。」這篇來稿的作者如此做出結論。[71]這些將衛理會轉向一種較不令人懼怕之基督宗教版本的試探性努力，見證了「敬畏上帝應被如何理解」概念化過程中的心態轉變。

並不是每一個《衛理評論》的撰稿者，都甘於接納對於傳揚敬畏上帝一事的心態轉變。〈神的嚴厲應當宣講嗎？〉是安德魯・吉利斯・羅徹斯特（Andrew Gillies Rochester）在《衛理評論》一九一九年一月號上撰寫的論文標題。他引用一篇先前曾在一九一七年發表過的文章，概述衛理會牧師面臨的問題：

> 五十年前的衛理會士堅持宣講最後審判與永恆地獄的恐怖。本會全體牧師大概至今仍保持著對於有罪不改之可怕後果，將在死後延續的信念。他們不會把這項教義從本會的信條中抹除，但他們多半已在智識上將它束之高閣，視之為昔日的陳舊記憶，偶爾拿出來展示。本會的講壇幾乎不再被煙燻黑，或充滿火獄的硫磺味了。[72]

「衛理公會的講壇如今對這些莊嚴的主題默不作聲」是由羅徹斯特提出，部分是對以往做法的回應，那時的基督宗教「為天國和地獄而瘋狂」。但他卻不甘於將任何提及地獄之處從信仰中消除，也不太能理解促使講道內容對這一主題默不作聲的文化影響。

羅徹斯特清楚理解，他所持守的神學原則面臨了心理學，以及看待恐懼的新穎文化態度興起的強大挑戰。他對於其所謂反對宣講「神的嚴厲」的心理學「陳腔濫調」，做出憤恨的回應。這種宣稱「訴諸恐懼在心理上錯誤，且戕害精神」的「陳腔濫調」，是他的同工們難以回應的一種說法。他憤恨於心理學觀點對於迄今為止，皆與道德領域相關之事物的影響力。儘管如此，他也意識到想要回歸過去的做法純屬不可能。因此他呼籲折衷方案：一種同時說明「神的嚴厲與慈愛，罪的代價與神的恩賜，地獄恐怖與天國榮光」的均衡宣講方式。[73]

《衛理評論》反思基督宗教與恐懼關係的方式，展現出他們對於外界社會看待恐懼心態大幅修正的敏感與覺察。羅徹斯特試圖對抗和抵銷這些新心態的影響。其他人則順應時代情緒，接納心理學作為新的神學。一九一九年十月，基督新教牧師威廉·羅斯克蘭斯·普林斯博士（Dr. William Rosecrance Prince）在洛杉磯的基督教或應用心理學新學院（New School of Christian or Applied Psychology）對聽眾說：「魔鬼是古老的恐懼癖」，「既沒有地獄，也沒有魔鬼」。他對舊日迷信的譴責，是對心理學許諾熱烈頌揚的前奏。「隨著心理學完善，人類將達到千福年所預言的完美。」普林斯博士如此預言。[74]

到了一九三〇年代晚期，傳統地獄教義的倡導者已明顯落居下風。一九三八年，天主教司鐸溫弗里德·赫布斯特神父（Father Winfrid Herbst）用以下這段話概述這個問題：

> 對死亡、煉獄與地獄的恐懼，似乎不太讓人們煩惱了，從這麼多人甚至不害怕這些恐怖之事，且無法自制地犯下重罪看來是這樣。增加對天主的有益畏懼，實際上很有需要。[75]

「對天主的有益畏懼」在其後數十年間，並沒有顯著增長。恰好相反。即使在許多福音派教會中仍保有部分影響力，但恐懼作為獲取道德知識媒介的重要性，在整個社會中已經愈益邊緣化了。調適於恐懼新規則的努力，意味著主流基督宗教隨著時間流逝，愈來愈願意用心理學的恐懼概念替代傳統神學的恐懼概念。

看待畏懼上帝及地獄的心態轉變，是二十世紀席捲西方社會的更廣泛文化轉移，不可或缺的一部分。世俗懷疑論與科學思想持續增長的權威，劇烈損害古典宗教恐懼構造的權威。隨著傳統的道德支柱喪失，恐懼的意義也改變了性質。直到此時為止，恐懼的正向道德屬性往往仍大於負面副作用。這時它被去道德化，袒露為一種心理學家定性為負面的情緒。實際上，恐懼的文化腳本在心理學的新語言裡被大幅改寫及重新表述。

傳統上對恐懼的觀念化歷經千百年演進，在戰間期步向衰亡。從歷史看來，它的衰亡快得不尋常。正因如此，在關於恐懼的概念幾乎完全透過其有害屬性而受到表述的今天，往往很難理解就在不久之前，這種情緒本身還被認知為一種正向道德價值。

索爾茲伯里的約翰（John of Salisbury，約一一一五至八〇年），可說是十二世紀最有見識的政治理論家，他對恐懼本身表現的心態，與二十一世紀的看法恰好背道而馳。在這位中世紀哲學家看來，恐懼本身是由神所激發的。索爾茲伯里的約翰在區分暴君與君王的過程中陳述：「無庸置疑，這項神聖德行的最大一部分顯露出是屬於君王的，以至於他一點頭，人們就低頭鞠躬，多半引頸就戮、甘作犧牲，所有人在聖神推動下都懼怕他這位恐懼的化身。」[76] 按照這個說法，君王乃是經由「神之意旨」而享有這份神聖德行的恩賜，並得以體現恐懼本身。

自從戰間期以來，恐懼喪失了大半神聖意涵，如今多半更被看作是疾病的先兆，而非德行。恐懼的這一重大轉折，尤其顯著地表現在不斷增強的將這種情緒疾病化的趨勢——心理學家與精神科醫師，對地獄的恐懼從德行轉變成疾病。《精神分析評論》（*Psychoanalytic Review*）一九三四年一月號刊載的一篇論文標題〈強迫意念個案：地獄恐懼〉（A Case of Obsession: Fear of Hell）概括了這種心態。根據精神分析師荷內．阿倫迪（René Allendy）所述，該名病人對於恐懼地獄的執迷，是她的呼吸器戒斷反應功能失常的結果。[77]到了這時候，就連一些宗教領袖都在思慮恐懼時採用了治療語言。阿奇博爾德．帕森斯牧師（Reverend Archibald Parsons）在他的論文〈恐懼的落敗〉（The Defeat of Fear），贊同地引述英格蘭最大精神病院之一的首席醫療官說法，後者表示，「心理失衡的三大主因是酗酒、性病及恐懼」，而「三者中最多產的是恐懼」。[78]

在戰間期浮現的文化腳本之中，恐懼或多或少被剝奪了救贖性質。於是，恐懼不僅是作為對威脅的回應而顯現——它本身就成了威脅。當美國總統富蘭克林．羅斯福（Franklin D. Roosevelt）在一九三三年就職演說中表示：「我們唯一需要恐懼的……就是恐懼本身」，他和他的顧問顯然都知道，這種對問題的表述能與大眾想像產生共鳴。小羅斯福將「對恐懼本身的恐懼」描述為一種「無以名狀、無緣無故、無正當理由的恐怖，癱瘓了將退卻轉為前進所需的努力」。小羅斯福藉著突顯這種恐懼形式的有害性質，讓人們注意一種將在未來十年被詩人奧登（W. H. Auden）稱作「焦慮年代」的狀態。而焦慮年代從一九四〇年代以來不斷被提及，說明「對恐懼本身的恐懼」已經成了人類困境的組成部分之一。

在一九三〇年代，對「恐懼本身」威脅的建構，將人類境況確認為不斷被這些情緒擾動的狀態。論者滔滔不絕地書寫焦慮的廣泛影響——「千百萬人受困於不受控制的恐懼」，耶魯神學院（Yale Divinity School）的邱偉迪博士牧師（Reverend Dr. Henry Tweedy）在一九三一年七月警告。邱偉迪敦促聽眾要控制恐懼，並做出結論：面對這個問題「唯一的解答」是「對上帝更大的信心」。[79]

恐懼本身轉為恐懼對象的文化轉型，憑藉的是心理學與精神分析的正當性。精神官能症（包含失能或苦惱焦慮的心理失調）在一九二〇和三〇年代成了被廣泛探討的課題。恐懼一般而言被鄙斥為對生活的非理性反應，並經常被診斷為某種潛在疾病的症狀。為一份總部設於倫敦的雜誌，撰寫讀者問答專欄的一名醫學專家提出這個問題：「有多少人因為沒完沒了地擔心健康不佳而糟蹋了人生？」[80]他點出這個問題是一種「害死人的恐懼」，並警告讀者，「恐懼是最致命的疾病之一」。在這種恐懼的醫學模型之中，哪怕是對這種情緒具有任何正向道德品質的一絲暗示也容不下。

根據一份對於戰間期英國的研究，「許多對神經質行為的公眾討論，都被納入『恐懼』的大旗之下」。[81]神經質行為的診斷表達出這樣的含意：恐懼是一種典型的負面情緒，無論對個人或社會的健康，都會造成令人擔憂的後果。精神官能症不只是個人痛苦，更是時代疾病。在這個時候，那些更晚期形式將在一九九〇年代被稱為恐懼文化的境況，通常是運用恐懼心理

（psychology of fear）這一慣用語表達。我們對戰間期英語出版品的細讀顯示，這個說法指的是一種盛行於當時社會的普遍心境。「恐懼心理」一詞涵蓋趨近於恐懼，也趨近於恐慌的各種不同性情。在某些例子，被認定非理性的行為，被描述成：對於相關個人行為的恐懼心理力量造成的結果。比方說，在一九三五年，一群抗議從法國進口廉價蕾絲的美國工人，就被說成是受到「恐懼心理」的「擺布」。[82]這種詞彙用法暗指人們的非理性行為，似乎是被一股他們既無法理解、更無法控制的力量掌控所導致。

恐懼心理一詞也用來描述一種瀰漫於公眾生活，令人不安的焦慮狀態。它用於對社會氛圍，而非對個人行為的診斷。在一九三〇年代，顯然有許多令人不安的發展，促成恐懼心理大行其道。以下的圖表經由Google Ngram Viewer對「恐懼心理」一詞的檢索而做成，其中顯示出儲存於這一資料庫的出版品對這個詞的使用，在一九三〇年代急遽攀升。

恐懼心理一詞是用來為「時代精神」定性的。它也時常用於說明，人們在不穩定經濟狀態中的行為。或者，這個說法也可以作為描述不安、焦慮心境，以及某些恐慌心境的方式。通常，提及它的不存在，被看作是關於未來可能性的一種充滿希望的跡象。《紐約時報》對於股市上漲的一篇報導做出結論：「復甦……由於反映『恐懼心理』的消失……而（受到）歡迎」。[83]《芝加哥每日論壇報》（*Chicago Daily Tribune*）的一個頭條標題寫著〈沒有恐懼心理的樂觀城市〉（An Optimistic City with no Fear Psychology）。《紐約時報》的一篇報導則指稱，房地產活動的增長反映「恐懼心理的消滅是一個有益跡象」。[84]

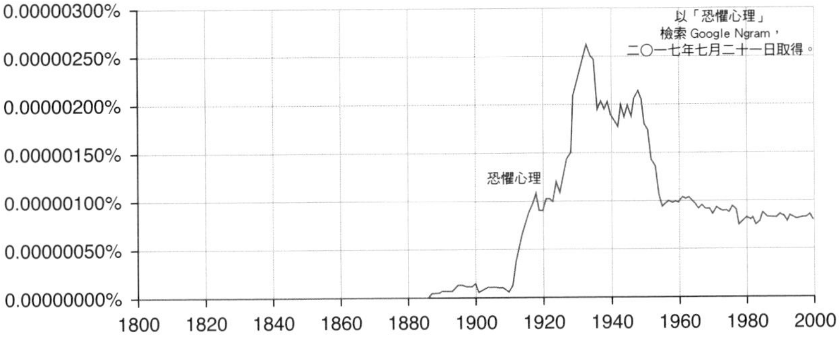

《泰晤士報》的一位評論者，側重於美國政府為了革除恐懼心理而推動的計畫。[85]恐懼心理也被用作一種譴責說法。《泰晤士報》在一九三四年十一月報導，工黨政治人物對製造「恐懼心理」的企圖表示憂慮。[86]一如往常，媒體也面臨批判：一九三七年，小羅斯福總統指控美國報刊「鼓動恐懼心理」。[87]

「恐懼心理」一詞概述一九三〇年代，滲入公眾論述之中的新情緒規則。它傳達心理學與醫學的負面恐懼觀，表現出恐懼是一種可怕力量，無法經由邏輯與智識手段說明道理的觀點。恐懼是心理問題，需要以臨床治療解決。當時的精神分析師斷言，恐懼的本能導致精神崩潰。在某些案例中，關於死亡恐懼之可怕力量的舊主題，又在心理學論述中回收利用。英國精神分析師瑪麗・查德威克（Mary Chadwick）在一九二七年因斯布魯克（Innsbruck）舉行的精神分析學會上提交的報告，對死亡的恐懼描述成近似於對巨人的恐懼，「我們對他們無法控制」。她說這是「不可見、難以捉摸，因而具有『未知』到了本身即駭人之地步的性質」。[88]

在這個歷史關頭，恐懼通常被想像成一股獨立運作的自主力量，擁有對社會肆虐的實力。對恐懼畏懼的行為，逐漸被視為對恐懼本身尤為致命的威脅形式。恐懼不只是負面情緒，也被理解成一股強大力量，對公眾生活施加非理性及破壞性影響。一九三三年一篇討論「恐懼崇拜」的文章，抨擊英國政府無法對阿道夫・希特勒（Adolf Hitler）做出有力回應，它形容英國政府的回應「不過是一種盲目卑怯的恐懼，不知羞恥地哭叫著沒有任何事比死亡與戰爭更壞」。[89]整個一九三〇年代之中，大眾出版品試圖為如何控管「對恐懼的恐懼」提出建言。一位專欄作家回應「抵抗對恐懼的恐懼可以做些什麼？」這個問題，提出以下建議：

> 倘若我們正在毒化自己的生命，懼怕相當難以解釋的某些事物，和某些或許根本不會發生的事，我們要不就征服負面情緒，不帶恐懼地面對未來，要不就永遠生活在令我們被未知無端糾纏的危險之中。[90]

恐懼逡巡於背景中，不同於以往的是，它再也不具備任何救贖性質。「毒化」人們生活的恐懼，作為一種潛伏於背後的不可見力量而運行。

在公眾生活中，人們的注意力往往聚焦於戰間期引人注目的特定恐懼，如戰爭恐懼、共產主義恐懼、法西斯主義恐懼、失業恐懼，和經濟蕭條恐懼。到了一九三〇年代末，大眾的不安全感往往被導向國際情勢的惡化。但與社會面臨的一切特定憂慮同步，恐懼本身也已成為一大問題。除了名稱之外，對生命的恐懼已經完全取代對神的恐懼。

恐懼的去道德化

斯特恩斯在他的著作《美國的恐懼》（*American Fear*），讓二十一世紀恐懼形勢的急遽轉型受到注意。斯特恩斯斷言，在二十一世紀初，至少在網際網路上，一種新的恐懼文化開始產生，而它「與十九世紀前期的恐懼對照之下，頗為引人注目」。[91]為了證實自己的論點，斯特恩斯點出對恐懼及其情緒損害產生的新憂慮與新關切，「它在一九二〇年代開始影響主流價值」。結果，「產生於十九世紀，對待恐懼更有信心的一套取徑」，讓位於對人們應對這種情緒之能力的悲觀敘述。[92]我們對於促成恐懼去道德化趨勢的研究，正呼應斯特恩斯提出的命題。

世界自從一九二〇年代以來歷經重大轉型，恐懼在當時運作的方式也歷經重要修改。然而，二十一世紀恐懼文化的許多獨有特徵，可以被有效理解成在戰間期取得動力的趨勢之具體化型態。恐懼的詮釋從道德轉向心理學，也改變了關於個人被期望如何應對自身恐懼的文化規範。早先的情緒規則提供人們關於恐懼對象及方式的宗教及哲學指導原則，有助於為恐懼經驗賦予意義。戰間期產生，具有心理學依據的恐懼新規則，則將這種情緒看作對人們幸福的威脅。將人們從這種有毒情緒隔離開來的命令，很快就成為公共衛生問題。但正如新奇的心態與常遇到的狀況，心理學對恐懼的病理化需要一些時間，才能被大眾文化及日常生活語言內化。

人們在日常事務中仍被期望控管自己的恐懼，面對恐懼展現出勇敢作為文化理想也還沒被取代。

具有心理學依據的社會思潮影響增強，反映出迄今為止影響著情緒規則的價值觀，被明擺著的醫學及非道德價值給取代。心理學權威在戰間期得勢，很大程度上得力於通常被稱作西方社會所面臨的道德危機。對這個時期的歷史敘述，通常正確地聚焦於政治危機的急速升高、激進意識型態的散播、朝向新一次世界大戰不可阻擋的驅力，以及全球市場經濟崩潰的災難後果。歷經這些重大事件的人們，當然有權利感到不安全並懼怕未來。然而，看待恐懼的新心態卻不僅只是全世界面臨的駭人政治及經濟演變引起的一種回應。

當時的論者往往將盛行的強大恐懼感，解讀成對人類在第一次世界大戰期間遭受全球性禍害的一種回應。恐懼狀態在一九二〇和三〇年代的許多評論裡，被描繪為這場衝突的遺產。一篇題為〈懼怕活著〉（Fear of Living），刊載於《納許的帕摩爾雜誌》（*Nash's Pall Mall Magazine*）上的文章，直接對比大戰前盛行的自信心態與一九三〇年代的恐懼狀態。它繼續表述：

> 最近十年，誕生於戰爭中的恐懼，已經長成怪異且多樣的成熟狀態——懼怕無法享樂、無法充分利用人生，懼怕非自然且過早的結束生命，以及最可怕的恐懼，懼怕構成這世界的一切終結之時，生命卻還無法結束。[93]

作者蘿西塔・福布斯（Rosita Forbes）在她概括的生存恐懼清單裡，將「新的焦慮狀態」歸因於「對教會和國家同時喪失信心」。她宣稱，對價值的信念能發揮「保險形式」的作用，為生存安全的感受提供擔保，但卻喪失不少力量。

在一九三〇年代，信心危機往往被理解成一個主要困擾宗教領域的問題。但前文提及的宗教領袖看待宣講畏懼上帝一事的模稜兩可態度，同樣在世俗思想範圍裡重複。啟蒙運動的多數中心概念——進步、普世主義、科學，與理性的許諾、民主——在這個時期受到嚴厲考驗。文化悲觀主義和對未來的焦慮十分普遍，許多論者自己就被困擾社會的「信任危機」給壓倒了。這種意志消沉的心境在一九二二年由法國詩人保羅・瓦樂希（Paul Val年由法）生動地總結：「我們想念消逝的事物，我們幾乎被遭受摧毀的事物給摧毀；我們不知道即將誕生的是什麼，而我們害怕未來，並非無因。我們含糊地盼望、精確地害怕；我們的恐懼無限精確於盼望。」[94]瓦樂希所思忖的「消逝的事物」，指的是社會藉以理解未來的一套意義之網之喪失。

思想史家亨利・斯圖亞特・休斯（Henry Stuart Hughes）在他對於困擾法國社會之危機的研究中，將一九三〇年代稱為「近乎空前汙穢的年代」。他表示，「這一時期令人不敢恭維的特徵」可被歸類在「道德敗壞的標題下」。[95]社會正在經歷道德危機的意識，在大西洋兩岸都由公眾人物表達出來。這個危機最引人注目地被體驗為，對先前持守的價值喪失信心，將恐懼從道德脈絡中釋放出來。在顯著程度上，這一道德危機協助產生了一套論述，將恐懼描述成自發且自行驅動的心理問題。

如同前文所述，心理學對於恐懼的「去道德化」發揮重大作用，將它診斷為醫學問題，並傾向將它標籤為負面及有害。心理學在大眾對恐懼的思慮中取得的顯著地位，並不僅僅是其科學進展及成就的結果。二十世紀的最初三十年，對於迄今為止作為宗教及世俗道德起源的那些存在問題，要求答案的聲音持續增長。對於很大一部分受教大眾而言，心理學看似提供最新的，因此似乎也比過時的答案更切題的答案。心理學是對如何應對威脅、處理恐懼，尋找答案的新要求首要的獲益者。

心理學不只提供恐懼去道德化的智識及文化資源，也協助建構一套將恐懼描述成不受控制、自主且令人癱瘓力量的論述。小羅斯福對「恐懼本身」的描述，在稱之為「無緣無故、無正當理由，令人民癱瘓」之時，也自覺地為這套論述背書。儘管很少有人論及，但小羅斯福運用的「無正當理由」和「無緣無故」這兩個詞值得認真反思。

小羅斯福將恐懼指稱為無正當理由及無緣無故，正是當時經常用以解釋論者所見的大眾非理性心境的說法——尤其是自由派論者。「無緣無故」一詞指的是非理性，最起碼是與理性思考脫節的情緒行為。「無正當理由」則將這種恐懼宣判為無意義的，它既無正當理由，也就近似於一種輕微的恐慌形式。但這種無正當理由的情緒能量耗費，卻擁有癱瘓個人及社會的可怕力量。按照這種說法，讓恐懼令人生畏的並非它所應對的威脅，而是它本身就是可怕的威脅。

小羅斯福的演說非比尋常之處在於，儘管主導時代心境的是悲觀氣氛，他仍提出樂觀的願景。當他陳述「我們唯一需要恐懼的……」，他實際上是在表達自己的確信：這種恐懼的目標——「無以名狀、無緣無故、無正當理由的恐怖」——正是有待克服。[96]小羅斯福呈現這一以信心應對恐懼取徑的方式，乃是將注意力集中於美國所面臨的經濟問題。當他宣稱我們面臨「共同的困難」，而它們「感謝上帝，都只和物質的事物有關」，他的敘述也就避開了支撐著時代心境的更廣泛生存焦慮。小羅斯福理解為經濟問題尋找解決方案，比起解決人們對生存的不安全感更容易。

一九三〇年代對於經濟不安全感的憂慮，是極為真實的現象，但這更多來自於「恐懼本身」的文化構造，而不僅僅與「物質的事物」相關。就連小羅斯福胸有成竹的表現，也不足以對抗一套對人類處理自身恐懼的能力，展現一定程度信心的文化腳本，逐漸衰亡所產生的影響。一位論者提到，「恐懼本身」或許「看似最荒謬與非理性」，但「當它得益於現代心理分析方法而被仔細檢視，它就被發現是真實的，而且意義深遠。」[97]這股非理性卻十分真實的力量，愈來愈被設想成一種心智幾乎無從控制的威脅。但即使人們被勸說恐懼近似於疾病，應當盡可能避免，他們卻也同時被告知，恐懼是生命中自然的一部分。更重要的是，一套無所不在的「恐懼心理」論述，指向一種超越個人而困擾整個社會的境況。

恐懼的去道德化發展成我們如今所知的恐懼文化，還需要數十年時間。一九二〇和三〇年代，在恐懼的文化規則演進過程中，是一段轉型期。英勇、勇敢與無畏等傳統理想，仍享有一定程度的文化價值。針對向恐懼俯首帖耳的心態、崇拜「安全第一」，以及「缺乏勇氣」的批判仍能不時聽見。[98]人們仍被勸誡克服自身恐懼。當一名問答專欄作家堅稱，負責照顧幼童的成年人「絕對不該在幼童面前表現出恐懼」，她可以相對確信自己的說法會被讀者認為是明智的。[99]但某些重要的事還是改變了。

回到一九二〇年代，羅素盼望科學能幫助人類克服與他們共存千百年的「怯懦的恐懼」。回顧過去一百年來的經驗，恐懼的逐漸衰亡，顯然並未將人類從他們對未來的害怕之中解放出來。真正改變的是我們「如何」恐懼，而我們接下來正是要討論這個問題。

---

1 轉引自Laura Hill, "'We Were Beyond Scared'—War heroes recall D-Day horrors as they receive France's highest honours," *Chronicle Live*, 3 February 2017, http://www.chroniclelive.uk/news/north-east-news/we-were-beyond-scared-war-12552747（二〇一七年三月三日瀏覽）。

2 《歷代志下》三十二章七節。

3 參看http://ww1centenary.oucs.ox.ac.uk/religion/gott-mit-uns/之中的討論（二〇一七年十二月十四日瀏覽）。

4 參看Hochschild (2003)。

5 Plato, II, 386a, p.1022.

6 Plato, III, 386b, p.1022.

7 前引書。

8 前引書，頁一〇二四及III, 388a, p.1025。譯者按：以上數段譯文，參考柏拉圖著，郭斌和、張竹明譯，《理想國》（北京：商務印書館，二〇〇九年），頁八三至八七。

9 參看艾蜜莉・奧斯汀（Emily Austin）《柏拉圖著作中的恐懼與死亡》（*Fear and Death in Plato*）對這個問題的研

究：Austin (2009)。

10 Plamper (2009), p.268.

11 前引書，頁二六六。

12 前引書，頁二八一。

13 前引書，頁二七〇。

14 Stearns (2006).

15 參看Furedi (2014), p.13。

16 參看"The Emotional Cycle of Deployment: A Military Family Perspective," http://www.hooah4health.com/deployment/familymatters/emotionalcycle.htm。（譯者按：原聯結失效。可參看https://www.military.com/spouse/military-deployment/dealing-with-deployment/emotional-cycle-of-deployment-military-family.html〔二〇一九年五月十八日瀏覽〕）。

17 Mueller (2000), p.12.

18 Weber (1915), p.335.

19 Bauman (2006), p.52.

20 Becker (1973).

21 參看Epicurus, *Letter to Menoeceus* (124-7)，可在線上閱覽：http://classics.mit.edu/Epicurus/menoec.html（二〇一七年四月二十一日瀏覽）。

22 Beye (1963), p.163.

23 轉引自Jack Sherefkin, "Immortality and the Fear of Death," 4 February 2016, New York Public Library, https://www.nypl.org/blog/2016/02/04/immortality-fear-death（二〇一七年二月二日瀏覽）。

24 Wilkins (1996), p.14.

25 Segal (2014), p.9.

26 Freud (1918), pp. 41 & 68.

27 前引書，頁六一。

28 前引書，頁六二。

29 前引書，頁六九。

30 Pearson (2014), p.112 & 116.

31 參看 Aristotle (2000), p.41。譯者按：此處參看亞里斯多德著，廖申白譯，《尼各馬可倫理學》（北京：商務印書館，二〇〇九年），頁八六。

32 Harrison (2002), p.15.

33 William James, "Lecture 3 — The Reality of the Unseen," http://thepdi.com/William%20James-The%20Reality%20of%20the%20Unseen.pdf（二〇一七年一月二十五日瀏覽）。

34 Harrison (2002), p.15.

35 參看 Bowden (2008), p.60的討論。

36 轉引自 Wilson (1998), p.298。

37 Kempe (2003), pp.151-2.

38 譯者按：本段參看莎士比亞著，汪義群譯，《居里厄斯．凱撒》（臺北：木馬文化，二〇〇三年），頁三九至六九，第一幕第三景至第二幕第二景。

39 Behringer (1999), p.335.

40 參看 Epicurus, *Letter to Menoeceus*，可在線上閱覽：http://classics.mit.edu/Epicurus/menoec.html（二〇一七年四月

二十一日瀏覽）。

41 轉引自Wootten (1983), p.58。

42 前引書，頁六四。

43 前引書，頁七〇。

44 參看Vico (2002)。

45 Wootten (1983), p.76.

46 David Hume, "Of Suicide," 1744, *Essays, Moral, Political, and Literary*，可在線上閱覽：http://www.econlib.org/library/LFBooks/Hume/hmMPL48.html（二〇一七年六月十二日瀏覽）。譯者按：本段參看休謨著，蕭聿譯，《休謨散文集》（北京：中國社會科學出版社，二〇〇六年），〈論自殺〉，頁二四〇。

47 Hume (1889)，未標頁碼，可在線上閱覽：https://ebooks.adelaide.edu.au/h/hume/david/h92n/index.html（二〇一七年二月十二日瀏覽）。譯者按：本段參看休謨著，徐曉宏譯，《宗教的自然史》（上海：上海人民出版社，二〇〇三年），頁九九。

48 這篇演講也可以在線上閱覽：https://users.drew.edu/~jlenz/whynot.html（二〇一七年四月八日瀏覽）。譯者按：此處參看羅素著，徐奕春、胡溪、漁仁譯，《為什麼我不是基督教徒》（北京：商務印書館，二〇一〇年），頁三七。

49 參看Albert Einstein, "Religion and Science," New York Times, 9 November 1930。譯者按：本段參看愛因斯坦著，郭兆林、周念縈譯，《愛因斯坦自選集：對於這個世界，我這樣想》（臺北：麥田，二〇一六年），頁六四，略有改動。

50 Pfeiffer (1955), p.41.

51 Penelope Nelson, "Fear of God," (online), *Southernly* 40:3 (September 1980): 285-91. 可在此取得：<http://search.

informit.com.au/documentSummary;dn=918731208786292;res=IELLCC>_ISSN: 0038-3732（引用於二〇一七年四月十日）。

52《申命記》十章二十至二十一節。

53《申命記》三章二十二節。

54《出埃及記》十四章十三節。

55《約伯記》二十八章二十八節。

56 Robin (2004), p.xx.

57 參看 "Question 125, Fear," in the *Summa Theologica*, http://www.newadvent.org/summa/3125.htm 。譯者按：本段參看聖多瑪斯．阿奎那著，高旭東等譯，《聖多瑪斯．阿奎那神學大全》（臺南：碧岳學社，二〇〇八年），第十一冊《論勇德與節德》，頁四〇。

58 Bader-Saye (2005), p.97.

59 前引書，頁九九。

60 前引書。

61 Bertrand Russell, "Why I am Not a Christian," https://users.drew.edu/~jlenz/whynot.html（二〇一七年四月八日瀏覽）。譯者按：此處參看羅素著，徐奕春、胡溪、漁仁譯，《為什麼我不是基督教徒》，頁三七至三八。

62 轉引自Kelly & Kelly (1998), p.259。

63 參看Rowell (1976)。

64 Jalland (2000), p.59.

65 轉引自Bourke (2005), p.46。

66 Small (1898), p.133.

67 Bourke (2005), p.47.

68 參看菲利普・詹金斯（Philip Jenkins）對於宗教在大戰期間作用的研究：Jenkins (2014)。

69 實例參看Nisbet (1932)。

70 E. F. Little, “Priest or Prophet,” *Methodist Review* (July 1919): 557 & 567.

71 John Alfred Faulkner, “Are There Evil Spirits,” *Methodist Review* (September 1919): 627.

72 Andrew Gillies Rochester, “Shall the Severity of God be Preached?,” *Methodist Review* (January 1919): 46.

73 前引書，頁五三。

74 “Devil and Hell are Mere Superstitions: Pastor Declares Age-Old Idea has Outlived Usefulness,” *Los Angeles Times*, 13 October 1919.

75 Herbst (1938), p.486.

76 Nederman & John of Salisbury (1991), p.28.

77 R. Allendy, “A Case of Obsession: Fear of Hell,” in *The Psychoanalytic Review* 1 (January 1934): 93.

78 A. Parsons, “The Defeat of Fear,” *Britannica and Eve* (26 April 1929): 716.

79 “Control of Fear is Urged,” *New York Times*, 6 July 1931, p.6.

80 參看“Answers Our Medical Specialist,” *Answers London*, 15 September 1923。

81 Overy (2009), p.169.

82 “Workers Fight Cut in French Lace Tax,” *New York Times*, 28 June 1935, p.39.

83 “Rise in Our markets Impresses Europe,” *New York Times*, 1 August 1932, p.23.

84 參看John Steele, “Finds Chicago’s ‘I Will’ Spirit Boosting Trade,” *Chicago Daily Tribune*, 19 November 1930, p.7，以及”Predicts Steady Rise in Reality Activity,” *New York Times*, 29 January 1939。

85 "Unemployment in the USA," *The Times*, 19 September 1931, p.11.
86 "Labour Party and Sir Strafford Cripps," The Times, 29 November 1934.
87 "Psychology of Fear," *Manchester Guardian*, 22 December 1937, p.37.
88 查德威克的說法，轉引自Overy (2009), p.169。
89 H. Warner Allen, "The Worship of Fear: Safety First," *The Saturday Review*, 21 October 1933.
90 Anonymous, in *Answers*, London, 10 August 1940, p.6.
91 Stearns (2006), p.93.
92 前引書，頁九四。
93 Rosita Forbes, "Fear of Living," *Nash's Pall Mall Magazine* (April 1933): 28.
94 Valéry (1927), p.1.
95 Hughes (1969), p.15.
96 參看Kesselring (2003), pp.30-3 討論小羅斯福以信心應對恐懼的取徑。
97 *Harper's Bazaar*, 1918, v.53, p.39.
98 例如，可參看H. Warner Allen, "The Worship of Fear: Safety First," *The Saturday Review*, 21 October 1933。
99 "Susan Sage's Page," *Answers*, 28 September 1929.

第二章
等待定時炸彈爆炸

羅素在科學戰勝「怯懦的恐懼」能力之上投注的信心，是基於這樣的假定：理性與知識能提供人類理解及控管未知所需的資源。羅素對於科學有助於讓更多未知能被知曉的假定是對的，但「怯懦的恐懼」卻沒有被征服。真正改變的是二十一世紀看待未知、應付不確定性的方式。既然我們恐懼的方式與應對生命不確定性的能力密不可分，我們的注意力就必須轉向如何控管恐懼這個問題。

原則上，不確定性帶來的不只是恐懼，還有希望。在二十一世紀，希望之火仍在閃動，但它愈來愈容易被黑暗的情緒，及無以名狀的焦慮給遮蔽。本章宗旨即是探討二十一世紀社會如何看待及回應不確定性。它主張一種「在劫難逃的目的論」（teleology of doom）瀰漫於公眾，及對這個問題的思慮。

滴答作響的定時炸彈

在外表上，我們今日恐懼的方式最顯而易見的特徵之一，是極度誇大我們所面臨的威脅，將相對平常的風險轉變為潛在災禍的傾向。舉辦烤肉聚會這樣看似無害的行動，都有可能成為環境及物理破壞的手段。且看以下這個地球風險與更尋常的健康威脅合而為一的例子：回到二〇〇六年，東安格利亞大學（University of East Anglia）的保羅・杭特教授（Prof. Paul Hunter）發現，由於氣候暖化，英國人民可能會在戶外吃飯，而且會舉行更多烤肉會。他擔心如此一來，他們會更容易受害於食物寄生蟲及沙門氏菌感染。不僅如此，高溫可能會引發瘧疾病例，豪雨則會引發更多造成腹瀉的隱孢子蟲病。[1] 烤肉時使用的木炭也被指控製造出可觀的碳足跡，[2] 而烤過的肉則被暗示可能致癌。[3]

杭特這番猜測性言論的動機十分不明確，除了提醒大眾就算咬一口烤過的雞肉都未必不危險之外。當然，我們多數人還是會繼續享受這些活動，但這種警告的累積效果，是減損我們在一個溫暖的好日子裡得到的滿足。然而，我們看待像天氣這般日常事物的方式，卻相應於將任何不尋常之事——洪水、乾旱、熱浪、雨夾雪——指為「極端」天氣而非「壞」天氣的壓力而改變了。

聳人聽聞的調查和報導不斷暗示某一特定問題可能會惡化，除非我們立刻採取果斷行動，否則就會面臨險惡的未來。對預防措施沒完沒了的呼籲持續重複同樣的訊息，說是某一特定威脅遠比先前預期的更嚴重，必須採取緊急行動應對它的有害後果。

古代術士對末日逼近的預言，已被聳人聽聞報導及研究的新文類所取代，它們投射出人類將在為時不遠的未來滅絕的又一種設想。

一項又一項調查顯示，局勢有可能變得更壞，尚未出生的世代所要面臨的未來，可能會比今天更朝不保夕。[4]對於迫在眉睫生態危機的預測，與對於人口定時炸彈的預測相持不下。倘若媒體所傳達的報導可信，那麼人們的心理衛生正在急遽失控，兒童與青少年也變得愈來愈肥胖。天氣正持續惡化，就在犯罪看似減少之際，它似乎又再次攀升。

一群職業恐懼事業家的小圈子正在加班工作，召喚出今後將由青年人面對的恐怖世界之魅影。青年不斷被預先告知，他們要面臨一個經濟不安全且艱苦的未來。他們甚至被警告，他們將不太可能活得和父母一樣久。根據一篇報導：「可由肥胖症竄升預見，千禧世代的死亡年齡將比父母更早」。[5]如今健在的兒童將比父母早逝的駭人預測，首先由保健專家提出，接著由名廚師傑米・奧利佛（Jamie Oliver）及美國第一夫人蜜雪兒・歐巴馬（Michelle Obama）等公眾人物普及於大眾。[6]照這些悲觀預言者的說法，就連醫療科學都幫不了這不健康的一代。一篇報導提到：「醫生表示這一代人有比父母早逝的風險，即使醫學在近數十年來取得大量突破。」[7]

似乎沒有任何事變得更好。就連科學已在過去找到治療方法的疾病，據說也要捲土重來。昔日的疾病如今被描寫成，將在未來對人類生命構成凶險的潛在威脅。近年來大眾得到警告，已在一九八〇年被根除的致命疾病天花，有可能復發，因為氣候變遷導致的西伯利亞冰層解凍可能會融化墳地，使得過去死於天花的遺骸暴露出來。「天花病毒能在這些地點存活嗎？」一篇論及這種致命疾病疑似再次復甦的聳人聽聞報導問道。這名準備好按下緊急求救按鈕的記者，將潛伏於西伯利亞的這種危險與恐怖分子取得病毒的可能性聯結起來。他展望未來，發出警告：「倘若天花真的捲土重來，它就能在未受相關保護，也不知如何應對天花的全世界人口之中肆虐。」[8]

就連瘟疫這種中世紀的禍源也摩拳擦掌，準備捲土重來。幾年前，英國政府獸醫實驗所（Veterinary Laboratories Agencies）的維克・山普森（Vic Sampson）在英國獸醫學會年會的專題討論上表示，引發黑死病，在十四至十七世紀之間蹂躪歐洲與亞洲的那種細菌，有可能找到方法返回英國。同樣的恐懼也由北亞利桑那大學（North Arizona University）的一群科學家提出。他們斷言，一種「與黑死病同等致命的」腺鼠疫「可能重返地球」。[9]這些日子以來，「可能」這個推測詞必然用於「當心！」這個勸誡的開頭。

背地裡潰爛化膿千百年的古老疾病即將捲土重來這一預測，突顯人類沒有能力解決自身所遭遇的問題。帕斯卡爾・布魯克納（Pascal Bruckner）提到：

> 我們幾乎不曾在另一個湧現之前處理好痛苦的病灶，這令我們的努力顯得可笑。我們自以為已經戰勝的敵人持續傷害我們；不可否認的勝利，被歸類於過去的相當數量疾病之根

> 除，隨著舊病毒或桿菌以更具攻擊性的型態捲土重來而受到質疑，更別提令我們的抗生素一籌莫展的極端抗藥新細菌出現。[10]

彷彿過去為困擾人們的疾病尋求治療方法的努力，只不過是用來膨脹人類在未來面臨的危險。

未來成了一片畫布，任由危言聳聽的人們投射他們令人驚駭的意象，及聳人聽聞的預測。「倘若情況不改變——快速改變，超級病菌正朝著二〇五〇年時殺死一千萬人進展」，一篇談論即將生成的超級病菌，相當典型的來稿如此堅稱。[11]這種危言聳聽的修辭既精確又具象。超級病毒正在「路上」——它們愈來愈接近終點線了，除非受到阻止，否則一千萬人都會死。這種聳人聽聞的預測，相較於DARA國際組織（DARA International）的一份報告還算是克制了，後者宣稱，「倘若世界無法對氣候議題採取行動」，到了二〇三〇年將有一億人喪生[12]。這個數字與據稱「到了二〇四〇年將隨著水資源消失而面臨死亡、疾病和營養不良」的六億兒童相比，肯定也不算太多。[13]

在二十一世紀，恐懼的修辭對於社會今後數十年面臨的危險，比起對於直接的議題更加滔滔不絕。通常，未來的威脅會被說成已潛藏於此時此地的背景裡。即使目前仍不可見，但它很快就會升級或引爆全面性的生存危機。精心選用以傳達對今後發展焦慮感的是，「定時炸彈」的隱喻。這個爆炸的意象被用來喚起一種險惡的恐懼情景，足以有效地利用人們對於不確定未來的擔憂。既然炸彈據說已經在滴答作響了，這一隱喻也就將明確而迫切的危機與無限期未來之中，幾乎不可避免的破壞性爆炸聯結在一起。

在二十一世紀，定時炸彈的形貌應有盡有。就在我寫下這段文字之際，今天的Google快訊提供多項警訊。《每日鏡報》（*The Daily Mirror*）頭條宣告：「速食定時炸彈：肥胖恐懼隨著漢堡、炸雞，及披薩店淹沒英國商業街而增長。」[14]另一個頭條告知讀者：「在委內瑞拉、華盛頓正在忽視滴答作響的定時炸彈」，並推測「要是爆炸，後果將兩敗俱傷」。[15]一個新聞出處指向「潛藏於北極圈永凍土下的氣候炸彈」，[16]而一名企業顧問則對「企業如何拆解勞動力定時炸彈」做出評論。[17]「英格蘭銀行警告，負債累累的家庭對英國所有人，都是定時炸彈」成了《每日快報》（*Daily Express*）的標題；[18]《都市報》（*Metro*）報導：「西方男性面臨生殖能力『定時炸彈』」。[19]一篇令人不安的，關於驅蟲化學藥物摻入古柯鹼，使得布里斯托（Bristol）的使用者「有臉部潰爛之虞」的記述，談到被這種化學藥物汙染的人，「可能像滴答作響的定時炸彈那樣走來走去」。[20]其他提及滴答作響的定時炸彈之處，則是指一處礦井可能關閉，以及一名繼父毆打五歲男童致死——他顯然「某種程度上是顆滴答作響的定時炸彈」。[21]

許多研究都指向生態災變說，及其他世界末日敘事所採用的末世語調。[22]然而，比起地球毀滅的先知採用的戲劇性語氣更加引人注目的，則是一套完全相同的語言，也用來表述哪怕是社會面臨最平庸的憂慮。看來在每一個社群裡，都有無限多種定時炸彈正在滴答作響。抵押貸款、B型肝炎、根管治療、作戰區域的跨性別人員、房產市場、黎巴嫩的敘利亞難民、使用發泡材料的偷工減料建商、澳洲建築物的外牆板，以及試管嬰兒療法，按照二〇一七年七月最後一週的各新聞出處，只是其中一些正在計時中的定時炸彈。

令人側目的是，個人不需要成為自殺炸彈客就能被描述成定時炸彈。一個人不確定、不可預期，或不受控制的心理行為，也會透過這個隱喻而被表述；實際上，任何人只要在以前有過苦惱的經驗，都有可能在無意間成為一顆計時中的定時炸彈，準備在未來某個時間點引爆。「你是顆社會定時炸彈嗎？」好男人計畫（The Good Men Project）網站一篇部落格文的標題問道。這篇文字邀請人們聆聽並考慮，是否聽見了在他們「耳中有什麼正在滴答作響」。[23]

定時炸彈的隱喻不明言地將相對慣常的問題，轉變成潛在的未來災禍。《牛津英語大辭典》將定時炸彈定義成：「被認為可能會在未來某個時候，引起或造成突發性災難事件的個人或事物。」[24]其他辭典則定義為：「一種即將在未來某時產生災難性後果的情勢。」[25]正如下文所示，這一隱喻朝向未來的取向很重要，因為它表明一個觀念：在此時此地恐懼今後數十年，可能引爆的炸彈是有道理的。定時炸彈隱喻的隨意應用於迄今為止，皆被認為是技術或個人問題的議題，說明當代社會沉迷於最壞情況的思考。

我們聽聞的多數定時炸彈，都是人類行為或能動性的非預期後果。被說成活動定時炸彈的個人，並沒有打算爆炸。但事態卻因為我們同時也遭遇有意設計及啟動，以威脅我們未來的定時炸彈而變得複雜。電腦專家對於足以造成故障及全球混亂的邏輯炸彈及定時炸彈發出警告。定時炸彈隱喻如此輕易地被電腦安全語言所吸納，突顯二十一世紀社會對未來恐懼的傾向。遲早要引爆的定時炸彈，就像古代的命運故事，那是一股可怕且不可阻擋的力量。

險惡的未來

關於定時炸彈的陳述，不僅用以警告社會爆炸迫在眉睫，也對時間提供一種險惡的說法。從這個觀點看來，時間的流逝就像機器，不可阻擋地朝著未來的爆炸而流動。按照這個設想，人們被指派的首要角色是努力拆解滴答作響的定時炸彈。「我們面臨和時間賽跑」這句聳人聽聞的老調，突顯出人類危在旦夕的處境。憂心忡忡的英雄拚命努力拆解一枚大規模毀滅性武器，這一扣人心弦的電影場景，刻劃出的情感滲透著二十一世紀恐懼事業家所推銷關於未來的訴求。

令這些恐懼訴求具有顯著文化力量的是，它們並不限於奇異且不太可能發生的全球災禍事例。「爆炸力量相當於三十億顆原子彈」的殺手小行星，「險些撞上地球」的故事就已經夠糟了。[26]這種誇張的地球毀滅故事往往太難理解，無法引起人們的注意；但這種超級災禍故事，往往藉由與人們對家庭生活最直接且私人的憂慮聯結，而變得更平凡且直接。《富比士》（*Forbes*）雜誌一篇評論的標題〈小行星快來了：你知道孩子們在哪裡嗎？〉（Asteroids Are Coming: Do You Know Where Your Children Are?），正是為了將地球存亡的威脅轉變成又一個父母親需要擔憂的問題。[27]

強調這一點是很重要的：「我們面臨和時間賽跑」這樣的警告，不僅是針對生物、遺傳，或氣候相關的定時炸彈這樣的巨大威脅而已。對於「某些事必須現在就做，否則就會太遲」的告誡，一路延伸進入個人生活最私密的領域。與時間賽跑設想的作者，經常運用「不可逆的損害」（irreversible damage）一詞，強調人們今天的行為將如何產生明天仍無法回復的破壞性後果。

就連分娩，也不會被與時間賽跑的悲觀主義者自由放行。「你是滴答作響的定時炸彈嗎？」一名宗教評論者對家長提出這個問題。[28]「蛀牙的定時炸彈威脅全國兒童，因為每三個英國人就有一個（百分之三十三）不了解兒童的牙齒保健是免費的。」歐洲最大的牙科供應商，在二〇一七年五月進行的「研究」宣稱。[29]《保姆定時炸彈：安度兒童保育危機》（*The Nanny Time Bomb: Navigating the Crisis in Child Care*）是一本自助書的書名，它自覺地利用家長對子女未來的不安全感。這本書表面上是關於協助家長，「為兒童挑選保姆時做出有見識的決定」，但卻倚仗著激起家長對尋找保姆這個簡單動作的焦慮感。它引發了其所謂的「家長最害怕、最不可想像的設想」，也就是「回家看到受虐、重傷，甚至死去的孩子」。[30]就連兒童托育都被定時炸彈戲劇給吸納，說明了這套敘事與其說是對任何特定威脅的回應，倒不如說是對未來更廣泛的陳述。

社會學家珍．馬克維里舒（Jan Macvarish）全面研究恐懼事業家利用家長對子女未來的焦慮，而提出的與時間賽跑故事之用途。比方說，她提到家長被告知，要是他們不學會從出生開始刺激嬰兒的腦袋，就會喪失一生一次幫助孩子成長的機會。教養專家經常斷言，兒童的「幼年會永久持續」，將嬰兒期稱為「關鍵時期」，此後恐怕就太遲，無法確保兒童依循正途成長。[31]「時間所剩無幾」這一主題，也得到英國前首相大衛．卡麥隆（David Cameron）有力地斷言，他強調「人生最初幾年，對決定我們成為怎樣的成年人的關鍵重要性」。按照卡麥隆的設想，「命運在這扇機會之窗裡可能變好或變壞」，在此之後，孩子大概就成了自身命運的犧牲者。[32]「機會之窗」一旦浪費掉，兒童的成長機會就會遭受損害，這一訊息突顯了令幼兒教養與時俱進的急迫性。

當代社會的問題臣服於未來威脅的專橫，乃是二十一世紀恐懼文化的顯著特徵。與時間賽跑運動的支持者所倡導的訊息，是人類應當表現得宛如未來威脅已是當下現實。史文德森指出：「未來威脅成了當下變遷的起因」，而實際上，「我們與一種不斷導向災禍的『目的』並存。」[33]這種在劫難逃的目的論，支配了社會對於現在和未來關係的認知。

不同於宗教、哲學或意識型態方案，當前的在劫難逃目的論，幾乎不會呈現明確而有條理的形貌。反倒對未來的不確定性，提供全然負面的取向。目標是要避免不確定性的後果，或至少降到最低。這種防禦性心態被「與時俱進」（future-proofing）的概念給刻劃出來，這個詞在一九八三年收入《牛津英語大辭典》。與時俱進是由諮詢顧問推銷的一套過程，用以保護機構不受未來事件的衝擊與壓力影響。即使它通常是作為一種對提供保護以抗拒急速淘汰的必要性之回應，但也投射一種破壞性的未來觀，即使未必是毀滅性的。[34]

不得不讓機構與時俱進的，並不只有全球企業或政府的領導人而已。與時俱進也經常冒充成一種尋常活動，受到負責任且通情達理的成年人接納。在讓子女與時俱進的科學上，對家長提供建議的許多自助指南，[35]都倚仗著與時間賽跑的設想，使其論點成為合理。《讓你的孩子與時俱進》（*Future-proofing Your Child*）一書的澳洲作者凱西．華克（Kathy Walker），強調青年自殺率高得「令人擔憂」，而後宣稱自己想要為家長提供一個讓子女「與時俱進」的模型，以免太遲。[36]對於關係、婚姻與友誼與時俱進的建議，也可從其他自助專家獲得。[37]

自古至今，社群都試圖對未來預做準備。農業社會明白自身存續，有賴於預留種子供明年播種使用。古代都市圈也是著眼於保護居民，不受未來衝突侵擾而興建。然而不同於今天，未來很少只被當成是陌生而不熟悉的領域。社群畏懼未知的未來，但仍設計出儀式、神話、宗教及哲學，指導他們穿越所面臨的不確定性。

等同於二十一世紀災變論的古代敘事，試圖以希望的訊息平衡絕望的訊息。今天，「末日」一詞傳達了對人類戲劇可怖終結的懼怕感。在當前的通行用法中，它意指一次「導致人類社會或環境巨大且不可逆轉損害的災難，尤其在全球規模上的一場劇變。」[38]它的意義完全是負面意涵。然而，啟示錄的末日在《聖經》中最初的意義，則為未來提供正面有希望的想像。啟示錄是未來的示現，是知識的公開——迄今為止人眼所不可見的智慧。從這個觀點來說，天國祕密的示現提供了啟蒙，以及對人類困境的理解。

人類對未知的恐懼，是人類歷史一項不變的特徵。正如二十一世紀對於定時炸彈滴答作響的危言聳聽，魔法與宗教的倡導者，也試圖利用人們對未來的恐懼而左右他們的行為。古埃及人利用人們對「未來等待他們的最後審判」之恐懼，控制民眾的行為。[39] 儘管如此，社群回應這種恐懼的方式，以及他們如何想像未來，仍歷經很大的變化。

在最早一次對於恐懼本質的明確哲學反思之中，亞里斯多德的《修辭學》將這種情緒的作用與人類對未來的想像情景聯繫起來。他寫道：「恐懼的定義可以是這樣：一種由於想像有足以導致毀滅或痛苦、迫在眉睫的禍害，而引起的痛苦或不安的情緒。」[40] 亞里斯多德認為，對未來的恐懼最有效的解藥是「膽量」（confidence）。亞里斯多德所謂的膽量，指的是擁有一種「保證安全的事隔得近」，而「使人畏懼的事不存在或隔得遠」的想像；這對個人應對未來的能力更具信心。

正如亞里斯多德的直覺感受，不確定性則是指對眼前事態的走向缺乏清楚認知與信心。結果，看待不確定性的心態，受到社會認知現在與未來關係的方式所支配。儘管人們看待現代與未來之間關聯的心態有著重大差異，這樣的個別認知仍受到社會對於即將來臨的挑戰，提供其成員信心、知識，及意義的能力所影響。

自古至今，社會尋求不同文化資源——魔法、宗教、科學、意識型態——以提供人民一種確信未來的尺度。即使許多宗教儀式及原始魔法習俗，在當代想像裡都是無用的迷信，但卻有助於社群理解未來的困境。至少，儀式與魔法提供人們規則與指導，幫助他們掌握自己面臨的不確定性。對末日審判逼近的信念，有助於將日常生活聯繫上一個即使未知，卻必然具有意義的未來。相較於定時炸彈滴答作響的敘事，審判日將至的故事將一個理解未來意義的尺度流傳下來。當定時炸彈終於爆炸，產生的只有混亂與毀滅。

培養出定時炸彈隱喻用法的這套文化腳本，在人類反思未來困境時幾乎不提供任何指導。不同於以往述說著啟示、救贖、進步、解放，或者甚至都一樣的故事，它僅僅暗示我們的生命可能會比現在更惡劣。這一代人壽命比戰後嬰兒潮的父母或祖父母更短的故事，突顯出一種多少已經放棄未來的文化悲觀主義情緒。[41]

陌生的領域

自從近代一開始，對於不確定性的文化感知，就受到三個互相關聯的重大問題影響。它們分別是：未來會和現在一樣嗎？未來可以被理解嗎？人類能影響未來嗎？社會如何回答這些問題，取決於人類對未來的信心和對未來的恐懼之間的關係。以下這一小節將論證，當代社會對這些問題提出的答案，在幾個不同方面與過往提供的答案不同。

我們先看這個問題：未來會和現在一樣嗎？與時俱進這個做法的前提，是當代習俗、實踐、知識，甚至科學所提供的洞見，有可能證明與明日社會需求毫不相干的這一信念。當然，過去的傳統與知識很快就要過時這一主張，自從現代社會興起、科學思想取得優勢開始，即已反覆出現。但在最近數十年，現在與未來的對比卻頻頻被誇大到這種地步：延續與變遷之間的緊張關係，被說成是斷裂。關於延續性欠缺的論證有時進而暗示：隨著我們的生命開展，明天和今天的情境幾乎不會相似。

關於讓童年與時俱進的論證堅稱，年輕人長大會進入一個幾乎與我們所知完全不相同的世界。向可能的消費者促銷《讓你的孩子與時俱進》一書的廣告，聚焦於變遷持續不斷的主題，喚起與我們仍試圖理解的今日世界更加疏離的世界觀：

> 未來變了。童年也變了。養育孩子從來不曾這麼艱鉅——也不曾有可能這麼值得。愈來愈明顯的是，我們的小孩成人之後，即將在二〇二〇到三〇年進入的這個世界，將與父母成長的世界大不相同，甚至不同於我們當下生活的世界。我們需要更清楚地理解未來世界，為我們的孩子做好準備，讓他們「與時俱進」。[42]

對於世界不可逆地永久改變的論斷，不只是被投影在未來這面畫布上而已：論者一再提醒閱聽人，這樣的改變已經發生了。這種情緒在九一一恐怖攻擊過後一再被表述。經過這場悲劇事件，美國與世界各地要面臨的一切都大不相同，這樣的看法在全球事務討論中反覆表述出來。

巨變的認知在未來這一主題上支配了一般常識。英國社會學家安東尼·紀登斯（Anthony Giddens）的著作書名《失控的世界》（*Runaway World*）正表現出這樣的情緒。美國前副總統艾爾·高爾（Al Gore）聲稱，我們正在跨越「新巨變時期」，因為科技驅動的革命「如今正以超乎想像的速度，帶領我們奔向更新科技形塑而成的真實。」[43]據說「超乎想像」的變革速度，必然將人類引向從當代眼光再也無法辨認的世界。

未來將是不熟悉的陌生領域這一信念，已然取得文化教條的地位。未來始終是不確定的，但當它看似完全不熟悉，社會就很難為未來預做準備。在許多歷史情境中，社群至少都擁有一份大略勾勒出未來願景輪廓的地圖；就算這幅地圖證明了並不精確，它仍容許人們想像不同的可能結果。當未來再也不像現在，我們的不確定感再也無法透過一套能協助我們理解它，並給予意義的解釋架構調節。在這樣的情況下，不確定感可能會取得前所未有的力量，為恐懼感火上加油。

在歷史上，這樣一種未經調節的不確定感，往往被導向人的身體與靈魂在死後何去何從的問題。十九世紀美國一位暢銷自助書作者向讀者解釋：「讓死亡的想法對於靈魂如此可怕的，是它完全不確定死後何去何從。只要去除這種不確定感，就有一千件事能讓我們接受死亡的念頭。」[44]而在二十一世紀，人們傳統上對於死後生命的不確定感已擴及其他領域，養成了將未來等同於危險的傾向。

十八世紀的保守主義政治哲學家艾德蒙・柏克（Edmund Burke），在他的經典著作《崇高與美之源起》（*On the Sublime and Beautiful*）之中談論道：「那是我們的天性，因為當我們不知道有什麼事情會臨到自己身上時，會害怕那可能發生的最壞情況；意思就是，不確定的事是如此可怕，所以我們經常冒著某種危險想要擺脫它。」[45]柏克對於一種不確定性「如此可怕」，使得人們懼怕最壞結果的評論，試圖闡明個人對於未知的回應。它預期一種更加包羅萬象的最壞情況思考——超越個人層次，瀰漫於看待未來之文化心態的最壞情況思考。

法國政治學家札基·拉伊迪（Zaki Laidi）在一九九八年的著作《缺乏意義的世界》（*A World Without Meaning*），強調在許多人看來不熟悉也難以辨認的全球環境中，用以理解不確定性的解釋架構之喪失。他的評語：「將我們自身投射於未來的需求從不曾如此強大，但我們在概念戰線上構思這一未來的武裝，卻未曾如此匱乏。」為理解二十一世紀應對不確定性的智識資源之貧乏提供脈絡。[46]未受管控，可能也無法管控的不確定感這一問題，重壓在公眾生活之上。它對個人在日常事務中的心態及行為，產生迷向的影響。按照一段對恐懼文化的敘述：「位於現代恐懼核心的，是兩個必不可少且互相關聯的起因：本體論的不安全感與生存焦慮。」[47]這些境況正是對於無法辨識的未來，產生的不確定感影響人類情緒的癥狀。

回到一九七〇年，未來學家艾文·托佛勒（Alvin Toffler）將西方社會看待未來的文化性情描述為震驚。托佛勒用「未來衝擊」（future shock）一詞，試圖形容遍及社會的反應，但他相信這種情緒也瀰漫於個人心靈之中，成了「太短時間內發生太多變化」這種認知的起因。[48]托佛勒的未來衝擊概念刻劃出一個時代的心境，不只是對變遷感到不自在，更是愈來愈覺得格格不入。但一如許多同時代的未來學家，托佛勒忽略「太多變化」這種認知，主要是社會難以理解不確定性的結果。少了有意義的架構，改變看來就有可能失控，未來似乎也會變得危機四伏。

無法理解的範圍

我們的第二個問題：「未來可以被理解嗎？」它的答案對於理解社會看待不確定性的心態，及其恐懼文化也至關重要。最近數十年來最令人擔憂的發展之一，是對於未來的悲觀傾向與對人類知曉、理解未來，並對其境況賦予意義的能力喪失信心，這兩者同步發展。即使科學盼望人類能夠征服未知，如今看來，不確定的認知卻變得更堅實，對人類管控未來能力的信心則減弱了。這些發展持續形塑恐懼的公開表述。

人類正在與時間賽跑，以免炸彈爆炸的信念，突顯人類科學與知識的侷限。通常看來，時間流逝與轉變的意義，持續揭露人類知識及科學狀態的限度。「我們生活在前所未見的轉變年代」，這句不斷重複的老調，通常是質疑人類知識價值與地位的前奏。這些憂慮甚至在涉及教導孩子，應對改變的這種基本問題上也被提起。在教育領域，關於與時間賽跑的焦慮，通常經由以下的咒語宣洩：急遽的改變速度，讓許多傳統知識領域成為多餘。

當聯合國教育、科學及文化組織（UNESCO）在一九七二年發布影響深遠的報告《學習安身立命》（*Learning to Be*），「改變」被描繪成一股自發且劇烈的力量，會讓正式教育系統變得愈來愈過時和不符實用。它預測「人類知識與能力的進步，過去二十年來以如此眼花撩亂的速度實現，但這還只是初期階段」，而未來展望同時是「令人振奮」與「令人害怕」。49 最近數十年，教育學者則著迷於奮力確保學校迎頭趕上他們所認知的眼花撩亂變遷速度。按照經濟合作與發展組織（OECD）國際學生能力評價計畫（Programme for International Student Association, PISA）總負責人安德里亞斯．施萊歇爾（Andreas Schleicher）所言：「儘管世界隨著科技而迅速改變，教育卻跟不上改變的速度。」[50]混亂與不確定的語言，通常用來表達對教育前途的焦慮。「事實是，不管我們看向何方——科學、歷史、管理、政治——體系都在被混亂取代。」曾任政府顧問的英國教育學家麥可．巴伯（Michael Barber）如此斷言。[51]

改變在西方教育學之中取得一種被崇拜的性質，原因並非這世界真的正在經歷史無前例的轉型，而是由於社會對自身教育兒童應對不確定性的能力有所焦慮。教育學者長久以來都在擔憂教育機構因應變遷需求的能力，但唯有在最近數十年，這些擔憂才突變為對未來的強烈迷向感。主流教育學除了宣稱未來會與我們如今所知的世界大不相同以外，幾乎對未來無話可說；正如創新專家比爾．洛（Bill Law）解釋：「我們或許無法確切知道未來會是什麼樣，但我們確實知道，當下的學生即將經歷的未來，會跟我們經歷過的未來不太相像。」[52]不知道未來會是什麼樣貌並無新奇之處，新奇地令人注目的，是對我們理解未來的能力缺乏信心的程度。要是對未來唯一能確定的是它不會與過去相同，那麼社會的智識資源必定出現嚴重缺損。

對亞里斯多德而言，膽量構成了抑制恐懼的媒介。而在近現代世界，恐懼的首要解藥則是知識，以及知識為不確定性提供意義並予以控管的能力。自古至今，對知識及科學權威的信心，用處即是降低看待未來的宿命論心態。知識也幫助人們應對未來，因為它協助將不確定性轉化成可能結果，使之作為可計算的風險而被理解。反之，知識權威的喪失則激發不確定感，膨脹了社會對未來的恐懼。知識的貶值既使不確定性固化，也導致它的誇張化。相應而言，不確定性的誇張化又將它變成一股駭人且不可理解的力量。

前文所謂的未經調節的不確定感，很大程度上正是對於知識權威可感知的懷疑心態所產生的後果。正因如此，即使知識與科學持續進步，如何應對未知這一問題仍然取得在近現代空前絕後的力量。恰好相反於「我們對未知的恐懼產生於知識『不足』」這個被廣泛接受的看法，問題其實出在知識喪失了「權威」。事實上，知識與科學都以加速度擴展。《金融時報》（*Financial Times*）的一則頭條宣稱：「世界極力趕上科學與技術的變遷速度」。[53]這篇及其他談論科學與技術迅速發展的報導耐人尋味之處，在於它並非被描述成知識力量的見證，反倒成了知識無法應付科學與技術突飛猛進所產生問題的例證。

對知識的權威喪失信念，彰顯於將科學進步與未知領域擴大聯繫在一起的這種不尋常心態之中。彷彿知識的發展輸掉了與時間，乃至與另一個不斷擴張的敵人：科學，及技術之間的狂亂賽跑。《金融時報》一篇報導如此哀嘆：

> 儘管有技術變遷，以及對土木工程劇烈轉變世界運行方式的興趣，但看來人類理解的能力，整體而言恐怕並未與技術革新齊頭並進。[54]

對人類理解技術變遷能力的懷疑論，總是令許多評論者得出以下結論：知識恐怕是不確定性問題變本加厲的源頭，而不是問題的解答。

正如我在一九九七年的著作《恐懼文化》提到的，西方社會由於各式各樣的理由，對啟蒙的許諾大失所望，它對人類知曉、理解，並最終控制未來能力的信心也隨之減弱。[55]對知識權威喪失信心最驚人的表現，正是「知識進步本身有好也有壞」這句經常被引述的論斷。從這個觀點看來，知識的進展反倒增長社會的不確定情緒，因為它促成後果無從預知的創新與技術。

對知識權威的猜疑，有時呈現出法國哲學家多米尼克・勒古（Dominique Lecourt）稱作「知識恐懼症」（epistemophobia）的型態。[56]知識恐懼症習慣上被定義成病態而非理性的恐懼知識或恐懼智慧，它在傳統上是對個人行為的診斷。而在最近數十年，這種個人病理敘述也表現出針對科學知識增長猜疑的文化心態。紀登斯寫道：「我們今日面臨的許多不確定性，正是從知識增長本身產生。」[57]貝克呼應這個觀點而評論：「恐懼的根源再也不是無知，而是知識。」[58]照這種詮釋，知識的應用同時創造新的危險與不確定。因此相對於過去數百年，將知識進展理解為減少未知領域所不可或缺，今天卻經常為了擴張未知領域而受到歸咎。

對知識權威的猜疑，並非罕見的因為世界變得更不確定且更危險而被怪罪。作家尤瓦爾・諾亞・哈拉瑞（Yuval Noah Harari）在他影響深遠的暢銷著作《人類大命運：從智人到神人》（*Homo Deus: A Brief History of Tomorrow*），將一個遠比過去更難預測的未來出現歸咎於知識的進展。哈拉瑞表示：

> 幾個世紀以前，人類的知識成長緩慢，政治和經濟的改變也彷彿踩著悠閒的腳步。到了今日，知識增加的速度飛快，理論上我們應該愈來愈了解這個世界。然而情況卻正好相反……於是，我們愈來愈無法真正理解現在，或預測未來。[59]

倘若真如哈拉瑞所言，人類知識的加速增長「只造成更快也更大的動盪」，對其潛能更遲疑也更低調的評估，便成為必要。

當社會遭逢革命性的技術創新時，會變得小心翼翼且往往懼怕。直到一九七〇年代為止，知識及技術創新的進展仍被頌揚為：社會將未知轉變為已知的方法。最晚到了一九七〇年代，不確定性仍是實驗及尋求主宰未知的刺激因素。但如今，不確定性似乎具有一種不祥的力量，未知領域則被標明「危險勿近」的告示牌給區隔開來——與時間賽跑理論的影響力因而抬頭。對人類預期未來能力的懷疑論，通常是基於以下見解：我們就是沒有時間趕上現代科技進步迅速且深遠的後果。許多專家認為，既然科技創新產生如此迅猛的結果，但我們就是沒有時間理解它們的可能影響。按照他們的變遷模型，在浮士德式的與時間競賽之中，理解永遠落後於技術變遷的後果。

文化腳本試圖強行將社會與未知威脅的有毒影響隔離開來，以保護社會，但卻不能壓抑創新及開展科學的努力。因此，儘管知識的權威貶值了，知識本身卻始終未曾被明確拒斥，反而經常被指派一種基本屬於防禦性的角色。結果，已知與未知之間的關係被改變到這種地步：自承無知的說法獲得文化肯定，被讚譽為面對不確定威脅的負責任回應。這往往看來像是無法理解未來或明瞭特定威脅的本質，被表現得宛如知識上的變數。結果，區隔知識與無知的界線變得不再精確。實際上，它把據說是出自馬克．吐溫（Mark Twain）的一句格言給倒轉了：「你要是覺得知識危險，就試著無知。」

西方社會對於恐懼的文化腳本，反映出對已知與未知、知識與無知之間關係理解的轉移。恐懼事業家往往將人類的無知宣傳為威脅嚴重程度的標誌，而非知識不完整的問題。遭遇威脅時不願承認無知，於是就被譴責成不負責任的行為。在許多敘述裡，特別是環保倡議者所倡導的敘述，無知被描述為永久持續的狀態，是生命的現實，需要人們十分謹慎行事，並恐懼最壞結果。被如此神化的無知，給予未知一股強大的自主力量，實際上超越人類的想像。

這一趨勢具體表現，在於將注意力從未知再次聚焦於所謂「未知的未知」（unknown unknowns），以增加風險的傾向之上。美國前國防部長唐納德．倫斯斐（Donald Rumsfeld）用這個詞描述一種全新的威脅之後，公眾對一種全新懼怕焦點——未知的未知——的意識隨之產生；它就是超乎人類的理解能力。他在二〇〇二年二月的新聞簡報會上，說出以下這段令聽眾驚詫的話：

> 表示某些事件尚未發生的報告，總是令我感到有趣，因為我們知道，有已知的已知；有些事我們知道自己知道。我們也知道有已知的未知；也就是說，我們知道有些事自己不知

道。但還有未知的未知：那些我們不知道自己不知道的事。60

當時，對於他們所理解的倫斯斐試圖拐彎抹角，為伊拉克被指控持有大規模毀滅性武器計畫，缺少情報或證據一事迴避責任，許多評論者的回應是驚詫與嘲諷。其他人則將這段話詮釋為，又一個不誠實的雙言巧語實例。然而，倫斯斐的評論卻傳達一種對未來問題的取向，這種取向經由西方社會通行的恐懼文化腳本而被廣泛傳達。自從他的演講之後，「未知的未知」一詞就被廣泛用來突顯各式各樣的所謂生存威脅。

按照一種喚起大眾對未知的未知意識的說法：

應當記住，會有人稱作「未知的未知」之事。這是指我們無法陳述問題，一如我們無法設想其可能影響的情況。這些情況的事例無法提供，是因為這個十分充分的理由，也就是我們真的不知道。61

「我們沒有應對社會所面臨威脅的知識」這一陳述，有對未來危險發出警告的效果。這種迄今為止無法理解的危險，在社會的無知使其甚至無從知曉自己所不理解的情況，就連該問什麼問題的知識都不具備之時，頓時無足輕重。這些可怕的「未知的未知」擴充恐懼的範圍，助長最壞情況思考成為自然。

在某種意義，世界總是在面對未知的未知。然而，這個詞的發明及其愈益頻繁地被環保倡議者、安全分析師、反恐政策制訂者及風險管理人使用，本身就說明一種不確定性固化，並從人類想像中取得前所未有自主性的未來模型。在未知的未知年代，不確定性再也不能被詮釋成一種暫時狀態，一旦引進知識加以理解就會改變。不確定性也不是獲取知識的暫時性前奏。從最壞情況思考的觀點來說，唯一有意義的確定是我們未來將要面臨的威脅，恐怕會比我們所能想像的更壞。更糟的是，我們不知道這些威脅會是什麼樣貌。

「未知的未知」一詞尚未取得口語說法的地位，但支撐它的預設卻持續由學者、政策制訂者及評論者回收利用，這些人的定時炸彈滴答作響修辭，將大眾的恐懼導向未來即將爆發的威脅。現代社會將這樣一種無所不能的毀滅力量歸屬於未知的方式，有一種近似神祕之處。無法預見即將來臨之事，或為此未知力量命名的這個問題，本身就代表值得以恐懼回應的威脅。包曼道出這種無名且未知威脅的幽靈，他警告：「至今最驚人也最可怕的危險，正是那些『不可能』或極其『難以』預期的危險，那些未被預期，且極有可能『無法預期』的危險。」[62]

在歷史上，社會無以名之的那種威脅與宗教、黑魔術或邪惡相關。「不能說出名字的人」，用以指涉《哈利波特》系列著作中邪惡的佛地魔王（Lord Voldemort）。不願名之或無能名之的佛地魔症候群，正是我們的恐懼文化將邪惡的修辭內化的癥狀。包曼指出邪惡概念與全神貫注於無名及未知威脅之間的關聯：「當我們無法指出我們尋求適當名稱的那種行為，發生破壞或規避哪一條規則，我們就訴諸『邪惡』概念。」[63]

對未知的未來無法理解，是人類歷史上反覆出現的關注焦點。然而，當今對於未知及無名威脅的全神貫注，卻遠比後啟蒙時代大多數時候更加憂慮與迷向。轉而試圖將社會隔離於不確定性影響之外的相關敘述，往往宣稱這是對遠比過去更複雜，也更危險的劇變世界之明智回應。反之，本書則主張，將世界理解成滴答作響定時炸彈的當今趨勢，與知識權威削弱的關係，更大於人類生存威脅激增。

在歷史意義上，從十九世紀到現在看待不確定與未知的心態轉移是很驚人的。就以未知的恐懼在美國評論刊物《公眾：民主季刊》（*Public: A Journal of Democracy*）一八九八年創刊號中受到討論的方式為例。作者提到：「我們克服對未知及未發現事物的恐懼，克服魔鬼及女巫，乃至一切在我們恐懼臨頭時發出嘲笑的假神之勝利。」這場勝利被描述成「最偉大的成功」。這篇論文說明，不同於無法應對自然之奧祕「因而懼怕它們」的「原始人」，現代人類已經發現法則，幫助自己「不再懼怕它們」。[64] 從這樂觀的立場說來，人類可以不再做未來之謎的囚徒，並將「物理的自然」轉變為「他十分順從的僕人」。如今這樣的說法會被形容為不像話、不負責任和狂妄，低估了未來所構成的威脅。被我們的文化腳本指派為它所不理解的強大力量之「十分順從的僕人」這一角色的，正是人類自己。

改變的客體化

本章開頭提出的第三個問題：「人類能影響未來嗎？」答案很大程度上與社會理解變遷，

及不確定性的方式密切相關。如今，變遷經常被設想成一套在人類背後運作魔法的機制或客觀過程。對於巨變的觀察，往往將它們呈現得彷彿是不容置疑且不可改變的事實。然而，對於變遷的陳述卻極少基於物質及社會實在（material and social reality）的客觀計量。這些陳述注入了看待不確定性的文化心態，並受到對社會調適及控管不確定性之能力的主觀信念所影響。社會詮釋人類能動性效力與改變的影響之間關係的方式，對人類能否影響未來的問題有著極大影響。相對來說，社會相信自身未來能受控管的程度，決定了它會以恐懼還是信心面對未知。

即使未必懼怕，但無止盡迅速轉變的修辭，及不明言地招引人們對改變感到不自在。一般而言，巨變以戲劇化且機械論的方式受到呈現：客體化成一股無所不能的自主力量，令人類臣服於其意志之下。總的來說，今天的社會往往將轉變理解成有害的過程，期間或許穿插一些正面結果。無止盡地餵食閱聽人反烏托邦式未來觀的大眾文化，既反映也加強將改變結果想像成毀滅性的傾向。就連二十一世紀的基進主義，也以疏離於變遷為特色。它以猜疑眼光看待創新與新技術，有時似乎想要將現狀從改變的蹂躪中隔離開來。基進主義通常致力於保存現狀，更多於提倡改變世界。驅使其行動的是對未來的恐懼，而非對劇烈轉型的期盼。[65]

回顧這一點是有幫助的。隨著啟蒙得勢，科學與知識發揮支配性影響，對人類創造及轉化潛能的信念，在智識及文化生活中發揮主導作用。在整個十九世紀和大半個二十世紀，這些情感持續享有可觀的影響力，即使兩次世界大戰的災禍挑起了焦慮與恐懼。當美國總統小羅斯福在一九三九年說道：「人不是命運的囚徒，僅僅是自身心靈的囚徒」，他呼應了人類擁有力量能在世上得償所願的這份信念。小羅斯福能在一九三九年的黑暗時日裡，表述如此正向的人類境況，正是拒絕向命運低頭的可貴品格之證言，也和當今對這一問題的心態成了強烈對比。

如同前文所示，改變的客體化及視之為自主力量的傾向，在某些方面近似於古代，將命運召喚為駭人且無法阻擋之力的做法。但即使多數古代人敬畏命運，關於命運之力能否排除個人影響自身未來的可能性，這樣的問題仍不時被提出。在古代，不同的神明被賦予挫敗人類野心，或庇佑人類幸福的不同能力。羅馬人崇拜女神福爾圖娜（Fortuna），讓她對人類事務發揮強大力量。儘管如此，他們仍相信她的影響力可被抑制，甚至被擁有真正美德的人們克服。就像「勇者得助」（Fortuna favours the brave，福爾圖娜女神鍾愛勇者）這句諺語。命運之力可被人類努力與意志限制的這份確信，是人文主義傳統最重要的遺產之一。

對人類遂行意志及形塑未來能力的信念，勃發於文藝復興時期，培養出一種鼓勵人們夢想，對自身命運取得一定程度掌控的氣氛。拒絕向命運屈服的一種新型態，經由人類潛能的確認而被表述出來。在啟蒙時代，這種情緒更進一步發展，產生這樣的信念：人類在某些情況下能夠掙脫必然性，影響自身未來。此一時也。但在二十一世紀，對於人類制伏未知能力的樂觀信念，已被人類無力應付自身遭逢的危險這種信念取代。今天，關於對未來不確定性的問題不斷被放大，並因為我們自身的想像而轉化為生存威脅。結果，非預期的自然事件幾乎不會被相應處理——它們很快就被誇大，轉變成「對人類生存的威脅」。有時，對氣候問題聳人聽聞者太過沉迷於自己的修辭，使得真正的科學家不得不予以當頭棒喝。所以當查爾斯王子宣稱敘利亞的戰事是由氣候變遷引發，科學家立即宣布，他「廣受宣傳的理論」並無根據。66

「對人們生命的威脅」與「對人類生存的威脅」，兩者的區別經常受到破壞。許多西方政府將恐怖主義威脅衍生成生存威脅，將這個危害轉變成存亡問題。恐怖主義暴行能對其目標所在的社會造成重大損害，也確實造成重大損害。但將它描繪成生存威脅，卻破壞了對生命、財產，及民心士氣造成重大損害的威脅，與危及整個社會存亡的威脅之間的區別。

相對於啟蒙時代，認為知識最終能夠解決一切問題的確信，今日的智識性格則往往聚焦於知道的不可能。這種心態甚至波及本質上純屬技術性的問題，像是本書導論探討的千禧蟲問題。能夠經由應用技術知識而相對輕易解決的問題（事實上也確實如此解決），被拉高成《聖經》程度的天災人禍。這種對人類理解及修復問題能力的悲觀看法，對社會看待未來的方式產生重大影響。倘若我們對未來採取的行動影響是不可知的，我們對於改變的焦慮必然會被放大。知識的貶值則迂迴地表現出，對人類主體性力量及作用的信心減弱。正因如此，如今到處都能聽見啟蒙計畫被說成幼稚天真，或看見科學家因為「扮演上帝」而遭受撻伐。這種對人類野心的批判，勢不可擋地導致與命運的和解——即使還不到順從。

從對未來的恐懼到充滿恐懼的未來

我們對於不確定性如何被表述及認知的討論，在理解恐懼被投射於未來的方式上有重大影響。如同前文所述，對未知及未來的懼怕，千百年來在社會對恐懼的文化腳本裡始終是核心主題。顯而易見，即使有啟蒙思想家及樂觀評論者所表述的希望，人類對未知的恐懼卻始終未被克服。實際上，當下這一群意見領袖、科學家和政治人物對未來表達的情緒，往往表達出聳人聽聞的可怕語氣。

針對未來的恐懼修辭最耐人尋味的特徵之一，在於它將全球性災禍的預言拋向大眾的漫不經心方式（實際上是隨心所欲）。就連備受尊重的科學家，也隨意披上職業危言聳聽者的外衣。天文學家馬丁・芮斯（Martin J. Rees）的著作十分貼切地命名為《我們的最後時刻》（*Our Final Hour*），他在書中告知讀者，人類存活到二一〇〇年的機率大概是「一半」。[67]人類有很大機會在不久的將來滅絕，如此令人不寒而慄的論斷暗示著，押注於人類物種的生存會是魯莽之舉。在歷史上，對人類在劫難逃的預言是經由嚴峻、重大且憂鬱的語氣宣揚。但芮斯一如二十一世紀許多恐懼事業家，以就事論事的方式傳達他的末日未來觀。芮斯在《我們的最後時刻》書中宣稱，他下注一千美元賭這個觀點：「到了二〇二〇年，一次生化失誤或生化恐怖攻擊事件，就會殺死一百萬人。」[68]

芮斯不是第一個以輕鬆愉快的語調，傳達在劫難逃訊息的「先知」。二〇〇五年流感肆虐期間，專業的「媒體醫師」柯波菲爾博士（Dr. Copperfield）在《泰晤士報》寫道：

> 此刻在媒體上拋出的龐大數字，指向禽流感病毒「不可避免的」在全世界爆發，它正在熱身，準備躍過物種界線感染人類。

沒錯，各位。忘了你們正在縮水的年金吧，你們全都會死於即將來臨的流行性感冒。但往好處看，它二十年前就該發生了，因此我們已經幸運地多活了這麼久。[69]

柯波菲爾簡單而逗趣地談論大規模死亡，說明當今以漫不經心和輕鬆愉快的方式看待重大災禍的傾向。就連不具任何科學地位的社會名流，也感到自己有權力採用不慌不忙的危言聳聽語氣。於是在二〇一三年，前流行音樂明星鮑伯．格爾多夫（Bob Geldof）預言，人類距離下一次「大滅絕事件」來臨，最快只剩下十七年。[70]

對於人類滅絕、地球毀滅或大規模滅亡的預言激增，在學術研究中通常被理解成恐懼文化支配人類想像的力量最重要的癥狀。無需懷疑，常見的劫難散播套路，對人們看待現在及未來人生的方式有些影響。但重要的是，不要將恐懼修辭與人們真正的信念，以及對危言聳聽的回應混為一談。從社會學觀點而言，芮斯、柯波菲爾或格爾多夫等人發出的這類言論，應當被理解為展演性的（performative）——是一種恐懼的展演。傳達出恐懼訊息的言論，像是「我害怕」，並不純然意味著某人真的害怕。這種言論通常用於為某項議題吸引關注。它也能夠表現某人是一個有覺悟且負責任的人，認真看待某一特定威脅——而不像其他人。正如歷史學家威廉．瑞迪（William Reddy）所言，「說某人害怕……本身就是一種個人能動性的展演行為」。[71]

恐懼展演的一個常見範例，是一部令人不安的電視節目最後的旁白。它們看上去像是公共服務訊息，向那些被節目內容驚嚇、煩擾，或傷害的人們提供服務熱線。然而，這條訊息傳達的重點在於：「你應該被節目內容驚嚇」。

在某些圈子，恐懼的言說則作為一種矯揉造作的形式，表明對於人們面臨的許多潛在危險有著強烈感受。承認恐懼即是展現意識。這種自覺的做作並不意味著人們必然比過去更加恐懼，它僅僅表現人們「應當更恐懼」這個概念。焦慮與恐懼的展演性表現受到倡議者高度評價，他們確信自身訴求的嚴肅性，使得他們必須運用戲劇效果，好讓自己的訊息獲得關注。從這個觀點而言，驚嚇大眾被等同於公民責任行為。例如美國政治學家喬治．馬庫斯（George Marcus）認為，焦慮協助個人成為更有見識的公民。「多數美國人對政治的一般情況，或公職候選人對各式各樣日常議題的立場所知不多，」他表示：「但焦慮的公民消息靈通，因為情緒刺激促使他們在不確定的時刻明白議題的重要性。」[72]

多數恐懼展演，實際上不太可能是被對未來的末日預言堅定不移的信念所激發。恐懼訴求通常被用作一種為議題引發關注，讓人們受驚而起身行動的策略。它們如今被公關業者、倡議者、政治人物，及恐懼事業家廣泛承認為一種影響行為的正當手段。根據一項研究，恐懼訴求「被實證研究者承認為獨特的論證形式，他們將它視為一種以可怕後果（最典型的後果是死亡的可能性）威嚇目標受眾，以促使受眾採納其所建議回應的論證。」[73]正如柏拉圖的高貴謊言（Noble Lie），恐懼訴求取得正當性的理由在於無論事實為何，它們揭露更高層次的真相。恐懼宣傳受到提倡是因為「恐懼可能是有益的，不只是因為它刺激人們以更安全做法行事的方式，它也能促進更『文明』的行為。比方說，（反）酒駕與反菸運動，運用了對死亡的恐懼，阻止反社會或自我毀滅行為。」[74]

類似的心態，也受到某些決心為全球暖化議題引發關注的倡議者採納。氣候學家史蒂芬・史奈德（Stephen Schneider）用以下說法，為扭曲證據以支持訴求的做法辯護：「因為我們不只是科學家，也是人類……我們需要……捕獲大眾的想像。」他補充：「我們必須提供恐怖的設想，做出簡化的戲劇性陳述，並略過不提我們存有的任何懷疑。」[75]他的同事大衛・維納（David Viner）也採取類似的思路，他提到電影《明天過後》（*The Day After Tomorrow*）「把許多細節弄錯了」，但它「引起對氣候變遷的意識」這件事情「必定是好事」。[76]一部談論超級風暴之母，觸發一系列天災人禍的典型好萊塢奇幻電影，也被「引發意識」的計畫給利用了！

恐懼訴求實際上究竟有沒有用處，是個爭議問題。關於駭人的「網路浩劫設想」（cyber-doom scenarios），究竟有沒有教育或激勵人們認真看待網路安全，這場辯論至今仍在持續。批判者斷言，「虛構的網路浩劫設想」具有「潛在力量，足以危害旨在處理真正網路安全挑戰的有益辯論」。[77]批判倡議者誇大氣候變遷之破壞性後果的人們，也提出類似論點。他們認為對地球未來無止盡的劫數預言，不但未能激勵人們採取明智的步驟減輕氣候變遷影響，反倒讓人們不再理會。反之，一項對公共衛生領域恐懼訴求的研究則聲稱，「強烈的」，也就是聳人聽聞的恐懼訴求，「比起低調或軟弱更有說服力」。[78]

恐懼訴求及毫不間斷地產製劫數敘事的積累後果，與其說是對個人行為的直接影響，不如說是對更廣泛文化心態及認知的間接影響。對未來負面說法的頻繁流通，不免影響人們對自身未來可能性的心態與期望。正如第四章觀察的，這損害人們對自身面臨風險時因應能力的信心。就連個人都會被說成定時炸彈滴答作響的時候，爆炸與未來景象的聯繫，顯然已被下意識地內化及正常化。在劫難逃的目的論，以未曾明言及暗示的方式，將自己銘刻在公眾思慮之上。

概括於社會，關於不確定性之文化腳本之中的目的論，最顯著的作用是，給予「對未來的恐懼」這個詞成為二十一世紀特有的感受。十八與十九世紀提及對未來的恐懼時，往往聚焦於未來的懲罰或未來的地獄等宗教主題。二十世紀每隔十年，對未來的恐懼就愈發被導向更世俗的問題，並顯著地取得更為個人的型態。比方說，看看對未來的恐懼是怎麼由人壽保險供應商表述出來。一九四九年，美國保險業出版品《承保人週刊》（*The Weekly Underwriter*）向讀者提供一種世俗且個人化的對未來恐懼說法：

> 首先，我們思考多數人為什麼要買人壽保險。他們這麼做是因為對未來恐懼，對他們自己和家人都如此。懼怕殘障、懼怕需要時資金不足、懼怕死亡、懼怕活得太久、懼怕教育計畫無法完成……[79]

既然這份出版品將未來的恐懼理解成商業契機，也就提出這個反問：「你用『恐懼』讓自己關門大吉嗎？」

《承保人週刊》提出的世俗版本對未來恐懼，聚焦於未曾預料到的個人問題與危機，以及未能實現或被中斷的個人計畫。它們並不是對未來恐懼，而是社會成員所面臨、可被立即識別的風險。這種對未來恐懼的版本一直存續至今，但與一種未來威脅遠比《承保人週刊》所概括的那幾種更不具體的敘事並存。結果，它們提出的問題超出傳統對未來恐懼的觀念，指向某種未知的威脅。而在今天，不只是某種未曾預期的威脅，就連未來本身也被描繪成「恐懼的來源」。

可怕的未來這個概念，在關於環境災難的駭人反烏托邦之中，得到最戲劇化的描述。但關於未來遠比現況更壞的更尋常故事，對社會的影響則最大。關於「美國夢碎」或千禧世代，或許將比父母輩甚至祖父母輩更加貧困的故事，令我們分心而無法接受一種邁向正面未來的生命取徑。這些敘事與其說製造多少恐懼，不如說削弱了社會信心。對未來期望降低所助長的心態，甚至會以猜忌和負面的眼光詮釋理應被正面看待的消息。

就以生命本身為例。在大半個世界，預期壽命都持續增長。在多數西方社會，人口比起過去更健康也更長壽。最近一代的青年人可能會比祖父母輩多活二十歲，[80]但也從來不曾有過這麼多文宣在警告大眾，另一項對健康的威脅。自從二十與二十一世紀之交，公共衛生倡議者及其政界盟友就沒完沒了地警告人們，不健康的生活方式會提高疾病和早死的比率。當這些嚇人的故事瞄準家長，威脅他們若不採取健康的生活方式，子女就有可能比他們早死。英國皇家全科醫師學會（Royal College of General Practitioners）前主席史蒂夫・菲爾德博士（Dr. Steve

Field）表示：

> 家長需要及早表現為楷模，經由提供明智且合適的份量，以及不餵食垃圾食物，控制子女的飲食習慣……父母若不對子女的飲食施加更大控制，子女就有終生蒙受健康問題，甚至早逝的風險——白髮人送黑髮人，簡直悲哀地不堪設想。[81]

子女比父母早死的嚇人故事，看來也自成一種生命。英國心臟基金會（The British Heart Foundation）發行它所謂對家長的「警鐘」，宣稱子女不健康的生活方式，可能讓他們「由於心臟病、糖尿病及其他病情而比父母親更早逝」。[82]子女先於父母而死的預言，有時也與他們將遠比上一代更貧困的斷言相伴而來。公共衛生學會（Faculty of Public Health）前會長約翰·艾許頓教授（Prof. John Ashton）評論道：「我們已經習慣子女無法和我們一樣富裕的想法，但還沒習慣他們也不會同樣健康的想法。」[83]

我們真的「習慣子女無法和我們一樣富裕的想法」嗎？這個問題很難以任何科學的精確度回答。但這種令人不安的說法能以如此就事論事的方式陳述，這件事本身就足以證明世代絕望修辭的影響力。倘若，我們真的「習慣」這種對青年人所面臨可能性的評估，那麼這也顯示社會或多或少已經放棄了。呼籲人們習慣嚴峻清苦未來的說法，往往以一種誇大的劇場手法搬演。法國散文家紀堯姆·法耶（Guillaume Faye）用以下說法向讀者宣講：

你們必須習慣這個想法：你們生活於其中的相對舒適個人主義消費社會，大概不會維持很久。你們的中產階級生活方式或許正在經歷末日……當今的青年世代將會體驗到歷史重演，也就是風暴的復返。[84]

「習慣它」的呼籲，並不總是以這份聲明一般直言不諱的方式提出，但「沒有未來的一代」故事毫不間斷地齊射而來，卻隱晦地傳達同樣的訊息。這種絕望敘事增強了社會對於正向改變的幻滅感。

諸多調查與報導藉由突顯青年人朝不保夕的經濟地位，預測這不只是暫時現象。既然沒有一種方式能準確預測青年人在未來的經濟地位，在劫難逃的預報也就是基於推測。一般而言，這種說法乃是基於人們對民意調查的隨意作答。因此二〇一六年發現百分之五十六美國人認為，下一代在財務上會比自己更拮据的一篇報導，所反映的其實不過是一段人們對未來即時看法的陳述。[85]同樣的，《財星》（*Fortune*）雜誌發表的一份對五千名就業中千禧世代的調查，發現其中百分之八十表示，自己這一代人退休時會比前幾代人「貧困得多」。[86]在當前的氛圍中，這種意見表述則被宿命論地改造成，關於今日青年被排除在外的未來之客觀事實。

鼓勵人們習慣於「對未來期望太多是白費心力」的想法，可能是當前關於不確定性的概念，藉以表述的這套敘事最具破壞力的後果。希望的感受與信任和信心的感受交織在一起。它表現了對實現目標與願望的期待。抑制社會對未來希望的文化及政治力量，為恐懼感及憤恨感得勢提供契機。

值得一提的是，「未來」一詞在許多文脈中都是用作「希望」的同義詞。自古至今，人類的可能性經常被描繪成受到希望與恐懼關係消長的影響。正如十八世紀詩人亞歷山大・波普（Alexander Pope）說明：「人類之中的幸福天平，由天意以希望與恐懼兩種激情維持平衡。」 87
波普以令人寬慰的樂觀語氣寫道：「希望永遠滋生於人心中。」今天的在劫難逃目的論，則與波普的樂觀哲學構成驚人對比。宗教人物仍然宣講著，「希望永遠強過恐懼」的訊息，但他們的說法往往看似一種在四處瀰漫的迷向心境中，不顧一切地添加正向註腳的嘗試。「我有未來」這個說法，其實是迂迴地說「我有希望」。將人們的未來奪走，同時也就重擊了希望。

恐懼與希望的關係，並不純然決定於個人的心理屬性。希望的感受，也並非直接回應人們在社會中所能獲得的機會。對未來抱持希望的心態，與人們擁有一套能藉以應對未知的意義體系彼此連動。以下我們就要探討恐懼與意義之間的關係。

---

1 參看“Warm Weather ‘to boost food bugs,’” *BBC News*, 4 January 2006。

2 參看 http://www.sciencedirect.com/science/article/pii/S0195925509000420（二〇一七年十月四日瀏覽）。

3 參看 http://www.cancer.gov/about-cancer/causes-prevention/risk/diet/cooked-meats-fact-sheet（二〇一七年九月二日瀏

覽）。

4 例如，參看“Britons ‘pretty gloomy’ about the future, global poll finds,” *Daily Telegraph*, 2 May 2017, http://www.telegraph.co.uk/news/2017/05/02/britons-pretty-gloomy-future-global-poll-finds/（二〇一七年七月九日瀏覽）。

5 “Soaring obesity could see millennials die at younger age than their parents,” *Daily Telegraph*, 25 June 2017.

6 參看Laura Gray, “Will today’s children die earlier than their parents?” *BBC News*, 8 July 2014, http://www.bbc.co.uk/news/magazine-28191865（二〇一六年九月五日瀏覽）。

7 “Soaring obesity could see millennials die at younger age than their parents,” *Daily Telegraph*, 25 June 2017.

8 Bruce Y. Lee, “Smallpox Could Return Years After Eradication,” *Forbes*, 18 August 2016, https://www.forbes.com/sites/brucelee/2016/08/28/smallpox-could-return-years-after-eradication/2/#5d1045d4680d（二〇一六年十二月三日瀏覽）。

9 參看http://news.bbc.co.uk/1/hi/health/456831.htm ，以及“Strain of bubonic plague as deadly as the Black Death ‘could reture to Earth,’” *Daily Mirror*, 28 January 2014。

10 Bruckner (2013), p.75.

11 David Cox, *Quartz*, 12 April 2016, https://qz.com/657514/superbugs-could-kill-10-million-people-by-2050-if-a-lot-of-things-dont-chang-fast/（二〇一六年九月七日瀏覽）。

12 Philip Bump, “Explaining the ‘100 million to die from climate change’ claim,” *Grist*, 26 December 2012, http://grist.org/climate-energy/explaining-the-100-million-to-die-from-climate-change-claim/（二〇一六年一月二十一日瀏覽）。

13 Ian Johnstone, “600 million children ‘face death, diseases and malnutrition by 2040 as water resources evaporate,’” *Independent*, 21 March 2017, https://www.independent.co.uk/environment/world-water-day-2017-unicef-warning-children-face-death-as-supplies-evaporate-a7642421.html（二〇一七年七月二十七日瀏覽）。

14 “Fast food timebomb: Obesity fears grow as burger, fried chicken and pizza joints flood Britain’s high streets,” *Daily*

Mirror, 25 July 2017, https://www.mirror.co.uk/news/uk-news/fast-food-timebomb-obesity-fears-10869029（二〇一七年七月二十七日瀏覽）。

15 http://www.dailyprogress.com/newsvirginian/opinion/guest_columnists/opinion-in-venezuela-washington-s-ignoring-a-ticking-time-bomb/article_1647a158-71a3-11e7-abbb-275061cbocb3.html（二〇一七年七月二十七日瀏覽）。

16 "The Climate Bomb Lurking Under Arctic Permafrost," *Arctic Deeply*, 25 July 2017, https://www.newsdeeply.com/arctic/articles/2017/07/25/the-climate-bomb-lurking-under-arctic-permafrost（二〇一七年七月二十七日瀏覽）。

17 "Advice," in *Business Matters*, 25 July 2017, http://bmmagazine.co.uk/in-business/business-can-defuse-workforce-timebomb/（二〇一七年七月二十七日瀏覽）。

18 http://www.express.co.uk/finance/personalfinance/832825/Bank-of-England-Alex-Brazier-recession-debt-credit-news（二〇一七年七月二十七日瀏覽）。

19 https://www.metro.news/men-in-west-face-fertility-time-bomb/686986/（二〇一七年七月二十七日瀏覽）。

20 http://www.bristolpost.co.uk/news/bristol-news/cocaine-laced-de-worming-chemical-236930（二〇一七年七月二十七日瀏覽）。

21 "Police: 'Iheanacho was to some degree a ticking timebomb,'" *Daily Mail*, 27 July 2017.

22 參看Bruckner (2013)。

23 Terry Eartwind Nichols, "Are You a Social Time Bomb?," 17 August 2017, The Good Men Project, https://goodmenproject.com/featured-content/what-is-a-social-time-bomb-and-do-you-hear-something-ticking-tncl/（二〇一七年八月十八日瀏覽）。

24 參看"time bomb, n.," *OED Online*, Oxford University Press, June 2017, http://www.oed.com.chain.kent.ac.uk/view/Entry/292031?redirectedFrom=time+bomb&（二〇一七年七月二十七日瀏覽）。

25 http://www.yourdictionary.com/time-bomb（二〇一七年七月二十七日瀏覽）。

26 參看“An Asteroid With Explosive Power Of 3 Billion Atomic Bombs Barely Misses Earth!,” *India Times* , 18 September 2016, http://www.indiatimes.com/lifestyle/self/as-an-asteroid-with-explosive-power-of-3-billion-atomic-bombs-barely-misses-the-earth-261917.html 。（二〇一七年六月八日瀏覽）。

27 David Scrieberg, “Asteroids Are Coming: Do You Know Where Your Children Are?,” *Forbes*, 28 June 2017, https://www.forbes.com/sites/davidschrieberg1/2017/06/28/asteroids-are-coming-do-you-know-where-your-children-are/#76fb619b1c3f（二〇一七年七月四日瀏覽）。

28 參看http://www.southbossierbaptist.org/blog/timebomb（二〇一七年八月一日瀏覽）。

29 https://www.mydentist.co.uk/about-us/news/2017/05/24/kids-teeth-time-bomb-as-third-of-parents-wrongly-think-trips-to-dentist-hit-them-in-pocket（二〇一七年八月五日瀏覽）。

30 參看Burke (2015) 一書的廣告簡介。

31 參看Macvarish (2016)。

32 David Cameron, “Life Chances Speech,” 11 January 2016, http://www.gov.uk/government/speeches/prime-ministers-speech-on-life-chances（二〇一七年六月五日瀏覽）。

33 Svendsen (2008), p.71.

34 參看“future-proof, adj.,” *OED Online*, Oxford University Press, June 2017（二〇一七年八月八日瀏覽）。

35 Bush & Codrington (2008).

36 華克的言論引自”Can you ‘future proof’ your child,” *Mail Online*, 19 June 2015，更多內容參看：http://www.dailymail.co.uk/femail/article-3129326/Can-future-proof-child-parenting-expert-shares-tips-helping-child-develop-emotional-maturity-says-starting-teens-late.html#ixzz4polyNkfd（二〇一七年五月三日瀏覽）。

37 例如，參看“15 ways to future-proof your relationship,” *Irish Independent*, 2 February 2017, http://www.independent.ie/style/sex-relationships/15-ways-to-futureproof-your-relationship-35421372.html（二〇一七年六月五日瀏覽）。

38 “apocalypse, n.,” *OED Online*, Oxford University Press, June 2017, Web. 9 August 2017.

39 Wilkinson (1841), p.438.

40 參看Aristotle, *Rhetorics*, Book II, Chapter 5, http://rhetorics.eserver.org/aristotle.index.html（二〇一六年三月四日瀏覽）。譯者按：本段參看亞里斯多德著，羅念生譯，《修辭學》，頁八一至八五。

41 例如，參看“Baby Boomers who may outlive their kids,” http://www.wedmd.com/children/news/20100409/baby-boomers-may-outlive-their-kids（二〇一七年一月九日瀏覽）。

42 http://www.penguinrandomhouse.co.za/book/future-proof-your-child-parenting-wired-generation/9780143025801（二〇一七年四月十二日瀏覽）。

43 參看Chrystia Freeland, “Al Gore and the age of hyper-change,” *Washington Post*, 27 February 2013。

44 Mason (1835), p.116.

45 Edmund Burke (1729-1797), *On the Sublime and Beautiful*. The Harvard Classics, 1909-1914, http://www.bartleby.com/24/2/219.html（二〇一七年二月七日瀏覽）。譯者按：本段參看柏克（Edmund Burke）著，林盛彬譯，《崇高與美之源起》（臺北：典藏藝術家庭，二〇一一年），第二部，第十九節〈間歇中斷〉，頁一一五。

46 Laidi (1998), p.1.

47 Wrenn (2013), p.394.

48 Toffler (1970).

49 UNESCO (1972), pp.90-91.

50 參看他的評論：http://blog.basisindependent.com/mclean/pisa-asia-society-panel-o-o-o（二〇一七年六月二十四日瀏

覽）。

51 Barber (1997), p.160.

52 Bill Law, "A new focus for the curriculum," http://www.nesta.org.uk/a-new-focus-for-the-curriculum（譯者按：聯結已失效）。

53 Peter Marsh, "The world struggles to keep up with the pace of change in science and technology," *Financial Times*, 17 June 2014.

54 前引書。

55 參看Furedi (1997), pp.55-60。

56 轉引自Bruckner (2013), p.118。

57 In Beck, Giddens & Lash (1994), p.185.

58 Giddens (1992), p.85 & Beck (1992), p.183.

59 Harari (2016), p.58. 譯者按：本段參看尤瓦爾・諾亞・哈拉瑞（Yuval Noah Harari）著，林俊宏譯，《人類大命運：從智人到神人》（臺北：遠見天下，二〇一七年），頁六七。

60 US Department of Defense, Department of Defense News Briefing, "Secretary Rumsfield and Gen. Myers," http://www.defenselink.mil/transcripts/2002/t02122002_t212sdv2.html（二〇〇七年六月七日瀏覽）。

61 Meyer, Folker, Jorgensen, Kyare von Krauss, Sandoe & Tveit (2005), p.237.

62 Bauman (2006), p.11.

63 前引書，頁五四。

64 Anonymous Author, *The Public: A Journal of Democracy*, vol. 20，可在線上閱覽：http://books.google.it/books?id=PDHmAAAAMAAJ 。

65 反變遷的基進主義，參看Furedi (2005), Chapter 1的討論。

66 參看Ben Webster, "Prince 'wrong' on climate link to Syrian war," *The Times*, 8 September 2007。

67 參看Rees (2003)。

68 前引書，頁七四。

69 轉引自Nerlich & Halliday (2007), p.57。一個博弈網站指出，這件事的賭注或許只值四百美元；參看http://longbets.org/9/。

70 格爾多夫的發言轉引自http://www.bbc.co.uk/news/blog-magazine-monitor-24432491（二〇一七年三月一日瀏覽）。

71 參看Reddy (2001), p.105。

72 Marcus (2002), pp.103-4.

73 Walton (1996), p.304.

74 Bourke (2005), pp.389-90.

75 轉引自Dick Taverne, "Careless science costs lives," *Guardian*, 18 February 2005。

76 "It's a hell of a town," *Guardian*, 19 May 2005.

77 參看Lawson, Yeo, Yu & Greene (2016), p.65。

78 參看http://journals.sagepub.com/doi/abs/10.1177/109019810002700506?journalCode=hebc（二〇一七年十月四日瀏覽）。

79 參看*The Weekly Underwriter*, 1949, no. 161, p.982。

80 參看http://www.telegraph.co.uk/news/health/news/8639569/Latest-generation-of-children-will-live-20-years-longer-than-their-grandparents.html（二〇一六年七月九日瀏覽）。

81 轉引自Rob Lyons, "Stop Smoking or your Children Will Die," Spiked Online, 10 August 2010, http://www.spikedonline.

com/newsite/article/9403#.WZb_gHd96i5（二〇一七年三月四日瀏覽）。

82 Adam Withnall, "Unhealthy lifestyles will see British children die before their parents," *Independent*, 12 August 2013.

83 出自前引書。

84 Faye (2012), p.198.

85 參看 http://money.cnn.com/2016/01/28/news/economy/donald-trump-bernie-sanders-us-economy/index.html（二〇一七年七月五日瀏覽）。

86 "Most Millennials Think They'll Be Worse Off Than Their Parents," *Fortune*: 1 March 2016, http://fortune.com/2016/03/01/millennials-worse-parents-retirement/（二〇一六年四月一日瀏覽）。

87 Pope (1804), "Epistle IV: 'Of the Nature and State of Man with respect to Happiness,'" p.62.

第三章
道德混亂：恐懼文化的首要驅動力

恐懼文化最不被理解的特徵之一，就是道德不確定性對社會回應威脅的顯著影響。儘管「道德恐慌」（moral panic）一詞經常用來描述社群對威脅「過度反應」的方式，這些反應具有道德意味之處卻幾乎不曾有人試圖解釋。「道德」一詞往往被誤用於突顯這種反應的非理性或迷信特徵。這個詞經常用來表示某種特定反應不該被認真看待。[1]道德與偏見、非理性或虛假意識之間的聯結，令人無法認真看待恐懼的道德面向。

經驗指出，為恐慌賦予道德性質的，是它從道德秩序遭受威脅的認知中誕生。道德秩序指的是道德生活的深層結構，人類及其社群由此理解自身處境。它表示「權威、目的論、人類學，及敘事性潛在且通常不明言的架構，往往用以界定文化中有意義的秩序及持續性。」[2]令恐慌具有道德意味的因素，在於它擾亂了個人及社群藉以理解自身經驗的網絡，並使之解體。

起先，道德恐慌一詞在日常語言中，往往與涉及對價值不確定的焦慮聯結起來，確切來說是指宗教價值。經由Google Ngram檢索得知的英語出版品第一次使用這個詞，是在一八三〇年的《基督教旁觀者季刊》（*The Quarterly Christian Spectator*）。[3]它用於突顯個人的宗教困惑與迷向。道德恐慌傳達的意義可以類比於道德麻痺（moral paralysis）。一年後，《聖經寶庫與神學評論》（*The Biblical Repertory and Theological Review*）也以類似方式使用這個詞，指的是關於一種令「靈魂」癱瘓，「以道德恐慌將其刪去」的宗教經驗。[4]在這些及其他出版品裡，這個詞用來突顯個人與神和宗教關係的道德不確定性，以及隨之而來的動盪，後者催化了類似恐慌的反應。

一九〇六年，英國國教會主教曼德爾・克萊頓（Mandell Creighton）將一位《聖經》人物的絕望與懷疑描述為道德恐慌。他陳述：「而後他明白，當時通行的懷疑論其實是道德恐慌，也必須被如此理解。」他在別處則寫道：「事實上，曾有一次道德及宗教恐慌，藉由絕望的建議匯聚而成的力量，席捲了許多立意良善的人們。」克萊頓稍微詳細討論這種恐慌的運作，及其對個人意義體系的破壞性影響，他宣稱這是「生活周遭外在環境突發驚慌的結果」。他斷言這樣的反應對那些「沒有更明智的念頭可供依靠」的人們，在內心裡尤其有害。反之，「擁有道德或智識動機可供依靠的人們」得以重建心理平衡，並了解「危險再也不像乍看之下那樣迫切」。[5]在克萊頓看來，能將被類似恐慌的衝動所壓倒的有害後果減到最輕的能力，是擁有智慧及品性。

克萊頓確信「道德恐慌並不罕見」，因為「宗教難題始終不停重壓於人心之上」。[6]對克萊頓而言，具有道德意味的恐慌，與近代糾纏基督宗教的信心危機所引起的焦慮和恐懼難分難解。其他人對這個詞的用法，則聚焦於強烈的道德情感所推動的反應與動作。一名證人在一八九五年呈交於加拿大皇家酒類銷售調查委員會（Royal Commission on the Liquor Traffic）的證詞注意到，「禁酒令藉由一種道德恐懼浪潮獲得實施」。委員會的一名成員則針對這項證詞回應：「那麼，你是否理解禁酒令確實象徵某種道德情感？」證人的回答則是毫不含糊的「毫無疑問」。[7] 正是在這段關於禁酒運動的道德情感與道德恐慌兩者關係的對話中，我們看到了克服二十世紀被稱作道德恐慌之現象的第一次努力。

刻劃道德混亂與一波「道德恐慌浪潮」之間關係的嘗試很重要，因為它讓這種經驗被理解為價值及意義受到威脅的一種表現，而非直接回應一項確切受到認知的問題。針對回應威脅之社會焦慮的歷史研究顯示，它的強度與現行意義體系——「被認為理所當然的規則、原理及假定體系」之權威成反比。[8]

自古至今，「未知」在不同社會的恐懼文化裡都是一個舉足輕重的主題。通常與未知聯結的字詞：奇怪、不熟悉、祕密、神祕、暗藏、隱匿、黑暗或不可見，總是能挑起憂慮。上一章提到當前的不確定性與未知是如何成為獨立存在。這種版本的未知並不輕易在科學探問之下吐露它的祕密；它不待標示或發現，反倒像是自身即具有力量。

即使我們生活在科學世界，對這個題目的評論仍以一種蘊含近似神祕性質的語言描述未知。就連世俗論者和科學家，也在應對未來威脅之際表達迷惑不解的感受。聽到烏爾利希・貝克對人類面臨災禍威脅的想法，人們幾乎可以得出結論，這些危險潛伏於一個被遮蔽的平行宇宙之中：

可見的世界必須要多一重考量，也正是要針對這種被世間隱藏，僅存在於思考中的第二真實（second reality）來加以質詢、權衡、評價……在這看似無害的堂皇外觀背後，隱藏的是一些危險、敵對的合成物質……那些簡簡單單就把東西拿起來用的人，就只因為它們所顯露的外觀而呼吸、而食用，卻不去質詢這些背後所隱藏的有毒事實，這些人不僅幼稚，他們還錯估威脅他們的危險，並且還將自己暴露在這些危險當中……一群有害與有毒物質四處猙邪冷笑，像中古世紀的魔鬼一般胡作非為。9

高科技工業製造出的毒素不只呈現出風險而已，一如中世紀的魔鬼，它們也是惡的體現，而人們無所逃於惡。貝克指向這些歡笑的魔鬼，哀嘆道：「人們幾乎不可避免的……和它們綑綁在一起。」

自古至今，惡的語言經常與超出人類理解能力的威脅聯繫在一起。理解不只是科學與知識的成就，也是為社會面臨的問題及威脅，提供意義的能力所帶來的結果。上一章提到，現行文化腳本發現自己如此難以給予未知意義的其中一個理由，是由於圍繞著知識權威的懷疑論及缺乏信心。知識不只受到爭議，也說明及解決人類問題的力量，比起整個二十世紀的大多數時候，都更不具說服力。

類似的問題也困擾道德權威的地位。一如知識的狀態，道德權威也受到爭議。人們廣泛承認，對於理當支配人們因應社會面臨問題之行為及心態的準則與價值，顯而易見的缺乏共識。這個議題缺乏一致意見，對於社群理解自身所面臨威脅的方式，以及如何回應威脅都造成重大後果。恐懼文化最重要的驅動力之一，就是對於如何理解並回應威脅，缺乏一致意見及清晰度。關於要擔憂哪一種威脅的困惑也放大了問題，並為恐懼賦予一種任意專斷且愈益分化的動力。

生活在不確定的世界很難。對未知的恐懼，傳統上受到一套給予人們指導及慰藉的意義體系抑制。社群經由它們的意義體系，發展出應對未知的習俗、實踐及心態。而在當今時代，有時卻看似缺少一套強有力的意義體系，提供引導恐懼的觀點，恐懼本身因而成為獨立運作的視角。

正如下文討論十五世紀獵殺女巫時提到的，社群在道德混亂的時刻發現自己難以應對不確定性。在社會動盪與破壞之時，人們有時發現自己的假定與常規無法為他們指點方向，或解釋他們面臨的困境。在這樣的局面裡，恐懼就能掙脫機制掌控與引導，獲得不可預測且不受抑制的動力。這種型態的恐懼既非根源於民俗文化，也不被普遍接受的意義敘事引導。當恐懼呈現為道德上不受抑制的型態，應對威脅的社群往往就托庇於對自身困境過度簡化的黑白二分解答。對於不確定性的不安，可能助長「不計一切代價追求確定」的心態，對質疑教條的人們不寬容，則往往是這一目的造成的其中一個可悲後果。近年來對異端恐懼，以及對懷疑論者敵視的再現，正是我們的恐懼文化難以發揮創意因應不確定性的癥狀。10

道德議題上的缺乏共識，對社群理解它們所面臨威脅的方式，及其如何回應威脅都有重大後果。這是恐懼文化最重要的驅動力之一。對於憂慮何種威脅的困惑也放大了問題，導致互相競爭的利益團體及恐懼事業家之間的大亂鬥，他們對社會應當最專注處理哪一項威脅各有不同想法。和「恐懼團結人們」這個由來已久的說法恰好相反，它在當今的氛圍中製造出愈來愈大的分裂。

本章探討今日社會試圖為自身面臨的威脅，以及未知的意義提供解釋的方式。它主張，由於現行文化腳本無法開展出一個充分的意義體系處理未知的威脅，恐懼被剝奪許多能以有效及理性方式抑制或引導的文化資源。脫離意義體系的恐懼本身，成了詮釋人類經驗的視角。

恐懼與道德

儘管恐懼反應基本上是心理反應，但它經由道德準則同時受到調節與控管。在歷史上，恐懼是道德權威發展過程中的基本要素。宗教始終與關於應當或不應恐懼之事物的指導原則緊密結合。關於健康、環境、食物，或恐怖主義的世俗恐懼訴求延續了這個傳統，也經常透過道德語調傳達。然而，缺少了將共享意義賦予未知及其所構成威脅的一套主導敘事，人類對威脅的回應也就養成愈益令人費解且任意專斷的性質。

以歷史標準衡量，西方社會的道德權威擁有相對薄弱且持續受到爭議的地位。毫不意外，在道德議題上缺乏堅實共識，讓人們喪失應對威脅所需的指導原則。因此在當今時代，恐懼顯現為如此反覆無常，且漫無定向的行動。看似一種威脅引起另一種，唯有又一種新發現的恐懼目標才能與之矛盾。堅稱肥胖之禍是比恐怖主義更嚴重威脅的不祥言論，與纖瘦模特兒的刻版印象對少女身體意象構成威脅的恐嚇相持不下。青少年被提供懼怕肥胖，或是焦慮於挨餓，好讓自己看來苗條兩種選擇。對健康、飲食、教養、酒類消費，及風險承擔互相矛盾的建議，使得恐懼反應變得反覆而不穩定。在許多情況下，恐懼與原先的憂慮脫鉤，毫不費力地聯結上一個大不相同的問題。

恐懼敘事看似突然冒出，並能附著於童年或成長，被看作自然或常規特徵的人類經驗之上。過去被說成兒童玩的「醫生護士遊戲」，如今往往被稱為「同儕性侵害」。一種迄今為止被認為無害的活動，已經取得不祥而黑暗的意涵。在英國，最小只有四歲的兒童也因為所謂的不當性行為而被幼兒園和小學開除。直到最近為止，對學校考試的恐懼仍被認為是教育的正常特徵；但在最近數十年，對測驗的這種反應卻被重新命名為心理症候群，針對兒童心理健康及福祉的恐懼，則成了教育中不斷討論的主題。

這種反覆無常的恐懼反應，通常經由一種將相對常規課題，提升為邪惡問題的道德化修辭表達出來。有一種試圖提高道德風險，將技術性問題看待為惡意力量之過的無意識衝動在作用。在英國，最近幾任政府都因為在學校施行的考試體系，而被指控創造出心理衛生危機。[11]

隨著每一份關於考試壓力威脅的報告，問題的嚴重性似乎也跟著加強。總部位於英國的慈善組織兒童熱線（Childline）報告，從二〇一二到一四年，關於考試壓力的諮商次數增加兩倍。而在二〇一五至一六年度的回顧中，則宣稱發現考試憂慮增加百分之十一，回報校內問題的兒童及青少年增加百分之十二。[12]

兒童的測驗經常被斥責為一種輕微版本的反人類罪行。英國八卦小報《太陽報》（*Sun*）刻劃了公開談論測驗威脅時的那種近似恐慌心境：「我們教室裡的危機。當一位媽媽敘述考試壓力如何讓她的十四歲孩子恐慌發作，本報揭露我們對抗英國學校心理衛生流行病的改變人生大作戰。」[13]這篇文章宣稱「我們」正在危機關頭，而且看似在傳達一個信念：對學術成就的期望要對它所謂的「心理衛生流行病」負責。

對於讓學生承受學校及雄心勃勃的家長所施加「不可能的壓力」之恐懼，一貫以說教語調表述。這種趨勢的範本之一是圍繞著閱讀教學爭議的裝腔作勢語言。關於運用自然發音教導兒童閱讀優缺點的爭論，往往透過近似中世紀宗教戰爭之當代版本的十字軍精神進行。美國神經科學家史蒂芬．史特勞斯（Steven Strauss）撰文指出「自然發音的毒害及其他副作用」，認為自然發音讓兒童對閱讀失去興趣，讓他們變得「情緒受損」，產生「各式各樣情緒及心理困擾」。

杜倫大學（Durham University）學者安德魯．戴維斯（Andrew Davis）宣稱，對就學時已經能夠閱讀的兒童強加合成拼音「近乎一種虐待形式」，從而呼應同樣的說教取徑。[14]有些自然發音教學的倡導者，也樂於譴責對手的教學法是虐待兒童的工具，以替自己的主張辯護，他們譴責全語言教學法「摧毀純真的」兒童，或堅稱對手正在「殺害閱讀障礙流行病受害兒童的希望、潛能及心理衛生」。[15]

圍繞著教導兒童閱讀方法相互衝突的恐懼修辭，說明了一個遠比教學法問題更加重要的問題。雙方都將彼此的行為詮釋成對兒童福祉的道德風險，揭示出日常生活的爭執是多麼容易經由惡的詞彙傳達出來。我們變幻莫測的恐懼文化其中一個後果，就是它將對考試焦慮這種迄今為止並不複雜的問題，轉化為重大威脅的自發傾向。

有時，針對新近被道德化的威脅之思慮，流露出模糊認知與幻想界限的傾向。就以近年對所謂現代奴役威脅的發現為例。過去十年，關於這項新近發現之全球性危險的恐懼訴求，在大西洋兩岸都普遍獲得重視。倡議者堅稱這項全世界威脅與反人類罪行都在增長，堪比昔日奴隸制的道德之惡。政治人物甚至政府也趕上潮流，正忙著推動冠冕堂皇的決議及新法律，對抗這項最近被建構的罪行。

根據倡議者發行的報告，現代奴役的全球規模簡直令人難以置信。美國前總統吉米・卡特（Jimmy Carter）伴隨著新書《行動呼籲：女性、宗教、暴力與權力》（*A Call to Action: Women, Religion, Violence and Power*）的宣傳，提出戲劇性的說法：奴役不只「在美國是嚴重問題」，它「如今也比十八與十九世紀更多產」。[16]從卡特的世界觀看來，需對一千兩百萬至一千五百萬非洲人遭受殘暴奴役負責的跨大西洋奴隸貿易，只不過是二十一世紀「現代」變種產量較少的版本。卡特幻想的奴隸制歷史並未被評論者認真質問，這一點正見證了輕易將正當性授權於新發明威脅的時代精神之至高地位。

圍繞眾多新近察知的危險之恐懼敘事，倚靠不可見的語言突顯威脅的嚴重性。弔詭的是，在科學證據成為論證正當之唯一成因的時代裡，它的欠缺同樣也為強調威脅嚴重性提供正當理由。卡特及其他倡議者堅稱，不可能得知現代奴役所代表的危險之完整規模。如同上文討論的隱藏毒素「變把戲」，現代奴役也是肉眼不可見。通常，它不為人知的受害者據說都是不可見，因此，實際上被查出的案件數量只是「冰山一角」。

二〇一三年，在英國國會討論新近擬訂的《現代奴役法案》（*Modern Slavery Bill*）過程中，時任內政大臣泰瑞莎・梅伊（Theresa May）承認，她並不知道自己所宣稱的奴役犯罪正在增長一事是否真有證據支持。國會議員們卻不願批評她。許多國會議員更加入這場危言聳聽的猜測十字軍，拋出一萬人左右的受害者數目作為大致估計。在這場鬧劇中，肉眼所未見的事物比起肉眼可察知的事物更有份量。按照恰如其分地命名為「看不見」（Unseen）的倡議運動所言，現代奴隸不被看見的事實，只是進一步證實倡議者的確信：這項威脅之盛行遠比先前所擔憂的更嚴重。[17]一如在古代及中世紀，看不見的事物成了新品種惡意威脅茁壯成長的重要場所。

按照前白宮聯絡辦公室主任傑夫・奈斯比（Jeff Nesbit）的說法：「沒有人知道數字。這正是可怕之處。」[18]事實上，正是倡議者對事實的無知使得它「如此可怕」。無知使得反現代奴役運動，從擔負舉證責任之中解放出來。一場致力於更崇高真實的運動，無需任由可見或具體事實的缺乏加以阻礙。奈斯比提到：「它可能比人類歷史上任一時代更多，也或許更少（儘管這不太可能）。真相是有千百萬人受困其中，而且幾乎求助無門。」[19]幾乎在不知不覺間，「它可能更多」這句躊躇的話，就轉變成「千百萬人受困其中」這個無可辯駁的事實。這樣的論斷是基於一種確信：重要的是不可見或不可知的事物，而非可見的事實。正如奈斯比的解釋：「我們不知道全球各地的受害者人數；刑事執法幾乎不存在；不可見的人口或許龐大到我們『確實』知道的只不過是冰山一角。」這是另一種複誦「相信吧！」這句古老宗教勸誡的方式。

現代奴役可用作一種多功能的混成範疇，每一種殘忍令人不適的剝削形式，及勞力相關的壓迫行為皆可填入其中。比方說，發達社會的廉價勞工如今經常被歸類為奴役，涉及青年時尤其如此。毫無疑問，許多人是受騙在難以言喻且侮辱人格的條件下工作。他們時常感覺自己受困於卑鄙凶暴的雇主。這樣的剝削行徑應當為了欺騙窮苦無力的人們而受到譴責，但嚴苛甚至殘忍的勞動條件卻不等同於奴役。在某些事例中，工作於困難條件下的人們還會抗議自己被說成奴隸。康瓦爾郡（Cornwall）有一百多位工人在警察「從涉嫌奴役形式解救」他們之後，前往警察局抗議。[20]

奴役一詞作為修辭手法，用以支持「必須想個辦法」以改善某一局面的主張。一位律師按照這個思路論證，指控英國移民收容中心支付被收容者每小時一英鎊而非最低工資，犯下了奴役罪。托菲克．侯賽因（Toufique Hossain）陳述：「這不是奴役的話，我不知道什麼才是。」[21]應該有人讓他認識一下十七、十八與十九世紀奴隸制的樣貌。

反對現代奴役運動可說是挪用惡的象徵，以激發大眾恐懼的嘗試。由於「奴役」一詞與人類惡的聯繫引發強烈情緒，它被劫持著為一個幾乎與之無關的訴求引起關注。少了一套表述正確及錯誤概念的道德語法，倫理指導往往只具有強制及造作的性質。近年來，愈來愈多人際問題及課題運用高度煽情與奴役類比而受到討論。

前美國副總統候選人莎拉．裴林（Sarah Palin）認為，美國向中國借貸形同奴役，因為「我們要對外國主子承擔義務」。阿肯色州前州長麥克．哈克比（Mike Huckabee）也用了同樣的修辭，試圖藉由宣稱墮胎等於奴役，激勵德州反墮胎法案的支持者。蘇格蘭前任地位最高的天主教徒凱斯．歐布萊恩（Keith O'Brien）樞機主教，則譴責同性婚姻是近似於奴役和墮胎的一項「異常行為」。[22]先前有許多美國共和黨人宣稱，他們對抗歐巴馬健保（Obamacare）的鬥爭，是十九世紀反奴隸制鬥爭的二十一世紀版本。同樣的說法有時也被反對氣候變遷的倡議者提出：他們堅稱任何反對的人，都如同「反對廢除奴隸制的十九世紀奴隸主」。[23]奴役一詞的不當使用尤其盛行於對移工困境的討論，特別是被幫派帶來西方國家的女性。

投機地重新發現作為當代問題的奴役，與發展一種善惡語言，藉此為威脅賦予意義的探索密不可分。一如猶太人大屠殺，奴役也從它的悲劇歷史脈絡中被抽離出來，轉化為通用的邪惡隱喻。極少數清楚明確的惡之範例——戀童癖、猶太人大屠殺、汙染——不斷被利用於強化這樣的訊息：問題的關鍵不只是人身威脅，也是道德威脅。一如往昔，確保道德秩序的計畫也必須利用看不見及不可見的未知領域，喚起惡魔的力量。先前由撒旦及其幫手居住的這片未知之境，仍持續為恐懼的茁壯成長提供沃土。

對恐懼文化的評論，往往忽視及低估恐懼經驗最重要的元素之一：它的道德面向。但如同歷史經驗所揭示，對認知到的威脅做出的回應，受到關於價值的信念，以及對道德與不道德界線的不確定所承保。維護邊界治安的任務始終有賴於運用恐懼，但不同於社群對於何者構成道德過失仍保有共享意義的往昔，在二十一世紀，恐懼本身就被指派建構當代版本道德風險的任務。

恐懼與道德規制

恐懼同時受到道德準則調節與控管。在歷史上，恐懼是道德權威發展過程中的基本要素。宗教始終與關於應當或不應當恐懼之事務的指導原則緊密結合。而今天，關於健康、環境、食物或「現代奴役」的世俗恐懼訴求仍延續這個傳統，同樣透過道德語調傳達。

今天的文化衝突——由文化戰爭這個慣用語最貼切地表達出來——只是歷史上週期性發生的對道德權威衝突之最新事例。在許多歷史時刻，通行的道德準則耗竭，恐懼喪失了引導人們行為的力量。哲學家托瑪斯．霍布斯（Thomas Hobbes）將十七世紀的英國內戰詮釋為維繫社會秩序的恐懼文化衰弱的結果，他指責宗教牧師及知識分子推廣意義及道德衝突，從而削弱人們對失序的恐懼。

修昔底德在談論伯羅奔尼撒戰爭第二年蹂躪雅典的瘟疫時，對於恐懼與道德語法脫鉤時發生的事提供一份最早的敘述。修昔底德提到，隨著恐懼擴散，「焦慮的公民無視市民權威」，違犯先前被如實遵守的「法律及慣習（custom）」。[24] 真正令修昔底德憂慮的不是人們變得太過恐懼，而是他們不再懼怕舊有傳統的權威。當眾多公民放棄自身的傳統職責，雅典社會就解體了。修昔底德寫道，許多雅典人再也不敬畏神明，因為他們覺得既已難逃一死，也就沒什麼好損失的。他觀察到：「對神的畏懼和人為的法律，都沒有拘束的力量了。」[25]

在後來的年代，雅典敬神習俗衰落的這段描述，成了這種情緒不再受到道德準則及傳統指引時，會有什麼後果的警世故事。在修昔底德看來，問題不在於恐懼本身，而在於不受對習俗、法律及傳統的尊重所控制的恐懼。在雅典瘟疫期間，人們不再畏懼神明，他們的行為促成道德準則的權威衰落。

而在現代，恐懼與道德準則的關係則被合理化。只要恐懼是基於理性原因，對威脅的評估建立在科學證據之上，它就是可接受的。過去由來已久的迷信恐懼，被認為在理性與科學的現代世界裡毫無地位，因此關於哪種威脅值得恐懼的爭議，以一種獨尊理性、科學及實證的語言表達出來。正因如此，諸如反對「現代奴役」倡議者之類的人們，才會這麼致力於為自己的信念發掘證據。聯合國的一份報告如此承認證據問題：

目前對於全世界人口販運的受害人數並沒有可靠的估計。由於方法論上的困難，以及估算人口販運受害者等隱匿人口規模時所涉及的挑戰，這項工作至今為止仍未能適當地完成。[26]

當然，證據缺乏並未讓倡議者們在堅持信念時有所顧忌。在許多情況下，證據缺乏更被重新詮釋成威脅實際上遠比先前所相信的更嚴重的證明。這種論點屢次由支持入侵伊拉克的人重申，他們認為聯合國調查團找不到薩達姆．海珊（Saddam Hussein）的大規模毀滅性武器這點，正意味著他是遠超出他們先前所想像的威脅。查不出大規模毀滅性武器，並未阻止美國前國防部長倫斯斐力主入侵。他的回應是宣稱，「證據缺乏並非缺乏的證明」。

對證據的地位漫不在乎的態度，顯示出關於威脅的論證往往基於先入為主的確信，而非科學發現。因此才這麼難以在恐懼的語言中區別科學與道德。儘管如此，在現代社會，人們還是因為非理性偏見引導他們懼怕經常被稱作「錯誤事物」的對象而受到斥責。

在歷史上，理性與非理性恐懼的關係始終是永無休止的爭議焦點。它是社會改革家與歷史學家查爾斯．金斯萊牧師（Reverend Charles Kingsley）一八六六年四月二十四日在倫敦皇家學會發表的一場引人入勝演講的主題，演講題目是〈迷信〉。金斯萊將迷信定義為對未知的恐懼，它不受理性引導。他解釋，「只要恐懼受到理性控制」，就沒有問題，並將這種他稱作「有益」的恐懼與他所謂的「盲目恐懼」對比。金斯萊斷言，盲目恐懼、懼怕未知「僅僅因其未知」，[27]並嚴厲批評其破壞性後果，宣告盲目恐懼讓人們「害怕錯誤的對象」。「當人們毫無道理地恐懼，行為也就全無道理，」他陳述，並做出結論：「放任不受引導」的盲目恐懼將使「人們犯下可怕的愚行」。

身為查爾斯・達爾文（Charles Darwin）的友人及固定通信者，金斯萊毫不妥協地譴責迷信。他「希望科學與迷信直到世界末日仍是不可調和且互相殘殺的敵人」。但儘管他堅定地譴責迷信，他卻直覺感到非理性恐懼並不總是能和理性恐懼區分開來。在回顧人類對未知的非理性回應時，金斯萊指出社會有將連貫性及解釋力注入自身迷信的傾向。他確信人們將自己的迷信合理化，「樹立它成為科學」。經由這種方式，人類創造「一整套神話，出自人們對未知的盲目恐懼」。金斯萊表示，惡名昭彰的著作《女巫之槌》（*Malleus Maleficarum*），以及十五至十七世紀之間成書的其他獵巫文獻，是人類試圖將迷信轉化為科學的結果。

金斯萊確信，當迷信透過科學表述出來，恐懼就取得連貫性與力量，因而有可能產生有害的後果。他將近代前期歐洲針對女巫發起的恐懼行動之極度殘酷，理解為這種趨勢的例證。乍看之下，金斯萊何以選擇《女巫之槌》作為將迷信轉化為科學計畫的例證並不清楚。《女巫之槌》一四八六年在日耳曼出版，是以宣揚對巫術恐懼為主旨的印刷出版品最早的實例之一。從今天的觀點重讀這部文本，作者的首要關切顯然不見得在於女巫的威脅，反倒是對大眾不夠恐懼女巫的憂慮。《女巫之槌》將精力瞄準恐懼的缺乏，看來就像是二十與二十一世紀恐懼訴求所採用的方式。

《女巫之槌》的意圖是透過精心組織呈現的證據，直接挑戰那些懷疑女巫存在的人。這本由海因里希・克萊默（Heinrich Kramer）及雅各・斯普倫格（Jacob Sprenger）撰寫的書，試圖為獵巫者提供包羅萬象的指南。重要的是，它提供一個相對複雜，在神學上也頗有見地的架構，使大眾對女巫的傳統偏見得以經由這個架構，通過一條智識上頭頭是道的教義而被重新表述。不僅如此，女巫被描寫的方式也為這些魔鬼增添極其邪惡的面向。女巫再也不被描繪成施行妖術和魔法的個人，她們是積極協助撒旦做工的異端。

如同多數惡魔學文本那樣，《女巫之槌》也對任何質疑黑暗魔鬼力量存在的人，傳達一種狂熱的不寬容意識。這部指南出版時，在書名頁上宣告一句引文：「不信巫術乃是最大異端」。這個論點也受到十六世紀鼎鼎大名的法國政治理論家及法學家讓・博丹（Jean Bodin）呼應，他在一五八〇年出版的文本《論女巫的魔鬼傾向錯亂》（*On the Demonic Madness of Witches*），對女巫恐慌的推廣發揮關鍵作用。博丹斷言，否認女巫存在的人自己就是女巫。對女巫的否認和懷疑，被描述成接受無神論、不再敬畏天主。

儘管金斯萊並未開展他將迷信轉化為科學企圖的觀察，針對女巫之恐懼運動的個案研究，仍說明非理性有時能夠輕易戴上理性的面具。在這種情況下，迷信與科學的區別很不明確。利用科學地位將惡魔學正當化的企圖，提供一個非道德資源如何協助道德規制計畫的早期實例。

在近代前期，科學與相信巫術威脅並非兩極對立。博丹是十六世紀最重要的歐洲知識分子之一，當時被看作法國最頂尖的法律人文主義者。他至今仍在政治經濟理論領域中被認為是「現代取徑的開山祖師之一」。[28]博丹在打擊女巫的血腥運動中扮演如此凶惡的角色，乍看之下似乎令人困惑。但正如一項研究解釋：「惡魔學小冊子的作者，並不僅僅是古老傳統的狂熱傳播者，或憤世嫉俗的自由思想及大眾農民文化打壓者」，他們「以真誠而嚴陣以待的信仰捍衛者之姿，開展出魔鬼的科學」。[29]

「魔鬼的科學」一詞在二十一世紀讀者看來或許很奇怪。相信並懼怕魔鬼被認為與科學心靈相牴觸，但這樣的觀念並不總是被認為互相矛盾。許多近代前期的科學思想擁護者相信女巫存在。約瑟夫・格蘭維爾（Joseph Glanvill）一六六六年的小冊子《為女巫及鬼魂之存有辯護的哲學探索》（*A Philosophical Endeavour towards the Defence of the being of Witches and Apparitions*），在書名頁就宣告該書是由「一位皇家學會會員」撰寫——皇家學會是推廣科學及自然哲學首屈一指的機構。格蘭維爾是「新科學」的一名熱情捍衛者，他自詡為理性主義者，並在著作中熱烈捍衛皇家學會。儘管如此，這位理性原則的支持者，卻覺得自己不得不為中世紀迷信寫下強有力的辯護。[30]

格蘭維爾絕非唯一一個相信有必要為恐懼女巫的需求開展論證，以維護對上帝及宗教道德權威之信念的著名科學倡導者。他的許多同僚：理查・巴克斯特（Richard Baxter）、梅里克・卡索邦（Meric Casaubon）及喬治・辛克萊（George Sinclair），都致力於從事研究計畫，找出證據反駁懷疑巫術信念的人。從他們的角度看來，科學資源必須運用於打擊無神論懷疑者造成的威脅。儘管多數頂尖的科學家並未涉入惡魔學，他們仍同意格蘭維爾的許多見解。弗朗西斯・培根爵士（Sir Francis Bacon）、托瑪斯・布朗爵士（Sir Thomas Browne）、亨利・摩爾

（Henry More）和羅伯特・波以耳（Robert Boyle）看來都接受巫術存在。據一項研究指出，「十七世紀唯一一位具有頭等重要地位，而又確切無疑的斷然反對巫術信念的英國思想家，是托瑪斯・霍布斯」。[31]

運用科學倡導懼怕巫術之必要，顯示出對於道德秩序及道德權威的憂慮，是如何與看待恐懼的文化心態糾纏在一起。惡魔學家不只是擔憂撒旦的力量而已，他們也為了大眾有時似乎對恐懼正確事物興趣缺缺而憂慮。他們對於懷疑論興起的恐懼，可能是與他們對巫術的恐懼同樣強大的驅動力，由此開展出惡魔學。異端獵殺不只是關乎捍衛道德秩序而已，也協助了將相當程度的確定，施加於若非如此即不確定的世界之中。

近代前期惡魔學家的著作，提供了敵對意義敘事在道德不確定時代中，為恐懼火上加油的典型範例。隨著宗教改革興起，十六世紀見證歐洲基督徒合一的解體。對真理相持不下的詮釋引發暴力衝突。暴力得到對道德權威構成方式的鬥爭擔保，確保了無處不在的恐懼及失序感主宰十六世紀的歐洲社會。弔詭的是，科學與理性思考穩定進展的時代，同時也是歐洲被異端及巫術恐慌爆發所困擾的時代。圍繞著巫術的恐懼在一五五〇年前後爆發為大規模歇斯底里，女巫獵殺更一路持續到十七世紀。

恐懼與道德化命令

天主教徒與新教徒爆發宗教戰爭，以及傳統道德權威與科學在十六世紀之中的衝突，是人類追求意義（meaning）所引發的衝突之典型事例。當道德權威受到爭議，對於何者需要恐懼缺乏一致意見，意義問題有時往往就取得一種發熱般的強度。

意義直接觸及生命的目的，提供人類用以應對未知的文化資源。人類一直都是意義的製造者，並將意義歸屬於瘟疫、彗星、雹暴、地震及洪水等等自然現象。二十一世紀社會延續這種做法，不尋常的天氣及自然條件經常被細心檢視，尋找它起因於人類所引發氣候變遷的跡象。

在中世紀，不尋常的氣候事件被看作是邪惡的魔鬼力量所為。巫術被用來解釋幾乎所有不幸及惱人的事件。對於獵巫興起的一種很有說服力的詮釋，強調十六世紀所謂小冰期帶來的氣候變遷之重大意義：自一三八〇年以降，魔法及製造天氣「在宗教裁判所的審判中變得愈來愈顯眼」。[32]按照這種詮釋，獵巫在十六世紀晚期復甦，「伴隨著關於製造天氣的爭論，因為這是指控女巫嫌疑犯最嚴重的罪名」。[33]人們普遍相信，擁有惡魔力量的女巫「能夠干擾元素及氣候，實現特別有害及不合理的反轉」。[34]

自古至今，人們都試圖將不尋常氣候狀況歸咎於魔鬼的力量。他們「總是有能力對於自身直接或間接感受的『奇怪』、未知或預示的氣候經驗，建構出恐懼敘事」，對這個主題的一篇評論如此認為。[35]巫術與製造天氣的這種關聯，將這樣的恐懼轉變成狂亂且暴烈的反應。對巫術的危言聳聽推廣一種想法，即巫術的惡魔之力能夠名副其實地支配自然。批判獵巫的耶穌會士弗里德里希・施佩神父（Father Friedrich Spee）挖苦地說：「天主與自然再也不做任何事了；女巫無所不能。」[36]但這樣的信念可不是笑話。十五世紀在特里爾地區（Treves）一個遲到的冬季，導致一百多人被燒死在火刑柱上。

世俗思想家經常主張，恐懼不應成為道德的基礎。早在十七世紀，約翰．洛克（John Locke）就寫道：「我們不應該出於恐懼而服從國王」，而是應當「為了良知」。[37]過去兩百年來的人文主義及自由派論者，也提出類似的論證。愛因斯坦以理想主義的口吻寫道：

> 倘若人們只因懼怕懲罰、盼望報償而向善，那麼我們的際遇實在很可悲。人類的精神愈是進化，在我看來就愈是確信，真正的宗教性並非經由恐懼生命及恐懼死亡而存在，而是經由奮力追求理性知識。[38]

如同其他眾多科學家和哲學家，愛因斯坦也盼望恐懼能與道德語法脫鉤。他們希望不再依靠恐懼驅使人類行為，而是一套以理性、教育或同情為基礎的倫理，能作為道德基礎。

至少在形式或修辭上，拒絕以恐懼作為道德或政治控管工具，與當代社會的觀點有所共鳴。今天，「獵巫」這個字承載著全然負面意涵。就連許多宗教基本教義人士，也認為恐懼是不合適的道德控管工具。但弔詭的是，即使有著將恐懼描述為「負面情緒」的傾向，它對於公眾討論及辯論卻取得前所未見的影響力。恐懼敘事何以如此盛行，部分原因在於社會缺乏一項共識或一套意義之網，讓人們得以藉此應對不確定性的威脅。恐懼被剝奪了許多抑制它、引導它，以及最重要的，讓它能被理解的共享道德及文化資源。

表面上，二十一世紀恐懼的推廣迴避了道德語調。與金斯萊的指令一致，理性與科學的證據提供懼怕威脅的動機。針對我們這時代一切備受矚目之生存威脅的恐懼，皆聲稱科學的權威，並藉由突顯其（科學）證據力量為它們的警告辯護。對肥胖、流感、嚴重急性呼吸道症候群（SARS）和超級病菌發出的警告，全都憑藉科學權威將此說法正當化。有些社會上最大的焦慮，如全球暖化，則是針對我們尚未看見，但後果只能經由科學家的研究理解的威脅而發。健康警訊及嚇人故事屢屢以「研究顯示……」這句話開頭，「研究顯示」一詞的性質正是在儀式上誦唸的咒語。它在現代等同於《聖經》所給予的授權。

每一天，大眾都會聽到關於研究如何發現這種或那種食物可能致癌，癌症會因為肥胖加重而增長，肥胖會加重是因為人們食用危險的食物，或者食物也因為致癌添加物及其他汙染物質使用更多而變得更危險的故事。通常「新研究」頂多只需要一項敷衍了事的市場調查，提供用來恐慌的副本就行。一家連鎖藥局進行的市場調查顯示，百分之十七的十一至十四歲少年每天上學前吃巧克力，與肥胖的兒童未來會比父母親早死這項警告有關。「我們想必會看到一個預期壽命比雙親更短的世代，這是一項令人驚恐的可能性。」國家肥胖論壇（National Obesity Forum）主席柯林．威爾（Colin Ware）表示。[39]

儘管恐懼訴求仰賴科學權威，它們卻不僅僅是平心靜氣的陳述而已。弔詭的是，道德權威的爭論，以及對需要恐懼之事的道德共識減弱，加強了將恐懼道德化的傾向。道德化的命令在恐懼文化中發揮重大作用。道德化試圖象徵性地理解問題與威脅，將道德特性給予那些若非如此，或許看上去只是相對細微末節之技術毛病的問題。結果，肥胖之類的健康問題天衣無縫地被轉化為道德缺陷。有些公共衛生專家對此毫無顧忌，因為據說「附加於肥胖之上的社會創傷，是極少數能夠減緩這一流行病的力量」。[40]他們的訊息是這樣：改變你的生活方式，騎上腳踏車或走路，吃少一點，戒除肉類，你就能拯救自己和地球。一名議題研究人員宣稱：「有鑑於肥胖對個人及社會帶來的沉重負擔，一切可用的行動資源都需要得到強調。」[41]一如往常，恐懼被激勵人們改變飲食的計畫給利用了。

少了強有力的道德法規足以引導人們的生活，將恐懼訴求道德化的誘惑證明了無法抗拒。我們生活在一個監控他人生活方式，在功能上等同於道德規制的時代。不確定性助長一種氛圍，人們在其中的行為受到健康警訊、危險告示，及風險管理儀式所支配。恐懼訴求更有可能是在痛斥「冒險行為」、「不健康的選擇」或「生態罪行」（green sins），而非譴責道德違犯。

區別理性、科學與非理性道德控管的界線，可以很輕易地遭到破壞。針對陽光所造成威脅而發起的公共衛生倡議，為這種將「錯誤」生活方式選擇道德化的趨勢提供了實例。通常，以往經由自覺的道德語調傳達的價值判斷，如今則以明顯中立的健康語言表述。比方說，吸菸有害健康這個說法，經常用在將吸菸者譴責為壞人的開場。同樣的，對垃圾食物健康風險的闡述，也往往與斥責「壞家長」餵食子女這種邪惡飲食聯繫起來。對於與肥胖相關的健康問題之陳述，有時也不明言地質疑，應對體重問題負責的不健康人們有何道德地位。

道德在形成價值判斷時被健康敘事取代的情況，在性領域裡最引人注目。性健康（sexual

health）這個被廣泛運用的詞，指出數千年來如同健康問題般，始終是道德顧慮與規制一處中心焦點的人類生命領域。這一醫療化概念並非將好壞或對錯的範疇應用於性領域，而是使用健康語言。按照世界衛生組織（World Health Organization）的說法：「性健康是相關於性的身體、心理，及社會幸福狀態。」[42]這一定義指出，性健康的實現「需要一種對性向及性關係正向而尊重的取徑」。儘管世界衛生組織並未明確解釋，對性非正向或不尊重的取徑，但他們對「不健康的性」品頭論足，並不少於老派宗教人物看待「不道德行為」。

健康忠告與道德規制天衣無縫的匹配，經由對於日光浴之健康風險的駭人敘事而清楚展現。曾經一度，把陽光當成瘟疫一樣避開的警告，僅限於吸血鬼的世界——吸血鬼德古拉（Dracula）對白晝與陽光的厭惡，正象徵著他反常性格的惡毒和不自然面向。但由於多年來關於陽光威脅人類健康的嚇人故事，德古拉可說成是我們每一個人的榜樣。「沒有安全的曬黑這回事」是狂熱倡議所要傳達的訊息，多數人看來也接收到訊息。在幼兒園和學校，兒童最先學會的一件事就是陽光對他們有害，他們一定要把皮膚遮蓋起來，以免曝曬於熾烈的陽光。「掩蓋」取得一種神聖儀式的性質，遮陽帽則成了兒童求生工具的一部分，也是負責任教養的特點。公司行號如今鼓動家長購買遮蓋子女全身的特製遮陽服裝，巨大的外籍軍團遮頸帽或寬邊板球帽，也能供應焦慮家長的下一代使用。如同多數的危言聳聽形式，運行於恐懼市場的企業很快就來分一杯羹。相較於盈利極其豐厚的防曬乳／隔離霜產業，特製抗紫外線服裝的銷售簡直小巫見大巫。

質疑將陽光當作危險致癌物質是否明智的人，則面臨懷疑與譴責。針對那些讓子女享受陽光的父母而發出的說教語氣，可由「網路媽媽」（Netmums）育兒網站討論版上的一次交鋒說明，其中有位憤怒的家長寫道：「我認識那些讓孩子曬傷，好讓他們的膚色深一些的人——這令我噁心。就是懶惰到極點，完全的輕率和不負責任。我們的小寶貝還這麼脆弱時需要被保護，其中包括曬傷的劇痛。」[43]對於負責的家長來說，保護「小寶貝」不被太陽曬傷不只是照顧子女健康的問題，更是道德命令。至於直到近年為止，人們仍相信陽光其實有益健康這點則無關緊要。今天只要提到癌症這個可怕的詞，也就確保了我們十分認真看待危言聳聽者說的話。於是當健康倡議者在一九九〇年代堅稱日光浴是高危險性的活動，傳統上看待陽光的心態也就轉變得極為迅速。「在一個理想世界，我們會隨時遠離陽光，」《*Top Santé*》雜誌一九九五年七月號如此總結這項新的智慧。這算哪門子理想世界！

我們看待陽光心態的徹底轉變值得反思，因為它顯現健康警訊與恐懼訴求能夠如何改變日常生活中，某些最被認為理所當然的面向。整個二十世紀大多數時候，許多人費盡心力確保自己的身體「被陽光親吻」。據說，可可．香奈兒（Coco Chanel）是在一九二〇年代將太陽曬黑美化的人。但即使在古代，希臘人也認為被陽光曬黑的身體既性感又美麗，並將陽光曝曬稱為太陽療法（helio therapy）。千百年來，陽光都被認為是療癒之源。例如在一九〇三年，奧古斯特．羅利耶（Auguste Rollier）在阿爾卑斯山上開設「日光診所」治療肺結核；在一九三〇與四〇年代，醫界推廣日光浴，認為對兒童有益。直到一九八〇年代，儘管有些掃興之人的警告，西方社會的大多數人都欣然接受陽光曝曬。一個顯著的例外則是如清教徒般拘謹的維多利亞時代仕女，她們不贊成被陽光曬黑，她們壓抑而脆弱的感情，則預見今日反曬黑十字軍的情緒。

當然，陽光令人暢快而滿足感官的吸引力，至今仍對社會發揮影響。人們還不至於認為陰沉的灰暗天空在美感上令人愉悅，而那些專事為日光浴施加汙名的倡議組織，也一直抱怨人們仍然認為曬黑的身體賞心悅目。他們的其中一份傳單警告「陽光曬黑不是健康的標誌，事實上是身體保衛自己不被太陽曬傷的嘗試，是皮膚已經受到損壞的證明」。反日光浴倡議者不只運用醫學論證，也試圖訴諸道德譴責。他們尤其致力於將曬黑的身體形象，從健康的戶外型態替換成不負責任的化身。

被《觀察家報》（*Observer*）稱為「膚色蒼白的英國癌症研究中心（Cancer Research UK）資訊主任」莎拉・希歐姆（Sara Hiom），發起一場「反對曬黑文化的鬥爭」。她掌管日曬防護（SunSmart）運動，其宗旨在於教育日光浴客認識他們據說自行進入的致命危害。希歐姆主張，我們需要「回歸維多利亞時代認為要避開太陽的思考方式」。[44]有些與她志同道合的人則提議，讓子女被陽光曬傷的家長應當以疏忽罪名被起訴。在這種對放任孩子在外頭「灼傷」的家長發出的批判裡，很容易就能察覺到存在於醫學建議中的獨特道德寓意。然而，驚嚇他人比起完全轉變人們的行為及審美觀更容易得多。美國皮膚病學會帶著一絲遺憾在二〇〇二年提出報告：「百分之八十一的美國人仍然認為曬過太陽之後更好看……即使他們知道風險。」[45]

不需懷疑，反陽光遊說成功改變人們的行為，尤其藉由極度誇大為兒童帶來的危險，鞏固了對於曝曬陽光的焦慮情緒。但正是這項運動的成功引發新的恐懼。許多專家都指出，人類的維生素D百分之九十以上是從陽光取得，因此，某些不受遮蔽的陽光曝曬是防止維生素D缺乏所必須。

威脅道德化

即使能基於科學證據而證明合理，但多數恐懼訴求仍採用道德勸誡以促成自己的目標。危險通常被表述成惡意力量釋放出的威脅，那些不聽從專家警告的人經常被斥為不負責任，即使還沒被說成邪惡。威脅的道德化在育兒、懷孕、環境、恐怖主義、飲食，及公共衛生等截然不同的生活領域全都無所不在。不遵從公共衛生專家「建議」的人，由於他們的不負責任而被批判，那些對他們提出的建議存疑的人，則被指為在道德上不負責任。

一如在獵巫的時代，懷疑論者經常被編派為邪惡的供應者這一角色。賈斯汀．洛拉特（Justin Rowlatt）在為英國廣播公司新聞網的「倫理人」（Ethical Man）部落格撰寫的文章中，對於「懷疑論者」一詞有成為侮辱性言論之虞表示擔憂，但既然懷疑論是「好科學的基礎」，理當受到讚美。[46]洛拉特這樣的人只占極少數，懷疑論正在迅速喪失作為開放式探究之基本要素的正向意涵。情況已經演變到對氣候變遷的現行共識提問的懷疑論者，都會發現自己被說成在道德上近似於猶太人大屠殺的否認者。正如一篇憤怒的文章說明：「因為否認氣候變遷自動支持未來災變的社會及環境後果——不顧關於氣候暖化及其可能後果存在的壓倒性共識——將它與否認猶太大屠殺相提並論，看來很合適。」[47]在這位作者看來很明顯，對於氣候變遷的爭論涉及在道德上引發激烈反應的善惡衝突。於是從這個觀點來說，對手就可以被恰如其分地斥為道德低下的邪惡行動者。

以「是非對錯」語言從事本應以科學證據為基礎的辯論，這種志向正是為帶有科學內容的威脅說法，添加道德重要性之傾向的癥狀。一如過去，今天的恐懼敘事也經常致力於喚起對惡的擔憂。威脅直接觸及善惡的信念，影響外表看似世俗的恐懼訴求。關於流行病威脅的警告藉以傳達的那套敘事，就像是中世紀時用以形容黑死病的說教語言。對於「超級病菌復仇」或「大自然復仇」的警告，傳達一種超自然懲罰降臨於犯罪的無知人類頭上之意義。

對於不道德行為威脅人類生存的焦慮，與人類歷史同等悠久。經由大洪水、所多瑪與蛾摩拉城毀滅等天災地變，宗教想像幻想著世界末日的樣貌。而在更晚近之時，一度根植於魔法與神學的末世概念，被重塑成關於人類破壞性及不負責任的所謂科學陳述。正如阿爾卡布斯在他的流行病文化史中所述：「引人注目地，古時對汙染、神罰及道德矯正的猜疑，在人類的疾病意識中無所不在，並持續影響我們對流行病的理解。」[48]

黑死病在中世紀轉化為邪惡的流行病，至今仍持續激起人們的恐懼。根據一項研究：「唯有歐洲人經歷這場流行病之後……他們才準備好接受巫術是真切的威脅。」[49]對愛滋病的道德化則指出，現代「瘟疫」仍然擁有潛力，傳達在文化上具有意義的惡之訊息。然而，疾病的道德化卻不僅限於任何一種疾病。今天，所謂的肥胖流行病也被描述成不良行為的危險後果：「垃圾食物」被譴責為「惡」，肥胖者則被說成不負責任，即使還不是道德低下的人。以兒童為目標提供危險食物產品的公司，經常面臨迄今為止保留給毒販或輕罪犯的那種道德譴責。

科學家詹姆士．洛夫洛克（James Lovelock）說這些話的時候，擺出一副先知科學家的派頭：「我認真看待自己的專業，而現在，我也得帶來壞消息……」[50]今天，地球的未來據說被人類消費、科技進展，或被「人類扮演上帝」所危害。而我們懼怕的不再是導致人類墮落的原罪，而是大自然被看似惡意的人類物種所損害。今天所有各式各樣的末日設想都強調人類的罪責，從石油耗竭及全球暖化到千禧蟲或禽流感。它們的前提是人類物種本質上具破壞性且道德淪喪。洛夫洛克在他的著作《蓋亞的復仇》（*The Revenge of Gaia*）寫道，人類「以令人瞠目的厚顏無恥，奪取蓋亞埋藏起來，讓氧保持在適當含量的碳儲備，並焚燒它們。」從這個觀點看來，對我們星球的有形威脅，是人類不道德行為的後果。

在二十一世紀，危言聳聽在享用科學權威之時效力最強。科學的權威是這麼強大，就連敬畏神明的宗教信徒都十分認真看待科學的警告。正因如此，綠色十字軍艾爾．高爾在新浸信會盟約（New Baptist Covenant）的一次聚會中，不僅聲稱自己對全球暖化的警告受命於《聖經》，同時也受命於科學。他引述《路加福音》十二章五十四至五十七節作為經文證言，同時宣稱任何人要是否認全球暖化是科學事實，就是不誠實。「證據就在那裡，」他說：「信號就在山上。號角響起了。科學家正從屋頂上呼號。冰層在融化。土地乾涸了。海水在上升。風暴變得更強。我們怎麼還不知道分辨什麼是合理的呢？」[51]科學家從屋頂上呼號的意象，傳達了他們必定在說真話，忽略他們就只能自行承擔後果這一印象。因此，儘管高爾樂於接受浸信會教友的喝采，他對天災地變迫近的想像，卻是經由訴諸科學權威而傳達。

恐懼訴求在能夠同時倚仗科學權威和善惡語言時作用最佳。這種趨勢在性領域裡可以清楚看到，要在其中劃出界線，區分關於何者安全的科學斷言與道德勸誡和汙名是很困難的。實際上，某些針對性行為在道德上引發最激烈的反應，是作為經科學驗證的真實而被推廣。要在這個主題上取得歷史眼光，就值得回顧近代前期針對自慰的汙名化運動。對自慰危險的廣泛焦慮得勢，至少有一部分是因為這種恐慌得之於科學的授權。

不久之前，狂熱的道德事業家仍試圖以自慰如何導致失明的聳人聽聞故事，驚嚇一代代的小學生。對於「自我汙染」之罪的駭人描述，一直在述說所謂「自慰後病症」（post-masturbation disease）的可怕生理及道德後果。瑞士內科醫師西蒙—奧古斯特・蒂索（Simon-Auguste Tissot）在他的《手淫：論自慰產生的失調：祕密及過度縱慾之危險效果》（*Onanism: Or a Treatise Upon the Disorders Produced by Masturbation: Or, the Dangerous Effects of Secret and Excessive Venery*）一書中，對這種危險行為極其惡劣的後果，創造出一份名副其實的恐怖故事目錄。他回顧為一名罹患自慰後病症的病人出診的經過，而他所看到的：

> 不像活人，更像一具躺在稻草上的死屍，瘦弱、蒼白，發出可憎的惡臭，幾乎無法移動。

> 失色暗淡的血不斷從鼻孔滴下，他不停流著口水；受到腹瀉侵襲，拉在床上也沒注意到；一股精液不斷流出；雙眼沾黏、模糊、晦暗，眼球完全失去動力；脈搏極度微弱而飛快；呼吸吃力，極度消瘦，除了雙腳顯出水腫跡象之外。精神失調同樣明顯；沒有想法，沒有記憶，無法將兩句話聯結起來，沒有反省，對命運毫無畏懼，除了痛苦之外欠缺一切感受，至少每三天隨著一次新發作而再度痛苦。於是淪落到低於野獸的地步，光景恐怖地不堪想像，難以置信他曾是人類種族一分子……數星期後，他死於一七五七年六月，死時水腫遍及全身。[52]

蒂索這部影響深遠的論著在一七六〇年出版時，他對病人的描述與對於這個主題的通行看法產生共鳴。實際上，在一段時間裡，從事手淫對於性行為控制的意義，一如《女巫之槌》控制巫術的意義。在十八與十九世紀，大眾對於一種不存在疾病的恐懼被撩動起來，恐嚇人們實踐「健康」且符合道德的生活方式。蒂索自己就提倡「恐懼療法」這種醫療介入手段：不同於女巫，蒂索的病人沒有被燒死在火刑柱上——他們只是面臨道德及心理拷問。

起初，對自慰危害的憂慮是基於道德及宗教理由而被推廣。中世紀的宗教官員將它譴責為「違逆自然之罪」。到了十七世紀，關於自慰令身體衰弱後果的可怕敘述，則伴隨道德譴責而來。隨著匿名作者撰寫的文本《俄南》（*Onania*）在一七一六年出版，自慰愈來愈被概念化成了既是醫療缺陷，也是道德缺陷。

《俄南》仍仰賴《聖經》史料，但也試圖定調「自慰是導致疾病及身體損傷的機能失調之後果」這種醫學主張。這部文本提出對這種疾病條理分明的醫學診斷，敘述症狀及其發展，並提出駭人的預後。從這時開始，科學愈來愈被運用為推廣對自慰恐懼的權威。自慰是某種真實致命疾病的起因這一信念，受到伏爾泰（Voltaire）、讓雅克・盧梭（Jean-Jacques Rousseau）等啟蒙運動領導人物，以及十八與十九世紀最優秀的醫師廣泛接受。在盧梭看來，抑制獨身性行為（solitary sex）本身就構成某種挑戰。「無論我們怎麼做，青年男子的最大敵人是他自己，這是我們無法逃避的敵人。」他警告。

看來近代前期的醫界將反對自慰運動視為一個「令人欣喜的機會」，得以「示範醫學專業推廣個人及社會福祉的重要性」。[53] 隨著蒂索的《手淫》發行，與自慰相關的道德問題愈來愈被醫療化。蒂索也宣講說教訊息，警告為了享樂而非生殖從事性行為的危險。但他對自慰的道德拒斥成為合理，卻是由於這種疾病破壞性的身體及社會起因，而非道德禁令。

《手淫》問世之後數十年，自慰愈來愈被看作是剝奪青年男子生命能量，使身體變壞並導致瘋狂的疾病。在十九世紀的大眾想像之中，它直接與瘋狂產生聯結。它與心理衛生問題的關聯一直持續到下一個世紀，並經常被描述成一種心理障礙的形式。

事後看來，對自慰的焦慮顯然施加無比強大的影響。那麼，我們該如何解釋這種恐慌對西方社會非同尋常的重大影響？一位觀察者提到，其他「對於菸草、巧克力，或閱讀小說同樣言之有理且一再重複的警告，都不曾產生過同樣的效果」，並宣稱對於自慰的恐懼散播得以如此有效的理由，在於它成功將傳統道德顧慮與科學權威認證合為一體。麥可・史托柏格（Michael Stolberg）寫道：

> 歸因於自慰的失調，被敘述和理解成具有威脅性。此外，它們高度刺激情緒、引人聯想的形象，成功調節於恰好得到實證證明的醫學—科學概念，以及廣泛流傳的宗教、社會及政治顧慮這兩者之間。[54]

反自慰恐慌的最高潮，大約是十九世紀後半葉。根據一項研究，自一八五〇年開始，阻止自慰的壓抑或手術介入做法急遽增加。勒內・史必茲（Rene A. Spitz）認為：「虐待狂成了這場運動最重要的特徵。」[55]直到十九與二十世紀之交，醫學見解才開始質疑自慰與疾病的因果關係。到了二十世紀中葉，對自慰的恐懼不再糾纏大眾想像，家長開始理解自慰是童年及人類發展正常的一部分。基督宗教的部分教派，仍繼續譴責自慰行為：梵蒂岡在一九七六年發布《對某些性道德問題的宣言》（*Declaration on Certain Questions Concerning Sexual Ethics*），譴責自慰是「本質上嚴重失調的行為」。但這時幾乎沒有人聽從。少了科學權威支持，這種行為的道德化再也不能激起人們的恐懼。

當代對於性的警告遭受道德化的程度，並不亞於過去。然而，道德驅動的恐懼卻往往以醫學語言表述。關於「安全」、「負責」、「經由協商」、「風險」或「不安全」性行為的警告，是經由醫學用語傳播。年輕人很少被警告娛樂性行為基於道德理由的危險所在；反之，醫學論證被用來警示這種行為可能導致的情緒及身體損害。年輕人並不罕見地被告知，過早的性經驗引發的情緒創傷足以「損害他們一生」。相對於十八與十九世紀的看法，自慰如今往往被推薦為安全性行為的理想形式。

運用行為對健康帶來的後果驚嚇人們，以監控他們的舉止，是經由個人行為的醫療化過程而得以達成。「健康」逐漸作為一套適用於社會的「道德架構」而運作，強調「個人責任及……遵從經醫學認可的適當行為標準」，麥可．費茲派屈克（Michael Fitzpatrick）在他研究醫療化運作方式的重要研究著作中如此表示。[56]醫療化提供一套意義體系，藉此將人們的舉止轉化為既是道德問題，也是身體問題。在二十一世紀，它經常被道德事業家用以驚嚇人們，令他們接受自己所認定的適當行為。

嬰兒哺育的道德化

教養行為的道德化，是恐懼文化的一項重要特徵。最近數十年，嬰兒哺育獲得熱烈致力於推廣母乳哺育好處的倡議組織關注。當然，關於母乳哺育幼兒的益處有一些健康相關的有力論證，特別是在嬰兒出生後最初三個月；但「怎麼做才能最好地哺育幼兒」這個實際問題，卻被那些將母乳哺育看成準宗教或母親，對子女道德義務的倡議者給道德化了。母乳哺育作為母親職責的象徵而被道德化，是近代史上反覆出現的主題。盧梭對母乳哺育的優點有著強烈信念，他在《愛彌兒》（*Emile*）寫道：

你願意讓每個人都負起他首要的責任嗎？你就從做母親的人那裡開始著手……所有一切都是由這個最嚴重的墮落行為（指乳母）衍生而來：全部的道德秩序都失序了，每個人的心性都泯滅了……若是母親能夠眷顧自己孩子，親自哺乳照料，那麼道德上的風氣立刻就會自行轉變，也將喚醒每個人心中天性上的情感，國家的人口又將會興盛起來。57

按照盧梭的說法，母親不親自授乳哺育是「最嚴重的墮落行為」，這一道德失敗對整個社群的生命都造成嚴重影響。

在二十一世紀，這種道德語調被更加粗魯的嘗試給取代，後者意圖施加汙名於使用配方奶粉哺育嬰兒的母親身上。運用的語言既要驚嚇，更要在道德上譴責其目標，為了這些母親「不自然」且「自私」的做法，令幼兒健康面臨危險，以及她們自行放棄與下一代建立親密情感的機會而加以痛斥。

用以斥責這些犯錯母親的語言，一般來說都有著道德優越的語調。「是什麼讓你不用母乳哺育？」《初生嬰兒》（*Prima Baby*）的一位記者難以置信地問道。那篇文章以威嚇口吻堅稱：「它是完全自然的，有助於保護你的孩子不罹患許多疾病，從氣喘到糖尿病不一而足。」從這個觀點看來，那些選擇用奶瓶餵哺的母親，就是共謀忽視幼兒的需求。「它是完全自然的」這個說法傳達的訊息，是其他選項都不自然，因此道德低下。「母乳哺育就其本質而言，需要嬰兒所需的那種肌膚親密接觸」，因此它是「獨一無二的親密感體驗」，一個倡議組織這麼宣稱。

派特・湯瑪斯（Pat Thomas）在《生態學家》（*Ecologist*）雜誌撰文，她斥責配方奶粉是「垃圾食物」，以它作為母乳這種「神奇物質」的負面對照。從這個觀點看來，任何人要是選擇「人工奶粉」而拒絕這種「神奇物質」，就是違反萬物的自然秩序。一種道德狂熱感，助長了近似歇斯底里的危言聳聽修辭。她宣稱：「來自西方的更新資料顯示，生活在原屬富裕社會的嬰兒，也因過早接觸便利食品而患病夭折」，並補充：「在生命早期即日復一日吸收配方奶粉，無論就短期或長期而言，都可能對健康造成毀滅性後果。」湯瑪斯發展出一種陰謀理論者的老套方式，將這種不自然哺育做法廣泛通行，歸咎於黑暗勢力精心策劃的陰謀。她的文章由一段自命不凡的陳述開頭：「派特・湯瑪斯揭發這樣一個世界：掠食成性的嬰兒奶粉製造商，失職的健康專家和無知冷漠的大眾，在其中一同導致嬰兒遠離母乳，依賴奶瓶。」[58]

嬰兒哺育道德化的後果之一，是允許狂熱倡議者採用強烈煽動性的語言，斥責他們所見的惡。倡議團體之一「乳嬰行動」（Baby Milk Action）網頁上的副標題嘶喊著：「每天有四萬嬰兒死於不安全的奶瓶餵哺」。[59]國際嬰兒食物行動聯盟（International Baby Food Action Network, IBFAN）不願落於人後，也在網頁上警告「奶瓶餵哺足以殺人」，以及「每三十秒就有一個嬰兒死於不安全的奶瓶餵哺」。官方倡議也採用類似方式。一個聳人聽聞的美國政府廣告倡議「嬰兒生來就是要母乳哺育的」，將奶瓶餵哺比擬為臨盆孕婦參加踩圓木競賽和騎機械牛。

它的副標題這麼說：「你在孩子出生前不會冒險……出生後又何必冒險？」[60] 這樣的驚嚇倡議絕非全無效果。根據社會學教授艾莉・李（Ellie Lee）所進行的研究：「用配方奶粉哺育的母親，確實會擔心自己對幼兒可能造成的傷害，有時程度不小。」[61]

恐懼視角

儘管恐懼再也不被許多人接受為道德的基礎，它仍在將日常生活問題道德化的過程中發揮重要作用。因此恐懼從道德語法中脫鉤，並未減少這股文化力量在公眾生活中的重要性，而且恰好相反。少了一套為如何恐懼提供視角的腳本，恐懼本身就成了一種視角，生命藉此而受到詮釋。它作為一種視角而出現，是當代恐懼文化最重要的特徵之一。

作為視角的恐懼，不只是對威脅的回應而已，整體而言更是看待世界的觀點或意向。它經常為關於引人注目之全球生存威脅的思慮定調，諸如流感、全球暖化或恐怖主義。但或許這種視角在影響尋常形式的人類行為上，發揮的作用遠遠更大。針對支持母乳哺育、迴避陽光，或維持正向身體意象而發出的恐懼訴求顯示，就連生命的細微末節也被這種視角滲透。如同史文德森的結論：「我們看來是從恐懼的視角看待一切。」[62] 從這種觀點處理人生問題的傾向，能夠將最平庸或常規的經驗轉變成潛在的恐懼對象。

「恐懼視角」（perspective of fear）一詞——一種解釋及理解現實的文化觀點——精確地捕捉到這個相對新穎的趨勢。恐懼視角的產生及鞏固，受到「恐懼政治」一詞用法顯著擴張的不明言承認。往往，恐懼看來不只是一種視角，更是社會藉以理解自身的強大媒介。

恐懼的修辭被用來傳達各式各樣的不同目標。它被用來為一個特定問題或一項訴求吸引注意。恐懼也繼續引導及影響人們的心態與行為。同時，這種修辭也被批判地指向譴責那些利用恐懼的人。對那些負有採行恐懼政治或「打恐懼牌」罪責的人們持續不斷的批判，突顯出採用這種視角的分化後果。

恐懼視角的影響力，從持有各種不同意見的人們都倚靠它理解自身處境，就能清楚呈現出來。這是一種公民跨越政治及文化分歧共享的視角。黨派、運動、倡議及個人，往往經由彼此對於應當恐懼對象的相持不下說法，將自己與他者區別開來。看來人們是如此充滿這種視角，使得他們就在企圖揭發散播恐懼的行為時，訴諸另一種恐慌反制。這種視角的一位批評者，指向格拉斯納的著作《恐懼文化》，舉例說明自己的憂慮所在。教育家格蘭・奧修勒（Glenn C. Altschuler）提到，格拉斯納對於所揭穿的每一種「恐慌」：「他都代之以美國人應當害怕的某一問題。道路暴力並非『正在蔓延的流行病』，但交通堵塞是有時足以致命的嚴重問題。不給糖就搗蛋並不危險……但家庭成員對兒童的暴力卻無所不在。」63奧修勒得到的結論是，這本書「正如它試圖揭露的恐慌」，「事實上加重了焦慮」。奧修勒的論證在理解恐懼轉化成一種視角，如何助長爭執轉變為一連串關於「何者構成感到驚恐的正當焦點」，及反訴的趨勢上，具有更大的實用性。在這些爭執中，所有要角全都不明言地接受恐懼視角。不同當事人的區別則在於他們如何運用這些視角，又為了什麼目的。

作為視角的恐懼，取得我們這個時代獨有的特性。在歷史上，恐懼對於強化道德秩序發揮重要作用。而在秩序持續受到爭議的世界，恐懼本身則取得新的角色。它不能只是端坐原地規制。脫離原先在穩定道德秩序中的停泊處，它不停流動著尋找更多道德化的目標。這種視角對於公眾生活的影響力，在政治爭議及衝突的年代裡受到承認，恐懼在此明確被賦予一項計畫的性質。但在這個主題的論爭中，對於恐懼計畫究竟是為了更高目的服務，或只為自身目的服務，卻並不清楚。我們將在第四章深入探討恐懼視角如何影響公眾生活。

對懷疑論的零容忍

歷史揭示，道德不確定性為恐懼情緒能夠取得威脅性，及壓迫性的文化形式創造了條件。不確定性的條件本身，往往就激發了試圖運用任何可能手段，堅持確定的防禦反應。金斯萊對於盲目恐懼的反思指出，迷信本身就是在對不確定性問題尋求解決方法。所謂的惡魔學看來也為巫術信念的懷疑論，所拋出的道德不確定性提供暫時解答，獵巫者推廣的恐懼運動，則應當看成將現行道德教條的批評者殲滅的企圖。

乍看之下，今天的恐懼文化與惡魔學的實踐幾乎沒有共通點。現代的世俗想像已經拋開撒旦，以自身基於實證的取徑自豪，且明確地仰賴科學為其對於威脅的說法辯護。然而，即使科學與技術都突飛猛進，社會對於與不確定性共存卻仍感到極度不適。結果，專業的恐懼訴求倡導者在一個重要方面，近似於老派的惡魔學家：他們回應不確定性的方式，往往是直接封閉批評與辯論。危險的道德化，則成為一種將懷疑者及批評者消音的論證。

科學發展有賴於對實驗及觀念測試不預設結果的取向。科學本質上是一項懷疑的事業，它的發現也是暫時的，隨時歡迎重新詮釋。理論上是如此。但在政策及相關問題引發的公眾爭議中，科學往往表現得像是道德說教計畫。高爾使用的語言不斷從科學跳向道德，他因此得以斷言，科學證據提供「不願面對的真相」。高爾的科學觀與占卜技巧的共通程度，更大於與真正的實驗之間。高爾和其他許多人都採用一種防禦性的科學觀，不斷以懷疑和不確定為攻擊目標，而他們對科學的道德化詮釋，則使調查所得具有固定不變、不可退讓，且不容置疑的性質。他們經常在科學一詞之前加上定冠詞，用「大寫的科學」（The Science）來表示對於各種各樣威脅的說法。「（大寫的）科學表示」這類陳述，用途宛如「神說」（God said）這句勸誡在二十一世紀的對應。不同於科學，「大寫的科學」為了道德說教及政治計畫而服務。它與前近代啟示真理的共通之處，多過隨著近代性而興起的實驗精神。一再重複的「科學家告訴我們」句型，用途是為一場談論該恐懼哪種威脅的演講開場。

「大寫的科學」一詞在公眾辯論中的使用，正流露出它的倡導者對於確定不復存在的不安全感。這就導致一種防禦姿態，使得科學家不願考慮他們有可能犯錯，而批評者或許言之成理的可能性。令人遺憾的是，一種無法與自身可能犯錯的假定一同運行的科學，與宗教教條的共通之處，更大於不預設結果的實驗。這種恐懼命令的道德化，對於公眾生活的舉止有著重大後果。藉由將懷疑論及批判表現為理應被畏懼的威脅，大寫科學的信徒啟動一種本質上就對觀念自由開放交流懷抱敵意的文化動力。正如下文所說明，一種對於自由，尤其針對言論自由明顯不寬容的意識，與恐懼文化的運作密切相關。

---

1 這個論點由Rowe (2009), p.23提出。

2 Dill & Hunter (2010), p.288.

3 Anonymous, "Review of Cox's Sermon on Regeneration," *The Quarterly Christian Spectator* (1830), vol.2, New Haven: A. H. Maltby, p.350. 我對史料來源的時間順序排列，是根據從Google Ngram資料庫檢索「道德恐慌」一詞的結果。只要有可能就會查對史料原文。

4 *The Biblical Repertory and Theological Review*, published by Russell and Martien, Philadelphia, p.519.

5 Creighton (1905), pp.149-51.

6 前引書，頁一五四。

7 參看*Royal Commission on the Liquor Traffic: Minutes of Evidence* iv, part II, 1895, Queen's Printer: Ottawa, paragraphs 1734 5a, 1741 5a, 1741 6a, http://archive.org/stream/reportroyalcomm01mclegoog/reportroyalcomm01mclegoog_djvu.txt（二〇一四年四月二十一日瀏覽）。

8 Riezler (1944), p.495.

9 Beck (1992), p.73. 譯者按：本處參看烏爾利希・貝克（Ulrich Beck）著，汪浩譯，《風險社會：通往另一個現代的路上》（臺北：巨流，二〇〇四年），頁八五至八六，略有改動。

10 參看我探討二十一世紀異端的論文，http://www.spiked-online.com/newsite/article/2792#.WhahIbSFii4（二〇一七年

九月四日瀏覽）。

11 http://www.bbc.co.uk/news/education-33380155（二〇一七年七月五日瀏覽）。

12 https://www.nspcc.org.uk/globalassets/documents/annual-reports/childline-annual-review-2015-16.pdf（二〇一七年一月四日瀏覽）。

13 Morgan Reardon, "The crisis in our classroom," *Sun*, 15 April 2017.

14 Helen Ward, "Imposing synthetic phonics 'is almost abuse' says academic," *The Times Educational Supplement*, 28 January 2014.

15 參看https://www.tes.com/news/phonics-v-whole-word-battle-has-always-been-about-politics-not-pedagogy（二〇一七年八月四日瀏覽）。

16 參看http://www.cnbc.com/2014/09/26/president-carter-slavery-is-worse-now-than-in-1700s.html#（二〇一六年六月五日瀏覽）。

17 https://www.unseenuk.org/（二〇一七年六月二十三日瀏覽）。

18 Jeff Nesbit, "Slavery Did Not End in the 19th Century," 18 July 2015, https://www.usnews.com/news/blog/at-the-edge/2015/07/28/modern-slavery-no-one-knows-the-extent（二〇一六年二月四日瀏覽）。

19 前引書。

20 "'We're not slaves,' more than 100 migrant workers say as they lauch protest at arrest of farm bosses," http://www.telegraph.co.uk/news/2018/02/09/not-slaves-100-migrant-workers-say-launch-protest-arrest-farm/（二〇一八年二月瀏覽）。

21 Richard Ford & Phil Miller, "Immigration centres accused of slavery over £1-an-hour pay," *The Times*, 8 January 2018.

22 隨後，歐布萊恩由於和年輕聖職人員發生性行為而聲名掃地，並被迫辭去總主教職務。

23 http://www.theecologist.org/blogs_and_comments/commentators/other_comments/701072/climate_change_we_are_like_slaveowners.html（二〇一三年七月八日瀏覽）。

24 參看Kazanjian (2015), p.418。

25 Thucydides (1900), 2:53:3. 譯者按：本句參考修昔底德著，謝德風譯，《伯羅奔尼撒戰爭史》，頁一四六。

26 轉引自Jeff Nesbit, “Slavery Did Not End in the 19th Century,” 28 July 2015, https://www.usnews.com/news/blogs/at-the-edge/2015/07/28/modern-slavery-no-one-know-the-extent（二〇一六年二月四日瀏覽）。

27 參看“Superstition: A Lecture Delivered at the Royal Institution, April 24, 1866,” by Rev. Charles Kingsley, *Fraser's Magazine* 73, p.705。

28 Clark (2005), p.212.

29 參看Pearl (1983), p.467。

30 參看Prior (1932)。

31 前引書，頁一七〇。

32 Behringer (1999), p.339.

33 前引書，頁二三五。

34 Clark (1980), p.120.

35 Hulme (2008), p.5.

36 轉引自Currie (1968), p.11。

37 Locke (1663-1664), p.120.

38 愛因斯坦的言論轉引自Madalyn Murray O'Hair, *All the Questions You Ever Wanted to Ask American Atheists*，參看https://www.thoughtco.com/einstein-quotes-on-ethics-and-morality-249859（二〇一七年五月十二日瀏覽）。

39 轉引自Kate Devlin, "Obese children to die before their parents," *Daily Telegraph*, 6 March 2008。

40 Ian Roberts, "How the obesity epidemic is aggravating global warming," *The New Scientist*, 27 June 2007.

41 Higgins (2005), p.201.

42 參看http://www.who.int/reproductivehealth/topics/sexual_health/sh_definitions/en/（二〇一七年十二月十二日瀏覽）。

43 https://www.netmums.com/coffeehouse/children-parenting-190/general-parenting-192/945363-do-you-like-your-child-have-tan-all.html（二〇一七年三月五日瀏覽）。

44 轉引自http://www.theguardian.com/society/2004/jul/18/cancercare.observermagazine（二〇一七年五月二日瀏覽）。

45 轉引自Shoveller, Savoy & Roberts (2002), p.146。

46 http://www.bbc.com.uk/blogs/ethicalman/2009/12/in_praise_of_scepticism.html（二〇一四年六月二十九日瀏覽）。

47 Peter Christoff, "The ABC has to explain why it has bought a documentary that is bokum,"*The Age*, 9 July 2007.

48 Alcabes (2009), p.10.

49 Dillinger (2004), p.180.

50 James Lovelock, "The earth is about to catch a morbid fever that may last as long as 1000 years," *Independent*, 16 January 2006.

51 David Roach, "Gore cites political will, claims scripture mandate on environmental issues," *Baptist Press*, 31 January 2008.

52 轉引自Strengers & Van Neck (2001), p.78。

53 Stolberg (2000), p.6.

54 前引書，頁八。

55 Spitz (1952).

56 Fitzpatrick (2001), p.201.

57 轉引自Kukla (2006), p.159。譯者按：原文出自《愛彌兒》第一卷第二節，參看盧梭著，魏肇基譯，《愛彌兒》（臺北：臺灣商務，二〇一三年），頁二三。

58 參看Pat Thomas, "Suck on this," *Ecologist online*, 1 April 2006, http://www.theecologist.org/archive_detail.asp?content_id=586。（譯者按：原聯結失效，參看https://theecologist.org/2006/apr/01/suck〔二〇一九年六月四日瀏覽〕。）

59 http://www.babymilkaction.org/。

60 參看http://www.4women.gov/breastfeeding/index.cfm?page=ladiesnight。（譯者按：原聯結失效，該廣告倡議簡介參看https://www.voanews.com/a/a-13-2005-09-26-voa51-67399077/276057.html〔二〇一九年六月五日瀏覽〕。）

61 私人通信，二〇一四年一月四日。

62 Svendsen (2008), p.13.

63 Altschuler (2003), p.169.

第四章
恐懼視角：它的運作方式

「視角」的延伸用法是指對於未來的心理見解，經由期望及預期傳達。作為預期姿態的視角，兼具個人意義及更廣泛的文化意義。恐懼則興起為具有影響力的視角，將思想朝向不確定性形塑，而今天，它比希望的視角更有影響力。恐懼預示了感情與行為，因其影響力而得以輕易被用來當作一種媒介，問題無論新舊都藉此被詮釋並賦予意義。如同下文所述，由於正向鼓舞來源相對不足，恐懼視角成了二十一世紀社會中的首要驅動力。

恐懼視角的重要性，可從它隨時準備好被運用為理解公眾事務的解釋架構而呈現出來。「恐懼政治」一詞的使用激增足以說明這點。「恐懼受到政治化，而這種情緒對公共事務產生重大影響」這一信念，在社會的每一階層都被普遍認同。但大眾對恐懼政治的廣泛興趣，卻是相對新近的發展。Google學術搜尋引擎（Google Scholar）列出自二〇〇〇至一七年，在標題上使用「恐懼政治」一詞的三百三十九篇學術文本；相較於此前十七年刊登的三十八篇，增長將近十倍。[1]它在主流媒體的使用增長則更為驚人。Nexis資料庫在一九八〇年僅僅引述一筆在標題使用這個詞的媒體資料，由此增加到二〇一六年的兩百一十六筆。

Nexis資料庫引述，包含「恐懼政治」一詞的媒體標題
一九八〇至九〇年：十五筆
一九九〇至二〇〇〇年：七十九筆
二〇〇〇至一〇年：三百三十八筆
二〇一〇至一六年：五百七十一筆

使用「恐懼政治」這個說法的人們，假定這個詞的意義不證自明：它不被解釋，作為譴責陳述而運用。在政治衝突與爭議之中，對立各方慣於譴責對方「利用」恐懼政治。

恐懼視角提供社會藉此理解自身，及其所面臨問題的觀點。然而，它不只是一種見解：恐懼成了一種詮釋工具，擁有將其關注對象轉化為真正問題的能力。比方說，政策制訂者逐漸認為對犯罪的恐懼本身就是一種威脅。如今的犯罪恐懼是一種不同於犯罪事件的分離且獨立存有，這點已被廣泛接受。執法部門發展出控管犯罪恐懼的政策及實務。犯罪恐懼對公眾生活產生的動搖及破壞後果，確保了加以估量及控管的資源被投入。

本章主旨在於討論恐懼視角的不同面向，以說明它的運作方式。我認為這個視角已被內化得如此徹底，使得許多採用這種見解的人，並未意識到它對自身行為的影響。對於多數人而言，這種視角表現得像是常識。但這並不意味著人們沒完沒了地驚嚇或恐懼；倒不如說，恐懼視角藉由讓人們敏感起來，聚焦於潛在威脅及危險，同時又將人們的注意力，從應對不確定性可能產生的正向後果分散開來而運作。結果，人們被刺激著期待最壞可能，從而對自身經驗的結果降低了期望。

恐懼視角

對恐懼視角的敘述，往往落入一個陷阱：以單方面的主觀方式詮釋其影響力。對恐懼的分析往往不是在討論「它如何運作」的問題，而是聚焦於「它被如何利用」這個課題。著重於有意識地製造恐懼，減損在邏輯上必然優先存在的恐懼視角所受的關注。與人們的想像共鳴的恐懼並非憑空而來：將課題與問題理解成可怕的傾向，先於打恐懼牌這個動作而存在。個人或群體大可決定採用驚嚇策略，以實現特定目標，但這種方案的成功取決於他們能夠運用的文化資源是垂手可得。在當今時代，恐懼視角受到的文化肯定，構成恐懼事業家現成可用的寶貴資源。

恐懼視角運作方式最耐人尋味，也最令人憂慮的面向之一，是它將生活的正常特徵重塑為威脅的能力。隨著社會被牽引著採用這種視角，人們過日子的方式也改變了。人們並不總是能意識到這種視角對他們人生的影響，因為這些變化以一種不知不覺的方式發生。我們在上一章提到，日光浴這類迄今為止都被認為理所當然的活動，是如何被重新詮釋成對健康的威脅。另一個例子則是飲用水，這種常規活動被轉化成焦慮與擔憂的源頭。曾經一度，人們不會隨身攜帶各種不同品牌的瓶裝水在外走動；他們直接從水龍頭喝自來水，除非他們生活在自來水被認為不安全的地區，這時就會把水煮沸飲用。但過去二十年，人們緊抓水瓶的景象卻成了都市的日常光景。儘管這有一部分受到沒完沒了，勸人多喝水的健康忠告所激勵，但對於自來水安全性的警告，則導致瓶裝水銷售的迅速增長。

自從一九七〇年代晚期以來，隨著恐懼視角依附於飲用水，人們的飲水習慣隨之改變。二〇一六年，美國的瓶裝水消費量達到平均每人三十九點三加侖。瓶裝水消費正常化的旅程，始於一九七六年沛綠雅（Perrier）礦泉水在美國上市。其後四十年，美國的瓶裝水消費量從一九七六年的三億五千四百萬加侖，上升到二〇一五年的一百一十七億加侖。四十年內增長超過二十七倍。[2] 同樣的瓶裝水消費量遽增趨勢，在整個西方世界都顯而易見。

許多批評者指出，針對自來水的恐懼並非基於對飲用自來水風險的客觀評估。從健康觀點而言，飲用瓶裝水毫無道理。不幸的是，多數地方的自來水皆可安全飲用，花錢買瓶裝水毫無必要的理智訊息，卻經常被恐懼敘事給扭曲。反對瓶裝水風潮的人們並不只是陳述「我們喝自來水吧」，而是藉由恐懼視角表述他們的論點。

近年來，起先挑撥千百萬人放棄飲用自來水的恐懼視角，將焦點轉向所謂瓶裝水構成的威脅。環保及消費者遊說團體經常表示，瓶裝水不只十分昂貴，也不如自來水安全。[3]有個網站的一篇專題文章，題目是〈瓶裝水的六大可怕事實〉。這篇文章除了告知大眾瓶裝水純屬敲詐，還暗示它「可能比自來水更有害」，因為自來水比瓶裝水受到更多控管。此外，它還警告「塑膠瓶可能有毒」，並譴責瓶裝水「對自然極為致命」。這篇文章聲稱，瓶裝水的「產製與處理」「以驚人速率消耗及摧毀資源」，它也毫不令人意外地號召大眾加入「禁止瓶裝水」運動。[4]由於處理塑膠瓶引發的環保顧慮，許多人又重新開始飲用自來水。

瓶裝水產業的支持者則發動一場公眾資訊戰回應批評者，宣稱「對於瓶裝水的迷思」正在「令消費者困惑」，許多人也被反瓶裝水的恐懼運動給影響了。[5]對於飲用水的爭議說明恐懼視角如何能不費吹灰之力，將常規活動轉變成相持不下的恐懼訴求之對象。這種視角對人們行為的強大影響，展現在許多人迅速改變先前飲用自來水的習慣。對塑膠瓶威脅環境的焦慮也改變一部分人的飲用水習慣，這點則說明恐懼訴求互相競爭的迷向影響。

作為視角的恐懼，取得一種被認為理所當然的性質。恐懼牌未必要被有意識地「打」出來：人們看待不確定性的心態就充滿恐懼。結果，這種視角最顯著的特徵不在於人們使用它，而在於人們將它活了出來。「打恐懼牌」一詞傳達出一種假定，即從事這種活動的人們不誠實地操弄大眾的情緒，而且往往推測打恐懼牌的人，其實並不真正相信自己發出的警告。或許在某些事例真是如此，但在多數情況下，就連自覺的操弄者也不能免於恐懼文化的影響。

當然，必定有不誠實的恐懼販子，試圖用他們自己都知道不屬實的威脅來驚嚇人們。儘管這些人可能會造成苦難與不幸，但他們對於恐懼文化的運作其實無足輕重。恐懼視角是一種他們運用、發聲、放大、擴充，有時得以操弄的文化資源。一般說來，運用恐懼的人們自己就受到一種遍及社會的見解影響，令他們經由這種視角看待未來。恐懼的表現或展演不只是個人自述，也是文化行為。它是一種行為模式，產生於個人被預期在公開及私人交流中，都運用恐懼敘事的這份理解。恐懼的運用是寶貴資源，因為它賦予論證的正當性。

作為視角的恐懼，並不僅僅引導人們的心態及感受，還提供一套條理分明且深植人心的見解。社會期望自己的公民畏懼，並主動推廣謹慎、風險規避，及安全等價值。忽視健康專家及專業人士忠告的人們，被看作不負責任，他們的行為有時象徵對社群的威脅。結果，正如第六章的說明，對安全的渴望逐漸興起為西方社會的首要美德。

打恐懼牌有悠久歷史，但恐懼「視角」卻是現代獨有的特徵。從古希臘人開始，恐懼作為一種推進人類行為的重要驅動力就受到承認。美國社會學的開山祖師之一，威廉・葛蘭姆・孫末楠（William Graham Sumner）認為：「恐懼作為動機，支配了原始人的生活。」[6]他對於恐懼如何作為驅動力而產生影響的分析，著重於朝聖及巫術儀式等恐懼之昇華表現的制度化。經由文化實踐而得以內化的恐懼驅動力，也就愈益受到歡迎。孫末楠主張：「當恐懼牢固地確立於民俗之中，它就表現得有如始終在位的暴君」，並補充：「它在習俗中變得根深柢固，是鑄造人格的首要因素。」[7]對孫末楠而言，社群的習俗意指文化習慣、傳統及規矩，它們對社群成員的舉止有著重大的道德意義。

當代社會不同於孫末楠所分析的社群，遠遠不受文化習慣、習俗及傳統約束。相對於擁有定義明確之道德準則與禁忌的穩定習俗體系，二十一世紀社會則是自覺的後傳統社會。大體而言，西方社會往往認為過去的習俗與自身需求無關，在許多情況下更不著邊際。恐懼在今天比起在傳統社會也更易變、更不穩定，它在過去明確受到教條及宗教實踐引導。可以說，正是恐懼的變幻莫測面向，預示了它作為驅動力的運作方式。

動機問題

在一個複雜的後傳統背景裡，動機構成持續不斷的挑戰。在不同時代與脈絡之中，諸如恐懼、希望、貪婪、忠誠，及意識型態等種類廣泛的激勵因素，影響人們的行為。人們貢獻於社會，是因為認同自己的社群或國族。他們也受到各式各樣的衝動激勵，像是發財的願望、宗教信念，或意識型態歸屬。社會仰賴這些驅動作用以實現自身目標，維持穩定與秩序。

自一九六〇年代以來，西方社會受苦於動機缺陷（motivational deficit）已受到廣泛承認。昔日激勵公民的價值：愛國主義、忠誠、宗教、意識型態等等，看似喪失不少重要性。更重要的是，觸及日常行為的價值本身，就是不斷爭論與辯駁的焦點。道德權威欠缺強勢影響力，創造出這樣一種狀況：傳統價值在其中喪失了對年輕世代見解及行為的泰半影響力。

在一九六〇年代，這樣的發展被診斷為暫時性問題。但在半世紀後，問題卻仍然持續，建立新一套價值體系以替代喪失權威的舊體系，也幾乎毫無進展。尤其自一九八〇年代以來，西方社會發現自己難以產生激勵人們認同社會秩序的價值。問題的嚴重性，由德國社會理論家尤爾根・哈伯瑪斯（Jürgen Habermas）在一九七三年的著作《正當性危機》（*Legitimacy Crisis*）裡確認。哈伯瑪斯斷言，正當性問題是以「動機危機」（motivation crisis）為基礎，動機危機則是「社會文化體系」無法提供維持社會秩序所需之價值的後果。

哈伯瑪斯命題的言外之意在於，社會缺乏維持自身權威所需的精神或文化資源。他的分析表明，在歷史上仰賴傳統價值為自身正當化的西方資本主義機制，如今被迫找出新的確認來源。[8]從那時以來，正當性危機愈來愈擴大，各國政府不斷尋求一套「新敘事」或一個「大觀念」。

自一九七〇年代至今，動機問題擴及社會生活的一切面向。共產主義、社會主義，及自由主義意識型態的驅動作用，或者對國族的認同與對資本主義效能的信心，全都顯著減弱了。科學的權威也失去一些光澤，投注於科學造福人類潛力的極大希望，如今則與對其未來軌跡的悲觀相持不下。在這樣的文化形勢中，運用人類信念與希望以激勵其忠誠，贏得其奉獻的觀點喪失了不少關注。

恐懼的驅動作用因而自動取得動力及影響力。恐懼作為驅動力的吸引力增強，癥狀之一是恐懼隨時準備好被吸收，進入互相矛盾的運動及倡議敘事之中。在這一脈絡下，恐懼不只是驅動作用而已，還提供了觸及人們生活不同面向的更寬廣視角。

恐懼視角的興起，與道德權威地位衰弱所造成的動機危機密切相關。如同我在別處說過的：「從正面確認轉向對權威的負面概念，是現代性文化史之中最重要的發展之一。」[9] 對權威的負面概念並不經由對未來積極向上，且充滿自信的理想傳達，也不倚靠這種理想。它仰賴的反倒是經由訴諸人們脆弱、對生存不安全，及焦慮的感受來加以驅動。這種權威形式，幾乎僅只仰仗保護人們免於危害生命的負面影響。缺少足以構成團結及正當性焦點的正向理想與目標，導致一種基於恐懼的負面權威概念興起。

外表看來，恐懼視角與霍布斯的見解相似，他將人們對死亡的恐懼看作是確立主權統治者權威，及維持社會秩序的基礎。但霍布斯將死亡恐懼採納為一種足以支撐政治權威穩定性的情感，卻與二十一世紀恐懼視角的運作幾乎沒有共通點。這種視角脫離霍布斯念茲在茲的人類生存之重大鬥爭。霍布斯提供一個大局，將死亡恐懼描述成轉化個人願望，為單一統合力量的動機——最終由此形成世俗國家。在二十一世紀，對死亡的警告則觸及生存的細微末節，擁有一種就事論事的庸常性質。它們與國家事務或為政治領袖的權威，提供正當性幾乎毫無關聯。因此，像飲食忠告這般尋常的事物，可以毫不費力地突變為生死攸關的警告，並加上這樣的標題：「重大研究顯示，低脂飲食可能害死你」。[10]

風險作為恐懼對象

告知大眾低脂飲食「可能害死你」的那項研究，實際上並沒有說不吃奶油和乳酪的人就會死。這項發表於《刺絡針》（*The Lancet*）期刊的研究宣稱：「低脂飲食可能將早逝的風險提高將近百分之二十五。」[11]這段陳述的關鍵詞是「風險」。傳統上，「風險」一詞指的是損壞、傷害、疾病、死亡，或其他與危險有關的不幸事故之或然率。危險通常被理解成，對人們和他們珍視之事物的威脅。而在這個例子裡，威脅人們的風險是低脂飲食。倘若低脂飲食是風險，那麼高脂飲食為何不是？「雖然高脂飲食對減重可能有些好處，但也帶來某些嚴重風險。」一位專家這麼警告。[12]

恐懼視角的成就之一，是它持續地擴充構成危險，因而象徵風險的議題數目。自一九八〇年代以來，眾多評論者都對風險爆炸發表過看法。每一種食品、玩具、化妝品或經驗，都從風險管理人的角度受到評估。就連旨在促進人們健康的行為，例如低脂飲食，也被這些詞語描述。人們被提醒運動過度激烈的風險。關於慢跑的風險，以及兒童參與學校體育活動的風險，也提出各種說法。對風險不斷擴張的執迷，是恐懼文化最引人注目的特徵之一。實際上，風險討論、風險評估與風險管理，經常提供恐懼視角藉以傳達的敘事。僅僅是對於玩具可能造成一丁點風險的暗示，就足以引起眾怒爆發，導致千百萬產品回收。

儘管風險在歷史上被定義為蒙受損失、傷害，或某種不幸事件的或然率，但經由最近這波擴充，它被重新理解成這種厄運的「可能性」。從或然率到可能性的這一意義轉移，導致風險概念化的根本修正。對於控管不確定性、缺乏信心，改變了社會對風險意義的理解。在大半個現代之中，人們將事物概念化成了低風險（good risk）和高風險（bad risk）。在某些事例，冒險被認為是可佩之事；其他情況下則成了一種惡。例如在一九〇八年，《西北礦業日報》（*Northwest*

Mining Journal）的一位評論員就反對礦工使用好賭局（good gamble）來指涉低風險，他說：「採礦人應當反抗這些詞語的同義用法，因為賭局一詞無疑只用於指涉壞的風險。」[13]這位作者反對的是將風險等同於賭局一詞。在他看來，如同多數二十世紀初期的評論者看來，風險與賭博無關，而是關乎理性地計算可能後果。由此觀之，風險的意義是中性的，至於它會被看作「好」或「壞」，則取決於或然率計算的結果。

得到或失去某些有價值事物的潛力，是現代風險觀的重心所在。風險本身是個中性範疇。至於它在特定情況下被看作好或壞，則取決於用以查明結果的計算。自一九八〇年代以來，在恐懼視角影響之下，這種中性和技術性的風險版本，被一種將它等同於損失或危險的傾向取代。在風險評估中不可或缺的權衡得失，或權衡機會與威脅，也被一種將風險與危險聯結起來，招致恐懼反應的見解給取代。一旦風險取得傳達壞消息的名聲，它就成了必須小心應付的危險。正因如此，風險管理人經常使用一種試圖「最小化風險」或「減輕」它，或完全「避免」它的語言。而在這種語言最不理性的版本中，有些人要求「零風險」：需要完全消滅不確定性的計畫。[14]

風險吸收了恐懼敘事，而它的當代意義與試圖理解不確定事件之可能結果的計畫，並無共通之處。在當前，風險管理人的首要目標之一是「降低風險」。既然風險並非固定數量，而是一個表述或然率計算結果的概念，風險降低（risk reduction）一詞就不合邏輯。即使有可能減輕不理想的結果，風險卻無法被定量減少。對風險減少這一主題的討論明確承認，它的目標是要減輕危險，而非風險。因此，風險減少往往被定義為旨在降低損失頻率或嚴重性的措施：它是「損失控制」的別名。

偶爾仍有可能讀到風險相關陳述，將風險計算看成是控管的不確定性，並協商出機會與威脅兼有之未來的工具。然而，盛行的文化情緒不斷示意風險承擔既棘手又危險的訊息。對風險的規避充斥於關於這一主題的爭議。冒險行為一度被讚許成英勇行為的楷模，如今卻不再享有自然而然的文化評價。承擔風險的人通常被描述成不負責任和愚蠢的人，他們的行為可能會惹來社會的反對。另一方面，風險規避——實際上意味著退縮而不接受不確定性——則被廣泛讚譽為負責任的行為。

曾經一度，「風險」一詞的其中一個定義是「勇敢的、大膽的、喜愛冒險的」。根據《牛津英語大辭典》，這種定義風險的方式如今已屬罕見。[15]「風險性行為」、「風險愛情」、「風險青少年行為」這樣的詞語，指涉的是不具備任何救贖性質的行為。關於「風險教養忠告」的討論，指的是有損害嬰兒健康之虞的指導。風險教養忠告的範例，包括「讓嬰兒暴露於瀝青蒸氣，以『強健肺部功能』」，以及告訴母親「未滿一歲的嬰兒不需要塗抹防曬乳，因為他們不會曬傷」。[16]

在現代的大多數時候，風險評估的科學趨向於提供社會一項抑制及引導恐懼的重要工具。它倚靠運用知識，將不確定性轉化為可計算的風險。藉由取得一個應對不確定性的門道，風險計算協助了將對未來的恐懼理性化的計畫。但隨著恐懼視角興起，風險的意義從屬於恐懼敘事之下。預期負面後果的意向，充滿了看待風險的心態。我先前稱作「風險意識」的傾向興起：透過危險與損失的稜鏡，看待人生不同面向的傾向，突顯恐懼視角對人們生命的影響力。

現實決定風險的正統詮釋，仍持續盛行於科學家的工作中。投入技術創新、金融市場或工業的人們，仰賴對風險的精確計算以控管自身事務。就連政治決策群體的特定部門——尤其在安全領域——也需要認真看待風險計算。用於這種計算的工具無疑是愈來愈精密而複雜，但與或然率一同作業的命令，仍持續影響他們的工作。

然而，風險正統版本在更廣大的文化與公眾生活中影響力減弱，卻是明確可知的。由倡議團體、遊說團體、學者、政治行動者及決策者組成，勢力愈益增長的意見群體，主張堅守風險的正統版本是不負責任之舉。他們從恐懼視角出發，認為人類並不具備計算可能後果的所需知識。反對傳統風險定義的論證，往往受到這樣的說法支持：對環境帶來的長期不可逆損害無法被計算，因此基於或然率的風險分析是不著邊際。「『風險』一詞經常與『或然率』混為一談，因此受到誤用。」一名反對基因改造的人士寫道。[17]在他看來，人類面臨的威脅是如此巨大，使得它們超出理性計算的能力。批判或然率思考的人們寧願倚仗自己的直覺、想像與推測。

在大眾文化與公眾生活之中，推測思考（speculative thinking）往往壓過經由或然率計算應對不確定性的嘗試。即使二十一世紀社會經常被稱為知識時代，對未來的推測思考仍是基於這樣的原則：我們不知道的比我們確實知道的更加重要。對未知的恐懼，成了監控任何意欲跳出已知領域的人之正當理由——無論科學家、公司、探險家，還是風險承擔者。新創造與新科技基於我們不了解其副作用，及長期後果的理由而一貫受到抗拒，社會對改變的恐懼則透過對實驗與創新，可被清楚感知的猜疑情緒折射出來。

從恐懼視角看來，社會必須受到保護，不被創新與改變的後果影響，即使並沒有潛在傷害的證據。一旦這種視角控制想像，任何新科技：奈米技術、基因改造、水力壓裂、人工智慧，都會經由其可怕後果的視角而受到評估。科學創新被理解成滴答作響的定時炸彈，多半因為它們是新的。針對一項新科技的一些聳人聽聞陳述，就足夠讓它成為懼怕的源頭。「科學怪人食物」（Frankenstein Foods）這個綽號在一九九〇年代晚期，如此輕易地在大眾想像中取代「基因改造作物」一詞，說明了一項令人興奮的新科技，可以何等迅速地轉變成憤怒與譴責的對象。

恐懼的文化腳本，通常倚仗著突顯新科技非預期危險後果的隱喻。「打開潘朵拉的盒子」或「將精靈放出瓶外」等隱喻，暗示著對實驗及創新導致不可逆損害的焦慮。這些隱喻傳達出一種對於擅自進入不確定未來領域之危險性的警訊。如同貝克所述：「藉著未來的科技：基因技術、奈米技術和機器人，我們正在開啟新的潘朵拉盒子。」[18]

恐懼視角不僅刺激社會懼怕，還要社會懼怕最壞的結果。它流露出一種拒斥或然率風險分析的文化脾性，因為這種取徑對於未來的正面結果與機會太過開放。反對或然率風險分析的人們堅稱，今天的世界太過危險與複雜，社會再也經不起因應何者「很有可能」發生而行動，它反倒需要擔心何者「有可能」發生。既然原則上，幾乎任何事都有可能發生，最壞（也最不可能）的恐懼，在性質上就變得與更有可能發生的威脅難以區別。

恐懼視角經由「可能性」思考（possibilistic thinking）愈益增強的影響，而獲得最為清晰的表述。可能性思考引起了關於什麼事有可能出錯的推測。在我們的恐懼文化中，什麼事有可能出錯，經常被等同於什麼事有可能發生。由此構成對於未來不確定性獨具一格的單向度及缺乏想像力之取徑，對政策制訂的軌跡產生某些令人憂慮的直接後果。

政策制訂者分派給最壞情況思考的重要角色，通常基於新的創造無法被計算而被證明有理。「我們就是不知道」這句口號，就足以排除最壞情況之外的一切可能。儘管最壞情況思考通常與環保顧慮有關，但它已興起成為一種獨特的未來取向，在各種不同的社會背景裡都發揮指導行為的作用。如同我在二〇〇一年的論著《偏執教養》（*Paranoid Parenting*）所論證，幾乎每一種童年經驗如今都伴隨著健康警示。家長被期望從最壞情況的觀點評估每一個經驗；一旦採取這種取徑，兒童的世界看來就像是危機四伏。於是遊戲場不再被看作兒童能夠東奔西跑、打鬧玩樂的開放空間，而是兒少面臨汙染、意外、霸凌，及戀童者的敵對異域。

當然，家長總是關注著保護子女不受傷害的需求。詢問什麼事可能出錯，是應對兒童遭遇眾多經驗的一種明智方式。但詢問什麼事可能出錯，在性質上卻不同於依據事情「會」出錯的假定而行動。在育兒方面採取最壞情況思考的衝擊，對於兒童受到養育的方式產生巨大影響。對戶外世界的恐懼，導致許多父母將子女限制在屋內，但對於兒童在線上遭遇威脅的恐懼，卻顯示出兒少就連在他們的數位臥室裡也不安全。關於童年危險的最壞情況思考之擴張邏輯，如今號令了這樣的訊息：兒童不應被允許脫離父母的視線之外。圍繞著對最壞可能後果的預期將童年重新組織，表現出恐懼視角對人們如何過日子有著深遠影響。正如多數家長憑直覺知道的，風險重新定義為危險的標誌，對家庭生活的行為舉止有著重大影響。

不幸的是，最壞情況思考刺激大眾將範圍愈來愈大的事物都理解成有害。隨著傷害依附於各種新現象，就連它的意義也改變了。隨著推測思考的增長，傷害取得廣闊無邊的性質。傷害的聲稱不僅限於毒物感染及汙染，透過體驗心理困擾或創傷而對人們造成的痛苦，也被描繪成終生的傷害，人們則被描述為終生受創或受損。傷害的這種擴張解釋，延長了困擾事件及其持續有害影響之間的時間間隔。

傷害後果的時間尺度拉長，將它轉變成無可逃脫的可怕對象。傷害也不僅限於直接體驗的人。一群科學家最近得出結論，猶太人大屠殺倖存者的子女，不僅在心理上及文化上迷失方向，遺傳上也被父母親六、七十年前蒙受的創傷給改變了。二〇一五年發表於《生物精神醫學》（*Biological Psychiatrist*）的一篇報告總結，有證據顯示，「受孕前父母所受的創傷傳遞給孩子，與兩代人的表觀遺傳學變化相關」。作者們宣稱，他們的研究提供「對嚴重心理創傷所能產生的代間影響何等嚴重之可能洞見」。這是換一種方式表述猶太人大屠殺倖存者所經歷的創傷，導致子女遺傳變異。正如研究者瑞秋·耶胡達（Rachel Yehuda）所述，在接受研究的三十二名猶太男女的子女身上觀察到的基因變異，「只能被歸因於父母親所遭受的大屠殺」。[19]當父母親其中一人遭受的傷害被認為改變子女的基因，這就提醒全世界，上輩子受的傷無處可逃：恐懼是唯一明智的選項。

恐懼視角受到社會上多數主要機制的默認。實際上，恐懼還取得第一階價值（first-order value）的地位。這種價值將或然率思考轉變為可能性思考正當化，並驅動無限傷害的新敘事。這也是助長猜忌及不信任精神的價值，尤其針對科學及創新。如同下一節的討論，它也促成政治文化興起，關於恐懼的訴求在其中的作用是替政策及行動呼籲授權。

最壞情況思考不只是抽象思考而已，它應對風險及未來不確定性的取徑，已被轉化成「預警原則」這項學說。預警原則宣稱：遭遇不確定性及可能的毀滅性後果之時，寧可過度謹慎總是更為可取。正如潔西卡・史登（Jessica Stern）和強納森・維納（Jonathan B. Wiener）說明：「預警原則認為，不確定並非對於重大或不可逆風險不作為的藉口」，缺乏證據不應阻礙預防性行動。[20]這個觀點預示於歐洲環境署（European Environment Agency）的做法之中，後者在二〇〇二年一月堅稱，「防患於未然通常需要在傷害得到有力證明之前行動」。[21]不待任何傷害證據出現即採取行動的勸誡，所傳達的看法是：將變遷結果想像成具威脅性是明智之舉。但基於改變構成威脅而行動，自身卻造成傷害，尤其對人們有能力影響自身命運之信心的損害程度。

負面權威理論

對恐懼政治的評論在指責歸咎他人這方面的表現，遠勝於以不偏不倚的方式探討這種令人憂慮的行為。許多評論只在其他人如此表現時，留意到這種行為的證據。恐懼政治永遠都是「他們」的所作所為。許多嘲笑及批判他人「打恐懼牌」的評論家，要是得知自己也完全投入這種行為，必定會大吃一驚。二〇〇四年二月在紐約新學院（New School）舉行的一次研討會，為許多人思索恐懼政治時採用的選擇性取徑，提供了耐人尋味的例證。大量報告傳遞出對於九一一事件過後，小布希政府將恐懼政治制度化的沮喪與憤慨之情，刊登研討會紀錄的《社會研究》（*Social Research*）期刊特別號編輯，則對於恐懼「被我國政府激發，由我國媒體加重」毫不懷疑。22

該刊主編阿里恩・梅克（Arien Mack）對於恐懼作為政治工具的使用並沒有任何原則性的反對，從他的陳述即可清楚看出：「當然，恐懼同樣有正向的一面，這在我們被要求不只該害怕恐怖主義，也該害怕二手菸、生物工程食品，甚至SARS或愛滋等疾病時可以看到。」23這段幼稚且過度簡化的敘述，應用於恐懼政治的特有雙重標準完全暴露出來。在梅克看來有兩種恐懼：正向和負向。恐懼的「正向一面」是關於這位主編所支持的目標，負向一面則涉及他所反對的政策。普林斯頓大學政治學教授喬治・凱德伯（George Kateb）在題為〈恐懼人生〉（A Life of Fear）的報告中，明確支持運用恐懼為工具，對付他所反對的政府及目的。他陳述自己無意「將恐懼從恐怖分子身上轉移開來，而是要擴張恐懼範圍，將美國政府及其密切合作者以色列涵蓋進來」。凱德伯呼籲對小布希和艾里爾・夏隆（Ariel Sharon）政府「懷疑及警惕」，同時承認他並不反對接受陰謀理論：「我絕不會先驗地排除陰謀在政治生活中的存在。」24

從他的觀點看來，擴張「恐懼範圍」是用以支持良善目的的正當策略。

這場研討會的與會者，儘管關切恐懼政治對大眾心態的強制影響，但他們似乎更擔心公民無法懼怕正確的事物。評論家約翰．霍蘭德（John Hollander）暗示，他對大眾無知的恐懼與對小布希政府政治權術的擔憂不相上下，他表示：「本人可以親自坦白，我對於更多人不怕自己被一個欣喜於無知引擎（engines of ignorance），且樂於運用的政府保持在無知狀態，感到愈來愈害怕。」[25]霍蘭德可能跟研討會上的其他人一樣，要是被提醒他們在推廣恐懼政治上的共謀行為，會報以驚恐。他們無疑確信，為了自己的正當目的而助長恐懼，性質上既不同於其對手的恐懼政治，道德上也更高尚。但被圈禁於恐懼視角所劃定範圍之內的他們，唯一的差別只在於應當如何運用恐懼的策略。

霍蘭德對於人們沒有更加害怕被政府「保持在無知狀態」令他恐懼的獨白，道出對美國人民家父長式的不信任。露絲．沃達克（Ruth Wodak）撰寫的另一本名為《恐懼政治》（*The Politics of Fear*）的著作，也以類似思路談論糾纏社會的恐懼，以及她對民粹政治運動的恐懼與憎惡。[26]麥可．卡辛（Michael Kazin）在他的重要論著《民粹主義信念》（*The Populist Persuasion*）之中提到，在冷戰時期的美國，民粹主義成了「自由主義知識分子的巨大恐懼」。這些知識分子將麥卡錫主義的興起歸咎於大眾民主，以及「威權」而「非理性」的工人階級。

反民主情緒在今天受到表達的方式，一項獨一無二的特徵在於一面倒地仰賴於恰好是它們所批判的對象：恐懼政治。在冷戰時期，民主黨內的自由派並不採取明確支持，以恐懼為激勵工具的觀點——他們努力塑造出一個充滿希望的未來。美國總統林登・詹森（Lyndon B. Johnson）在一九六四年五月對學生發表的「偉大社會」（Great Society）演說，提出在當今看來特別格格不入的希望前景。詹森聲明：「憑藉著你們的勇氣、你們的同情心和你們的渴望，我們將打造出一個偉大社會。這是一個不再有孩童挨餓，不再有少年失學的社會。」[27]詹森訴諸於勇氣作為驅動力，以及他對未來的理想主義，在在指出一九六〇年代初期的自由主義仍然滿懷希望。但在當今，重點卻轉向培養人們的恐懼，以驅使他們採取預期中的作為。

恐懼政治經常與種族主義，及仇外政治人物和運動聯繫在一起。或者，如同上文對新學院研討會的討論所示，它被聯繫上警察國家的作為，或右翼媒體助長的驚嚇策略。但儘管恐懼確實經常被這些機制給政治化，恐懼政治最被護航也最明確的版本，卻是來自其他方面。自一九七〇年代晚期以來，恐懼推廣及其政治化逐漸被描繪成：在道德上有正當理由的行為。理由是人們需要被推動著害怕自己所面臨的風險，好讓他們採取行動對抗未來威脅。最壞情況思考，使得許多人得到這樣的結論（尤其在環保運動之中）：既然今天人類活動威脅到地球的未來，運用恐懼遏制他們的野心和消費，就是合乎正道的努力。

文化悲觀主義與不信任大眾的這一趨同，最引人注目地得到預警原則的確認。預警原則的哲學理路，在德國哲學家漢斯・約納斯（Hans Jonas）的著作中，獲得最有系統的概括。他在一九七九年影響深遠的文本《責任原理》（*The Imperative of Responsibility*）倡導將恐懼用作工具——他稱之為「恐懼啟示法」（heuristic of fear）——以促使大眾接受一套可怕的未來觀。

約納斯為助長恐懼提供一套他認知的倫理理據（ethical justification），認為經由這種方法的應用，這種情緒理應被用來防止人類將生態浩劫施加於地球。

在大半個人類歷史上，宗教對於規制行為及劃定人類不得逾越的道德界限，發揮了重大作用。為確保人類根據道德法則行事，各大宗教不僅力圖激發正義行為，也致力於驚嚇人們令其順服，尤其針對那些不受管教的人。因此《聖經》等神聖文本，也可以被看成是一部健康警訊指南。如同先前幾章所述，恐懼神明、恐懼地獄，與天譴和恐懼末日，提供宗教領袖及危言聳聽者大量素材，將恐怖打進平民百姓心中。《責任原理》追隨這一傳統，提供一套旨在馴服人類不負責任行為的世俗神學。

《責任原理》基於現代科技，以迫在眉睫的災難威脅危害世界這一前提，發展出一套在劫難逃的目的論。約納斯回收利用了古典反啟蒙論述，對人類傲慢自大的譴責，將它發展成一套謹慎理論。按照他的說法，利用科學之力的人類啟動一連串事件，而這些事件的毀滅性後果無從計算或知曉。他表示在這些情況下，遏制人類活動是唯一慎重的行動方案。但人類的野心要如何遏制？約納斯的答案直截了當：經由恐懼的道德化。

生態浩劫的黑暗未來別無出路，除非人類根本改變行為方式，採行撙節文化。為實現這一目的，人類必須拋棄對希望原則的信仰，全心全意地學習接受恐懼原則。約納斯主張：

結果，一種富有創意的「恐懼啟示法」取代原有的希望投影，它必定會告訴我們，哪些事物正在危急關頭，我們又必須提防什麼。這些利害關係的強度和我們前瞻知識的不足結合起來，產生了優先考慮毀滅預言，甚於幸福預言的實用法則。28

在約納斯的毀滅預言裡，佛洛伊德「預期性恐懼」的概念被轉化成一項教義。最壞情況思考的倡導者，開展出的在劫難逃目的論，最顯眼的特徵之一在於依賴對於政治行為及權威的負向理據。「人們被恐懼激動的可能性更大於希望」這種說法，導致一種將危言聳聽視為政治動員唯一務實工具的政治作風而興起。約納斯對這一點毫無疑問，他宣稱，人們對威脅自身的惡所打動的可能性，更大於對高尚未來的期望：「我們知道自己不要什麼，比起知道自己要什麼更快得多。因此，道德哲學必須在我們的願望之前先徵詢我們的恐懼，才能得知我們真正珍惜的是什麼。」29這種「恐懼優先」取徑，突顯出約納斯歸於這種視角的基礎地位。約納斯賦予恐懼的邏輯優先性，與他對於面臨危急關頭之事物，正是與人類存亡的言論密切相關。他確信，恐懼必須不擇手段加以運用，像他那樣意識到生態問題的人，責任則是同時藉由「理性與想像」，建構出足以「灌輸我們恐懼，由恐懼提供我們所需指導」的未來設想。30

在約納斯看來，將生態存續升高為立即迫切議題，對於公眾生活有深遠影響。他認為生態問題非常重要，不能留待民主決策的不測後果。他對民主及人民主權的懷疑心態，充滿菁英主義的蔑視；他拒斥自由民主，因為他確信人民會抗拒遏制自身野心，或接受自身生活水準由於實施撙節體系而下降的努力。

為了實現將撙節體系制度化的計畫，約納斯選擇由一群仁慈的菁英實施統治，這種統治在他看來類似於具有生態意識的馬克思主義專政。但他的專政徒具馬克思主義之名，因為傳統上馬克思主義是與發展科學、生產及消費相關。約納斯理解馬克思主義根本上與他的計畫格格不入，但他想要維持馬克思主義的外表，同時對貴族菁英奉獻於一個由撙節組織而成的世界祕而不宣。從他對啟蒙菁英倡導欺騙的鼓吹看來，約納斯的論述就像是柏拉圖《理想國》的諷刺畫。

在《責任原理》之中，約納斯有時也意識到，自己支持不誠實與欺騙的令人沮喪及剝奪人性特質。但他解釋：「或許這場大規模欺騙的危險遊戲（柏拉圖的高貴謊言），正是政治終究必須提供的，好讓恐懼原則在希望原則的假面下生效。」[31]

在這套扭曲的邏輯裡，說謊取得了美德性質，而在「希望原則的假面下」提倡恐懼原則，則被描繪成行使倫理責任。約納斯斷言，高貴的騙子藉由扭曲真相而創造更高尚的真實：「在特殊情況下我們也在表達，或許錯誤意見才是有用的；意思是，倘若真實太難承受，良善的謊言就得派上用場。」[32]柏拉圖無疑會贊同這套後世版本的高貴謊言。

從社會學角度來說，《責任原理》的出版最引人注目之處，不在於它的內容，而在於西方社會對它的接受。約納斯經常被認為是一位深刻的思想家，某種程度上類似哲學聖徒，他的著述激勵德國的環保運動。他被廣泛推崇為對待地球敏感且負責行為的化身。令人驚異的是，他對恐懼原則的提倡，對人民的菁英主義輕視，以及鼓吹欺騙與專政，卻幾乎不曾被追究責任。

約納斯的某些支持者暗示，他支持生態專政的陳述只不過是對於如何解決世界問題，以防生態崩潰的沉思。[33]他們對約納斯的恐懼政治及提倡高貴謊言缺乏關注，表明他們也接受恐懼原則的政治化，構成一種道德責任的履行。同樣的，這群譴責川普實行恐懼政治的人，卻覺得自己可以豁免於這一罪名，因為他們自己推銷的末日是為了良善目的。

自從《責任原理》出版以來，推廣恐懼可以服務於為各式各樣不同目的，提升意識之正當目標這一概念，已經得到廣泛支持。恐懼原則的政治化，也經常由於它構成格外重要的社會團結焦點而受到鼓吹。關於負面團結的憤世嫉俗概念——以對某一威脅的共同恐懼為基礎的團結——則因為它在社會缺乏激勵及動員人民實現積極目標的資源時，是最有效的團結人民方式而被提倡。因此，即使有許多批判針對恐懼政治而發，如今卻也有很大一部分意見群體認為，恐懼原則是建立社會團結至關重要的資產。

運用恐懼乃是替高尚目的提升意識之正當選項，對這一命題的接受在學術圈也愈來愈顯而易見。有些自認為批判知識分子的學者，也願意公開提倡恐懼政治化的正當性。任職於英國的犯罪學家史丹利・柯恩（Stanley Cohen）闡述道德恐慌的概念，以揭露針對所謂「公害」（folk devils）助長焦慮的傾向，他正體現了這種朝向採納雙重標準發展的趨勢。他在學術生涯末期，探討將道德恐慌運用於積極目標的可能性，相信有助於將掌權者否認的錯誤提交大眾關注。針對那些否認酷刑、不義、氣候變遷，或濫權行為的人發動的道德恐慌，經常被認為是驅使人民懼怕正確問題的有益取徑。按照這個觀點，「好的道德恐慌」能有助於糾正道德錯誤。[34]

避免邪惡

謹慎原則（principle of caution）的支持者分派給恐懼推廣的道德制高點地位，並不僅僅說明這種視角的力量而已，也顯露其他激勵來源的相對無效與不著邊際。這麼多利益團體與黨派被引向恐懼政治的理由，是因為在許多情況下，他們無法用更正向的語言表述自己的論點。政治人物和倡議團體總是在發表最後通牒，而非論證。他們堅持的「只有一個選擇」或「別無他法」，緊接著就是對於他們提議被拒時可怕前景的不祥暗示。

這麼多不同群體與利益團體採用恐懼政治，往往被錯誤歸因於無原則的馬基維利式政治作風自主得勢所致。然而，這樣的說法往往忽略這種作風藉以興起的脈絡。如上文所述，恐懼政治興起的必然結果，是對二十世紀主要意識型態與目標的信念耗盡。[35] 少了可信的正向未來觀，社會對於要求避免邪惡的呼籲，反應會比訴諸希望更為積極。

正是對正向驅動猶豫不決公民的能力如此缺乏信心，導致二〇一六年英國公民投票決定歐盟會員資格期間，各方全都採用某一版本的恐懼計畫。雙方都批判對手打恐懼牌，而對己方共謀施行恐懼政治又貌似毫無知覺。關於誰說謊、說了什麼謊，以及哪一種恐懼訴求能被經驗證據證實的爭論，徒然混淆視聽。一般來說，最激烈的爭論圍繞在哪一個選項——留在歐盟或脫離歐盟——會帶來更大損失的問題上。雙方都不願闡述正向論證，而是乞靈於炮製一連串嚇人故事。

最近浮上檯面的對於「後真相」及「後事實」作風的擔憂，正是恐懼政治所產生的情緒不可阻擋的後果。對新近產生「事實查核」的關注，並不只是在回應「政治人物有時說謊」這個發現，更是對公眾語言墮落的表態。猜疑與不信任已經成了現今用於評估政治聲明的預設心態。瀰漫於公眾生活的不誠實推定，間接來說正是恐懼視角腐蝕效果的一項成就。

在多數情況下，公眾人物都不太可能認為自己是恐懼政治這門黑魔法的習藝者。他們並未思考太多就逐漸接受恐懼視角。他們的經驗教會他們，利用人們的不安全感是遠比訴諸人們對未來的信心更加有效的贏取支持方式。如同加拿大評論家與學者葉禮廷（Michael Ignatieff）的解釋：

> 在二十世紀，人類普遍性（human universality）的概念寄託於恐懼多於希望；寄託於對人類作惡能力的懼怕，多於對人類向善能力的樂觀；寄託於人類身為殘害同類的狼，更甚於人類身為歷史締造者的想像……一個世紀的總體戰讓我們全都成了受害者，無論平民和軍人，男女老幼都一樣。36

很難不同意葉禮廷對於恐懼在西方政治文化上強勢影響力的評價，但了解這一點是很重要的：「對人類作惡能力的懼怕」這種無處不在的感受，本身就是我們恐懼文化的一項特徵，而不只是一個世紀總體戰的後果。正如前文指出的，恐懼的權威作為一種關鍵驅動力而出現，發生於一九七〇年代晚期，關於積極未來可能性的既有理想，在此時開始被文化悲觀主義情緒取代。這時興起的文化悲觀主義情緒，全神貫注於存亡問題，有時候更把未來看成必須避免的惡。正是在這個脈絡裡，接納恐懼為一種正向價值，因為它能在避免未來之惡的需求上創造出共識的這種論證，開始愈來愈受歡迎。

這種對恐懼政治的高尚描繪，幾乎不曾以明確的形式被闡述。恐懼政治過去享有惡名，至今也持續如此。因此大多數時候，這種政治作風的理據往往是不明言的。就連約納斯對「新馬基維利」的呼求，也以隱微方式傳達，並仰賴欺騙。

政治理論家茱迪絲．施克萊（Judith Shklar）的著述，正因她明確且毫不含糊地嘗試，為恐懼政治開展出一套正向規範性基礎而與眾不同。她對恐懼驅動力量的全心支持，是根據以世俗方式重新建構古代宗教及哲學，關於死亡恐懼之強勢影響的概念。在接納對惡的恐懼作為團結的潛在來源這方面，施克萊的論證與霍布斯提出的，某些替運用恐懼建構社會秩序辯護的論點有所共鳴。然而，霍布斯的計畫卻更加野心勃勃：恐懼作為建構煥然一新權威概念的政治工具，而發揮作用。施克萊的理論則與當時的情緒一致，首要目的在於降低大眾的期望，並刺激他們聚焦於避免邪惡，而非為了正向理想甘冒風險。[37]

施克萊主張所謂「恐懼的自由主義」，理由是在不確定的恐怖時代，恐懼能讓人們團結起來對抗殘酷與不義。她陳述：「由於對系統性殘酷行為的恐懼是這麼普世皆然，基於禁止這種行徑的道德訴求就有立即的吸引力，能夠不受太多爭論就得到認可。」對惡的恐懼構成團結的道德基礎，這種見解看來就像是避免政治實驗及承擔風險的理據。施克萊用以下這段話為她的惡之目的論辯護：

它誠然並不提供所有政治行動者皆應努力達成的至善（summum bonum），但它無疑始於至惡（summum malum），這是我們所有人都知道，會盡我們所能避免。這種惡即是殘酷及其激發的恐懼，以及對恐懼本身的恐懼。38

施克萊完全不嘗試讓人們認識「至善」——最高善的驅動潛力。她的哲學反倒指向對「至惡」——最壞的惡之恐懼，她認為其中具有動員大眾的驅動力。恐懼以單向度方式受託承擔起建立團結，對抗恐怖主義與殘酷威脅的責任。

以下的言論很有可能讓施克萊反感：她對「恐懼的自由主義」的論證，相當於一種頭頭是道的恐懼政治版本。她並不認為倚仗恐懼作為動員團結的工具，與真正的自由民主政治之間有所矛盾。她的當務之急在於殘酷之惡折磨全世界，而她確信運用恐懼除去我們所懼怕的威脅是正當之舉。一如其他的恐懼政治版本，她也視之為達成更高尚目標的手段。但這種將恐懼道德化的高尚努力所忽視的，則是利用這種情緒以實現所期望的目標，不可能不觸動社會及其人民。變得害怕的人們更有可能退出公眾生活，而不是奮力達成積極的團結；經由恐懼訴求建構的聯結，也不太可能像公共理念那樣足以凌駕分歧與片斷化。

恐懼政治採納風險規避，作為其中一項重要價值。結果，許多政策制訂者及經理人都認為，影響重大的風險在功能上等同於施克萊的「至惡」。對風險恐懼的常態化，經由一套將風險規避描述為道德責任行動的敘事，而被持續強化及永久延續。

那些受到「避免邪惡」之共同方案、團結社會的計畫吸引的人，確信人們的焦慮及恐懼是達成他們目的的重要資源。貝克因此做出結論，全球恐怖主義的威脅有著培養團結的巨大潛能。他聲稱：「在一個對上帝的信任及信仰、階級、國族與進步都消失大半的時代，恐懼證明了是最後的（矛盾的）建立新聯結的資源。」[39]假定「人類的共同恐懼」轉化為「最後的」建立聯結工具的這套論證，傳達出肆無忌憚地使人心灰意冷的訊息。它排除人類演化出正向未來觀的可能性，也摒棄社會圍繞著前瞻目標構築起社會聯結的可能性。貝克毫無保留地表達這種悲觀情緒，他表示：「基本上，這裡牽涉的不再是得到一些『好的東西』，而只是防止那些最糟糕的狀況。」[40]

但人類若是奮力實現好事，他們只會因此而繁榮昌盛。正因如此，挑戰恐懼視角傳達的這種負面心態，才會對我們的未來如此重要。理解這種視角何以受到如此歡迎，則是處理問題的第一步。正如最後一章所言，對抗當今的恐懼體系能夠將人類實現「至善」的衝動解放出來。

恐懼視角的分化效果

儘管有這麼多主張指出，社會團結可以經由恐懼訴求創造，恐懼視角隨處可見的影響力卻未能驅動或振奮社會團結對抗「至惡」。它當然並未導致社會聯結，及團結的具體化。它的首要成就是指向特定威脅的恐懼週期性迸發。回應汙染行為的短暫動員，與恐懼水力壓裂激起的運動相持不下。鎖定移民爆發的憤怒，則與針對罪犯及戀童者的憤怒展示競爭關注。在當今的氛圍，「惡」以眾多形式及規模出現，人們對它們的反應並不遵循同一種模式。我們並不總是害怕同一種恐懼，而我們當然會以不同的強度回應它們。這個趨勢有一些顯著的例外，像是全球對兒童掠食者的恐懼，但從歷史標準衡量，對惡之定義的共識顯著地脆弱。

恐懼政治是動員支持、獲取團結的強大武器這種觀念，往往借鑑於昔日強大獨裁者及極權政體的成就。但幾乎沒有證據能證明，今天「打恐懼牌」的政府得以實現自身目標，並養成共同目標及團結的情緒。小布希總統及其政府在紐約世界貿易中心被摧毀之後，經常被批評者指控打恐懼牌。政府及其批評者雙方都預期會出現一個持久的大眾團結階段，但這證明了為時短暫，僅僅數年之內，對於反恐戰爭及入侵伊拉克的實行就爆發激烈爭論。二〇〇六年八月，對一千零一十位成年人的調查發現，百分之三十六的美國大眾懷疑聯邦官員協助九一一攻擊，或者不採取行動制止，讓美國得以獲取參與中東戰爭的正當理由。根據這項由斯克利普斯．霍華德（Scripps Howard）報系與俄亥俄大學聯合進行的民調，為數眾多的受訪者拒絕相信官方對事件的說法。41

由恐懼政治所提出，對避免邪惡的單向度強調，能夠養成一種風險趨避的氛圍，但卻缺乏刺激人們團結所需的驅動力。其首要效果是讓人們被動消極，而非促使人們行動。實際上，正是恐懼視角的分化遺緒，才理當讓關注社會團結問題的人們憂心。恐懼視角強化了既有的社會及文化模式，助長社會經驗的私人化與區隔化。

恐懼視角最直接也最具腐蝕性的副作用，是它動搖非正式關係的方式。恐懼視角不只提供一套認知我們這時代重大議題的見解，如恐怖主義、環境和全球金融體系，它所提供的見解也用於理解人際關係。正因如此，恐懼視角所創造並維持的猜疑氛圍，也同樣籠罩私生活領域。

恐懼具體化成為一種與眾不同的視角，改變人際關係受到理解的方式，尤其是緊密、親暱關係。這種視角永無休止地請求社會，仔細思量葉禮廷間接提到的「人類作惡的能力」這個主題。如此的憂慮也延伸到這種施加傷害能力，在家庭、交友圈及其他非正式場景發生的方式。結果，一九八〇年代至今的數十年，見證了針對人們在私生活中面臨來自彼此的威脅，程度前所未見的興趣。向來被歸類於「人生問題」這一評量準則下的人際關係困難，如今則被稱作「有毒的」、「凌虐的」或「失調的」。「家庭的黑暗面」這一受到廣泛運用的隱喻，引發了對於關上門後私下發生的種種惡行之畏懼感。

當今對於人類作惡能力的執迷，也導致犯罪被理解的方式受到修正。驚人之處在於，當今最引人注目的犯罪，如何成了那些與人際關係最相關的犯罪：性侵害、約會性侵、凌虐兒童、凌虐老人、霸凌、跟蹤糾纏、騷擾及網路鬧版。這些線上及離線犯罪的嚴酷代價，提醒我們要當心那些與自己最親近的人。值得一提的是，其中許多行為：跟蹤糾纏、騷擾、霸凌，直到一九八〇年代為止都沒有被定義成犯罪。正是應用了朝向人際關係的「毀滅預言」，才導致這些犯罪被「發現」。相對來說，發現邪惡緊追著人際關係不放，則對人們理解及應對出現於個人生活種種問題的方式產生重大影響。

避免邪惡的視角在關於性侵掠食者對童年帶來的威脅這方面，獲得最有力的訴求。人們對戀童癖可想而知的憎惡，受到倡議者的利用，而轉化為道德憤怒的一個永恆焦點，作為大眾文化的主題，占有顯著地位。戀童者成了二十一世紀社會的邪惡象徵。

按照幾乎每一個西方社會的文化腳本，凌虐兒童的人無所不在。道德事業家引述大量數據支持「所有兒童都處於危險之中」這個論點。英國前任兒童事務副專員蘇．貝雷洛維茲（Sue Berelowitz）傳達出這種主張，她宣稱：「每個城鎮、鄉村或村莊的兒童，都在遭受性剝削。」[42]這種說法的道德份量幾乎不受爭議，因為任何人要是質疑虐待無所不在這項教義，就有可能被譴責為姑息兒童掠食者的人。

這套腳本請求大眾將所有陌生人，尤其是男性，都視為潛在的猥褻兒童者。「陌生人危險」的概念及予以推廣的倡議，以教育兒童不信任他們不熟識的成年人為其明確目的。這套「陌生人危險」敘事有助於將不可想像之事，轉變成令我們想到就惶惶不安的威脅，並要求無限期保持警惕。經由這種反常的方式，戀童癖被轉變成生活的正常特徵。

戀童癖作為一種糾纏童年的生存威脅而被常態化，提供一九八〇年代首先作為道德恐慌而興起的議題，突變為一套頭頭是道的邪惡意識型態之罕見實例。[43]不同世代之間的關係如今被小心地控制及監督，以遏阻戀童癖威脅。「有罪推定（未能證明無辜即是有罪）」這一假定，提供了代際關係的基礎。兒童經常被勸告不可相信成年人，對「陌生人」要保持警戒。

代際關係屈服於「有備無患」（安全總比後悔好）這一命令之下，說明了預警原則伸展到人們生活最私密的領域之內。正如下一章的說明，這種看待人生的見解內化，導致恐懼心態由此養成。

---

1 即使用學術出版成長來解釋，如此增加仍然說明對這一主題的興趣增長。

2 “Americans now drink more bottled water than soda,” *The Wall Street Journal*, 10 March 2017, http://www.marketwatch.com/story/americans-now-drink-more-bottled-water-than-soda-2017-03-09（二〇一七年九月四日瀏覽）。

3 參看“Bottled water ‘not as safe as tap variety,’” *Daily Telegraph*, 2 January 2013。

4 Shehnaz Toorawa, “6 scary facts about bottled water,” 5 September 2017, https://www.soundvision.com/article/6-scary-facts-about-bottled-water（二〇一七年九月五日瀏覽）。

5 參看Natural Hydration Council, “Myths about bottled water still confusing consumers,” 18 May 2016, http://www.naturalhydrationcouncil.org.uk/press/myths-about-bottled-water-still-confusing-consumers/（二〇一七年五月二十四日瀏覽）。

6 轉引自Borgadus (1940), p.332。
7 前引書。
8 Habermas (1975), pp.73, 75.
9 Furedi (2013b), p.407.
10 Laura Donnelcy, "Low-fat diet could kill you, major study shows," *Daily Telegraph,* 29 August 2017.
11 前引書。
12 David Benjamin, "The Risk of High-Fat Diets," 11 May 2015, Livestrong.com, http://www.livestrong.com/article/249377-the-risks-of-high-fat-diets/（二〇一六年六月二十五日瀏覽）。
13 "What is a Gamble?", *Northwest Mining Journal*, Vols. 5-7, p.96.
14 參看本書第六章對於「零風險」的討論。
15 參看"risky, adj.," *OED Online*, Oxford University Press, June 2017（二〇一七年八月三十日瀏覽）。
16 參看"Netmums survey: Many mums given risky parenting advice," *BBC News*, 29 March 2011。
17 Professor Terje Traavik, "GMO risks and hazards: Absence of evidence is not evidence of absence of risk," Third World Network, http://www.twnside.org.sg/title/terje-cn.htm .
18 Beck (2003), p.260.
19 轉引自https://www.theguardian.com/science/2015/aug/21/study-of-holocaust-survivors-finds-trauma-passed-on-to-childrens-genes?CMP=share_btn_tw 。
20 Stern & Wiener (2006), p.2.
21 European Environment Agency (2002), "Late Lessons from Early Warnings," http://reports.eea.europa.eu/environmental_issue_report_2001_22/en .

22 Mack (2004), p.v.

23 前引書，p.vi。

24 Kateb (2004), pp.891 & 896.

25 Hollander (2004), p.15.

26 Wodak (2015).

27 詹森的演說可在此閱讀：http://www.presidency.ucsb.edu/ws/index.php?pid=26225&st=&st1（二〇一六年六月二十四日瀏覽，譯者按：原聯結失效。）

28 Jonas (1984), p.x.

29 前引書，頁二七。

30 前引書。

31 前引書，頁一四九。

32 前引書，頁一五一。

33 例如，參看Dinneen (2014)。

34 參看Panchev (2013) 的討論。

35 這樣的發展在我的著作《恐懼政治》第七章有所討論，Furedi (2005)。

36 Ignatieff (1997), p.18.

37 Shklar (1989), p.33.

38 前引書，頁二三、二九、三〇。

39 Beck (2002), p.46.

40 Beck (1992), p.49. 譯者按：此處參看烏爾利希・貝克（Ulrich Beck）著，汪浩譯，《風險社會》，頁四八。

41 參看“A third of US public believe 9/11 conspiracy theory,” Scripps Howard News Service, 2 August 2006。

42 Graeme Wilson, “Shocking scale of abuse,” *Sun*, 13 June 2012.

43 這一點在 Furedi (2013a) 得到探討與闡述。

第五章
恐懼主體的創造

恐懼視角的得勢不只是對社會應對不確定性，與未來的方式產生後果而已，它也影響關於人之所以為人的行為與觀念。人們在社會化過程中將預警的文化心態內化，使之影響他們看待自己以及在世上處境的方式。經由這個社會化過程，人與世界的關係也改變了。如同前文所述，預警的文化規範朝向「傷害意義的擴充」而運作。傷害的激增，以及它們遠比先前以為的更嚴重的描述，在公眾領域裡不斷被回收利用。不可避免的，受到這種擴充版本的傷害影響的人們，變得傾向於透過恐懼視角看待世界。這種趨於懼怕性情的養成，沒完沒了的在一切生活領域裡重複。

人們從小就被教育要全神貫注於自己的安全，並把懼怕看作是一種明智且負責任的看待世界取向。我們被期望積極回應恐懼訴求，因為恐懼被預設為我們的正常狀態。弔詭的是，經由社會化融入恐懼狀態，卻與人們普遍抱持的「個人沒有能力掌控自身恐懼」這一觀點同時存在。小孩尤其不被期望能應對自己的恐懼，但成人也同樣不被期望。最近數十年，人們與一個充滿傷害的世界之間的不安全關係，使得「脆弱性是人類境況的定義特徵」這一假定大行其道。

政策制訂者、意見塑造者，及廣告人依據人類趨避風險且感到無力而行動，他們的訊息又將人類脆弱的認知常態化。社會理解傷害的方式不僅影響人們如何恐懼，也同樣影響他們對於「自己是誰」的意識。如此這般，「面臨危險」的隱喻成了一種自覺的認同形式。正如社會學家多妮琳・洛賽克（Donileen Loseke）的說明，要求大眾關注並予以影響的狀況，「通常也同步建構出棲息於此種狀況之『人』的類型」。[1]懼怕的人出現，成為定義我們這個時代精神之趨勢的化身，正是本章的主旨所在。我主張，恐懼文化受到影響深遠的「人觀」意義之重新定義所鞏固。

對人觀的預警心態

社會對人類美德與能力所傳達的期望，對於人們定義自身及處理自身事務的方式發揮決定性作用。隨著人類從母胎誕生、變得社會化、發展出自我意識，他們也將文化所認可的關於人之所以為人的觀念，融入自身行為之中。人觀提供對於「生而為人的性質或境況」的一套敘述，[2]為「我們被期望害怕還是勇敢」、「我們應當鼓勵冒險及實驗嗎」，或是「我們被期望自行管理多大程度的痛苦和沮喪」，這類問題提供指導。作為一套生而為人品質之構成要素的敘述，人觀的意義遵循對特定社群至關重要的價值而演化及改變。

從很小的時候開始，傳達給兒童的人觀概念就形塑了人們終其一生與世界互動的方式。經由社會化及教育過程，包括媒體及大眾文化傳遞的訊息，對於人觀的概念逐漸定型。關於人們能從他人身上期望什麼，以及應當如何回應不確定性及改變的觀點，對於理解恐懼如何運作具有重要影響。

在歷史上，涉及人觀的心態及價值是根據基於道德的原則。這些原則建立在「人類具有遵照智慧、勇氣、克制，及正義等美德回應威脅的道德義務」這項假定上。直到二十世紀初，人觀敘述仍命令人們拿出勇氣應對逆境與痛苦。阿拉斯戴爾・麥金泰爾（Alasdair MacIntyre）在他影響深遠的論著《追尋美德：倫理理論研究》（*After Virtue: A Study in Moral Theory*）如此解釋：

> 我們之所以視勇敢為一種美德，是因為在實踐中如此重要，及如此頻繁的對個人、共同體與理想事業的憂慮與關切，要求有這樣一種美德的存在。假如有人說他關心某個個人、共同體或理想事業，但又不願意冒險使自身利益受到損害，那麼，他的憂慮與關切的真實性就有問題了。勇敢，甘冒自身之險的能力，因其與憂慮和關切的這種關聯，在人類生活中有其作用。[3]

正如麥金泰爾的提示，勇氣不只是作為性格特徵，也作為與個人對他人福祉的責任相符的行為模式而受到重視。人們會勇敢回應傷害及危險的預期，是道德行為之構成要素的理想不可或缺的一環。

二十一世紀提供給人們的人觀敘述，對於「甘冒對自身傷害或風險的能力」持懷疑態度。它當然不會肯定「甘冒風險」行為的價值。與其甘冒風險，人們反倒被期待在決定如何回應自身面對的風險之前先予以評估。採取風險評估技術回應風險的義務，以技術官僚美德的型態運行。採用這種技術的義務甚至影響警察和軍人的行為舉止。總部位於英國的維安學院（College of Policing）主張：「一切預先計畫的行動皆應完成風險評估，並應確認可能對警員及文職人員造成傷害的危險。」[4]

這種取徑的言外之意在於，警察不僅被期望回應威脅而已，他們的行動也被風險評估的結果所決定。然而，維安學院也承認一項不利因素：被歸於「甘冒風險」的負面意涵，「導致警察人員變得趨避風險，部分警員及文職人員害怕做出決定，以防事態惡化。」[5]實際上，現行的維安文化勸阻警方人員按照自身判斷行動，或依據自身相信「正確」的行動方針回應威脅。同樣的趨勢在軍隊也明確可見。一項對美國軍方傷亡趨避的研究指出：「隨著對於風險規避的著重，經由指揮系統向下滲透，基層軍官及其士兵逐漸意識到低風險行為受到期望，並相應行動。」[6]研究作者觀察到：「近年來的研究顯示，軍方部隊存在一定程度的安全意識，及對風險評估的集中關注，整體上強化了風險趨避。」

風險趨避在西麥西亞警隊（West Mercia Police）提供的風險評估指南裡受到清楚傳達，其中建議警員：「僅可深思熟慮地進入水中保護可被救助的性命，且唯有在適切及充分的動態風險評估過後。考慮一切其他選項及相關因素，例如在地知識及水中／水邊直接狀況。」[7]

不幸的是，對於搶救人命的風險趨避心態，例如西麥西亞警隊所倡導的這些，卻有可能造成悲慘後果。二〇〇七年五月，一位十歲男童喬登・里昂（Jordan Lyon）跳進池塘搶救溺水的繼妹，卻不幸喪生。兩名警方的社區支援警員未能出手救助男童。他們以自己缺乏「水上救援」訓練為由替自己的不作為辯護，大曼徹斯特警隊（Great Manchester Police）也贊同這項「適當」決定。[8]對於在兒童溺水時決定袖手旁觀的官方認可，反映出警方偏重風險趨避的價值，更甚於勇氣與責任感到了何等程度。

倘若兩名社區支援警員得出了自己沒有能力，或者沒有準備好因應搶救溺水兒童的風險這種結論，那麼一般大眾對於因應風險情況可能就更加遲疑和懼怕。在這方面，當代社會對於體驗傷害的門檻出奇的低。我們對傷害的恐懼放大，與人們無力克服自身面臨威脅的觀點常態化同步發生。無力感、易碎性與脆弱性，是與當今對「人觀」的表述交相共振的特質。

社會對於體驗傷害的低門檻，最為貼切的表現在「不舒服」一詞的重新定義，或是「我覺得不舒服」這句話。直到最近，這個字只不過是在示意不適、不安或憂慮的狀態；而不適狀態則被看作是正常且普通的人生特徵。唯有在不久之前，人們才開始採取「感到不舒適是不可接受的，讓他們覺得不舒適的人對他們的幸福構成威脅」這種觀點。這種情緒目前正在大專院校獲得學術認證。支持對可能令人不快的文本插入觸發警告一事，反映出學界某些部門確信，令人不舒服的觀念應當附註健康警示。[9]這樣一來，讓某位學生感到不舒服的概念或批評，都會被描述成有害。結果，某些學生因此確信「我對你的觀點感到不舒服」，足以構成一種終止討論及辯論的正當論證。

當代的人觀敘述往往傳達出一種假定：脆弱性構成人之所以為人的本質。人類易受損害的主題支配了大眾文化。這種情緒經由一種暗示人類「易碎」、「受損」、「終生受創」或「破碎」的治療語言傳達出來。「我們是怎麼走到這樣的歷史時刻：人類的科技強大前所未見，但我們卻覺得自己愈來愈虛弱？」賓夕法尼亞大學英語系教授克萊兒．柯爾布魯克（Claire Colebrook）問道。[10]我們可以換個方式問：「為何我們變得對迄今為止視為理所當然的行動如此懼怕，像是讓小孩自己走路上學、搭便車、做日光浴或喝自來水？」再問深一些，我們還可以探討這個問題：為何以往被理解為存在課題的問題，像是害羞、壓力、自卑，全被重塑成有害的醫學病理。

勇氣這項美德在歷史上，一向被認為是對付恐懼的腐蝕效果最有效的解藥。西方社會仍然高度評價勇氣與英雄行為的表現，但在日常生活實踐中，我們已經與這項理想疏離，幾乎不去培養它。實際上，勇氣理念已經縮水了。在日常討論中，勇氣一詞取得一種自助手段的地位。「生存的勇氣」這句話傳達了這樣的理念：活在壓力與存在痛苦之下，本身就是英雄主義行為。從治療文化的世界觀看來，從損失中存活這種極其尋常的經驗，就足以博得勇敢的稱號：自助錄影帶《生存的勇氣：面對喪失靈魂伴侶》（*The Courage to Survive: Facing the Loss of Your Soul Mate*）的廣告詞指出這點。[11]

勇氣的當代版本取消它在經典中的對應。古典的勇氣美德植根於著重責任感、無私，及智慧的道德規範之中。二十一世紀的治療版本，卻並非根據堅定不移的規範基礎；它與道德規範脫鉤，工具性地被採用為獲取幸福的媒介。《正念口袋書：更平靜生活的小練習》（*Mindfulness Pocketbook: Little Exercises for a Calmer Life*）收錄一章探討「增強勇氣」，並提供下列自助指導：

> 開啟新事物。學習新的事物需要勇氣。去上一堂運動課，即使你不知道怎麼做動作。到一個你不曾去過的地方……「去一家你平日不常去的餐廳」。「增強你的勇氣。每天做一件讓你懼怕的事，感受你的勇氣成長」。[12]

去一家沒去過的餐廳增強「你的勇氣」，想必會讓亞里斯多德及其他哲學家感到離奇和怪異。

對亞里斯多德來說，勇敢的行為以高貴的目標為宗旨。在這一點上，勇氣的古典與當代版本有著重大的觀點分歧。安德烈・札瓦利（Andrei G. Zavaliy）與麥可・亞里斯提多（Michael Aristidou）在一篇頗具見地的論文裡指出：「當代作者即使有對某一據稱勇敢行為的高貴目標進行討論，也極其稀少。」高貴目標是「亞里斯多德對這一美德全面性敘述的構造特徵之一」；但在當今時代，勇氣卻「依其自身條件而被衡量」，「與其奮力達成的目標切割開來」。[13]《正念口袋書》提出的參與運動課程或光顧新餐廳之類平庸活動，皆屬勇敢行為這種說法，傳達的信念是人們天生就懼怕，因此有充分理由認為前往不曾去過的健身房或餐廳具有威脅性。其他自助書籍也說明我們的恐懼文化，對勇氣提出的論述是何等稀薄，就連區區的照顧好自己都能被標記成英勇行為。諸如《改變的勇氣：一天改變一件事》（*Courage to Change: One Day at a Time*）、《行動的勇氣》（*The Courage to Act*）、《成長的勇氣》（*Courage to Grow*）、《教導的勇氣》（*Courage to Teach*）、《發光的勇氣》（*Courage to Shine*）或《守貞的勇氣》（*Courage to be Chaste*）這類書名，都運用勇氣作為治療上驗證工具的概念，獎賞任何一個準備好應對自己個人問題的人。札瓦利與亞里斯提多說明：「勇敢行動者的數量增加，是藉著將可由行動者適當應對之恐懼灌輸對象、情境，及狀況的範疇擴充而達成。」[14]換言之，將生活大小事表現得令人恐懼，使得對這些大小事的回應也成了英雄式的勇敢行為。

札瓦利與亞里斯提多指出，如今對於勇氣的取徑是雙重的。它若不被理解成無所畏懼超級英雄的屬性，就會被轉而理解成相對正常的性格特質：

> 有兩種對勇氣的極端取徑，盛行於當前的文化主流之中。取徑之一將勇氣美德看作神祕往昔的一種有些謎樣的遺跡，它的適當位置在古代的史詩裡，或者，也許在大膽超級英雄主

演的電影裡。另一種立場則看見勇敢的人充斥於每一個警察局、消防隊或職業工會，有時將這種特質擴充到涵蓋整座城市，乃至整個國家。當今媒體與大眾文化大量發放勇氣證明書的通貨膨脹傾向頗為明確。我們認為，這兩種觀點皆有所偏誤。[15]

這兩種取徑的第一種將勇氣描繪成不可能的理想，第二種則將勇氣概念貶低到喪失其傑出、高尚，及高貴性質的地步。

對於人觀的預警心態，並不期望懼怕的人們能做得比應對每日生存的挑戰更多，它預設單單接納自己就「需要勇氣」。自封的思想領袖羅伯．法哈多（Rob Fajardo）提供「如何有勇氣做自己」的忠告時，主張「懼怕做真正自己受到的論斷，是最普遍的恐懼」。[16]當代版本的人觀傳達出這樣的信念：懼怕論斷足以對人們的情緒福祉產生危險的影響，文明社會不該容許它。於是對論斷的恐懼受到合理化，在許多情況下，人們都受到保護免於被批評的威脅。自一九六〇年代以來，不受論斷原則已被抬舉到了核心價值的地位。在英美社會，不論斷主義（non-judgmentalism）這一理念作為我們現代的基本價值之一而受到頌揚。

如同一項對美國政治文化的詳盡調查結論所述，「不可論斷」已經成了美國中產階級的第十一誡。研究作者艾倫．沃夫（Alan Wolfe）注意到：「中產階級美國人不願對他人如何行動與思考做出論斷。」[17]也正如我在下一章的說明，當前教育場域中，尤其大學校園內的價值衝突，受到反對論斷的聖戰火上加油，論斷逐漸被描繪成對人們自我感受的威脅。[18]為了消弭對論斷的恐懼，學生被提供了意欲將「傷人」字句定為非法的安全空間及言論準則。

論斷理念的明確貶值，可以解讀成社會對於令其公民遭受不確定性，及風險產生隔閡的一種癥狀。對他人批評抱持開放態度，需要人們準備好承擔風險。在古代，論斷與獲致智慧的行為相關，尤其因為它可能令人苦惱的後果。身為斯多噶派哲學家的羅馬皇帝馬可・奧里略（Marcus Aurelius）評論道：「要是你被任何外在事物煩擾，那麼煩擾你的並非事物本身，而是你自己對它的判斷。」並忠告：「你有能力抹除那樣的判斷。」反之，當今對於學生不該非得應對論斷不可的主張，則是根據他們太過脆弱，無法指望他們應對論斷的威脅性影響這一主張而來，其忠告則是完全避免論斷。

近年來，批評與論斷導致的傷害也被醫療化，冒犯字眼則被譴責為心理疾病的傳播媒介。語言冒犯他人的主張絕非新奇，改變的是被冒犯的狀態受到描述的方式。按照貫串於大學言論指導原則的那套典範，冒犯性語言不只是侮辱而已，更對他人福祉構成風險。「我們都知道，話語能夠傷害我們的『情感』，但事實證明，話語也會對我們的『身體』產生重大影響。」人生教練琳達・普奇（Linda Pucci）在她對「有毒話語」的討論裡如此宣稱。[19]對話語的懼怕心態，說明了在我們的恐懼文化裡，語言規制成了維持大眾健康的必要工作。

當代的人觀敘述對堅忍克己，以及咬緊牙關、沉著應變的理想全都嗤之以鼻。從醫療化的世界觀看來，咬緊牙關作為一種面臨橫逆展現堅忍的隱喻，被嘲弄為情緒文盲的一種癥狀，而不被肯定為力量的楷模。拒絕當眾承認恐懼與焦慮，通常被描述為心理問題的起因與結果。一群研究者照著這種思路認為，英國在打敗癌症的戰爭中之所以落後於其他國家，原因之一正是英國人的「咬緊牙關文化」。[20]

讓人們社會化且變得懼怕

勇氣意義的轉化與論斷的貶值，與看待恐懼的心態變化密切相關。在美國，這一轉變在十九與二十世紀之交變得明顯；到了一九二〇與三〇年代，也開始在西歐產生影響。看待恐懼的新心態在戰間期獲得動力，並從一九七〇年代晚期開始主宰文化形勢。再一次，新的恐懼規則首先在美國引起注目，然後在一九八〇年代初期席捲英美世界的其他部分。

斯特恩斯確信，這種新的恐懼文化與十九世紀初的版本形成強烈對比。[21]我們對包含期刊及指導文類（advice literature）在內史料的研究，則認同勇氣地位的下降與人觀意義的轉化，自十九與二十世紀開始就獲得動力。在這個時候，不同於二十一世紀，修改既有恐懼規則的理據，主要並非基於世界變得比過去更危險這種說法。這一轉變的主要論證在於多數人，尤其是兒童，缺乏處理及控管恐懼的心理資源這一信念。相較於恐懼在前一世紀被設想成一種必須克服的狀態，它如今則被視為一種需要避忌的威脅。這些情緒受到新近產生，且愈益風行的心理科學最有系統地闡述。

在大半個十九世紀，盛行的恐懼敘事由哲學家與神學家的影響所主導。從十九世紀晚期以降，心理學家逐漸開始對這套敘事建立起霸權式的影響，並反駁通行的觀點。在維多利亞時代，青年被教導接納勇氣德行能讓他們學會控管及克服恐懼，還可以運用勇氣發展人格。一八四八年，設立於波士頓的《基督徒紀錄周報》（*Christian Register*）勸告家長：

> 在孩子之間差異最大的，莫過於他們恐懼的能力。但每個孩子或多或少都有，或者應當有：因為不曾體驗過它的人不足以成器。不曾知曉任何一種恐懼的孩子，就不能擁有想像力：無法感到驚奇、沒有生命衝動，也沒有敬畏或尊崇。[22]

《基督徒紀錄周報》的恐懼觀示意這一信念：經由品格教育獲取道德德行，能夠克服恐懼的迷向影響。品格教育以其強烈的道德暗示，讚頌面臨恐懼之時表現出負責、有紀律姿態的美德。

大約在十九與二十世紀之交，品格的道德權威由於人格概念的發現而開始遭受挑戰。這個發展是逐漸發生的，直到一九二〇和三〇年代，具有心理學依據的人格關懷才開始取代品格權威。[23]人格心理學不再將道德責任理想化，而是聚焦於個體自我的情緒上。它的裁決則是人們無法被指望自行處理恐懼情緒，尤其是兒童。從品格到人格的文化轉移，受到一套突顯情緒力量構成威脅的人性觀影響。恐懼特意被挑選為一種威脅，其控管需要具有心理學知識的專家介入。看待童年的心理學新取徑，將兒童描述得遠比過去以為的更加脆弱，他們的恐懼則是需要小心控制的一項嚴重問題。斯特恩斯指出新的忠告口吻：「在變得更有系統的一種將兒童描述成情緒脆弱的努力之中。」[24]

到了一九二〇年代，一套具有心理學依據的恐懼敘事，開始影響社會主流。這些變化最顯著的影響，作用於社會對於兒童社會化的取徑之上，但也逐漸將成年人包含在內。斯特恩斯提到，在一九二〇年代，「恐懼成為重大問題」，消除恐懼則首先是「對於兒童，其後是對於成年人的重大目標」。[25]

兒童社會化指導提示，恐懼是複雜且危險的問題，並將確保兒童無需面對令人懼怕情況的責任託付給成人。這種育兒新取徑往往採取明確拒斥先前恐懼規則的姿態，並宣稱自己的方法是科學且現代。一份設立於倫敦的刊物，在題為〈征服恐懼：現代幼兒教育方法〉（The Conquest of Fear: Modern Methods in the Nursery）的文章中採取這種方法。該文告知母親與保姆，需「避免一切激發恐懼的理由」，以及「在他們還小的時候，堅持小男生而非小女生必須勇敢和大膽，實屬弊大於利」。[26]作為社會化的目標，勇氣德行的陶冶在其後數十年變得愈來愈不重要。

「現代」教養忠告強調，保護兒童免於可能驚嚇他們之環境的重要性。一篇討論「育嬰室中的神經質」（Nerves in the Nursery）的文章警告，「如今連小孩都『罹患神經質』」。它建議「神經質是可以治療，但不可能靠著嘲笑、發怒或疾言厲色治好」，並補充認為家長應當確保「絕不在孩子心中『暗示』恐懼」。[27]關於父母未能保護孩子免於遭受有可能驚嚇他們之經驗的嚇人故事，往往都以「他們冒著在子女身上施加終身情緒創傷之風險」這句警語作結。當時最重要的一位行為心理學家約翰・華生（John B. Watson）表示：「父母的首要工作應當是防範恐懼，因為有些恐懼特別難以治癒。」[28]家長也被指示不要表現自己的恐懼，以免兒童將這種情緒內化。

針對兒童恐懼控管傳統方法的批判言論，以肆無忌憚為其特徵，尤其集矢於不適任的母親。一名問答專欄作家質問：

為何有些母親執意要做「把小孩嚇到聽話」這種無意義的行為？人們不免覺得，在母職啟蒙的今天，在這個母親能夠閱讀和觀察，學會育兒應採用的適當方法之時，這種行為應當終止。[29]

針對家長不當處置子女恐懼的批判，往往取得危言聳聽的性質，控訴父母未能理解子女容易受傷的情緒狀態。「今天的普通母親對於這些心理與精神之敵，這些埋伏著伺機對她的孩子下手的心理學死敵之缺乏理解，一如她的祖母對病菌危害身體之理解。」一位評論家在一九二二年十二月寫道。[30]

隨著這套對兒童脆弱性的新敘事在一九二〇和三〇年代獲得影響力，兒童心理衛生的威脅也就被突顯成育兒的首要問題。威脅之一據說來自父母的不適任行為。在提及「一種新疾病已經在我們中間現身」之後，喬治・德雷珀（George Draper）觀察到：「它傷殘的不是孩子的肌肉，而是孩子的精神。」德雷珀批判父母親對子女施加太大壓力，並警告：「在這條從育嬰室通向大學學位的荊棘之道沿途許多點上，兒童和青少年都在壓力下崩潰。」31

將兒童隔離於恐懼的呼籲，是育兒實踐從根本上重新導向不可或缺的一環。家長被要求肯定自己的子女，鼓勵他們而非訓斥或施加壓力。這些心態也受到教育機構中一部分人的採納，他們宣稱對學生施加太大壓力，會加重兒童的焦慮及恐懼感。間接的，現代育兒忠告往往產生令家長對自己能否勝任，將子女順利撫養長大感到焦慮的效果，促使他們對子女的行為給予肯定，同時減少壓力及管教。

朝向將兒童隔絕於自身恐懼的新取向得勢，也往往引發對於現代做法寵壞孩子，令他們毫無必要地懼怕面對挑戰的憂慮。羅素勸告家長採取一種更細膩的方式。他在一九二九年撰寫的論文〈你的孩子與死亡恐懼〉（Your Child and the Fear of Death）之中提到：「堅忍克己在生命中的地位，近來大概多少被低估了，特別是被進步的教育工作者。」羅素認為，倚靠勇氣消解恐懼力量的斯多噶派理想提供了一項重要遺產，並試圖在過往的嚴厲管教做法，與「現代專家」倡導的放縱育兒策略之間尋求折衷之道。「不論是誰必須與小孩打交道，很快就會學到太過同情是一大錯誤，」他寫道：「太少同情當然是更大的錯誤，但就這點來說，如同其他每一件事，都是過猶不及。」32

起初只有少數，主要是中產階級的家長，接受軟化管教與再三安慰子女的呼籲。可是漸漸的，採用治療技術而非倚靠陶冶勇氣來應對兒童恐懼，開始與負責任教養的實踐劃上等號。在大眾修辭裡，英勇、冒險與勇氣仍受到頌揚，但舊有的恐懼規則卻在新治療取向的挑戰下逐漸瓦解。自一九四〇年代以降，情緒性的新恐懼文化進入主流，其理念不斷經由媒體及大眾文化傳達出來。按照斯特恩斯的說法，至少在美國，這些新恐懼規則到了一九四〇年代，「以各種同時影響恐懼演進及經驗的方式，轉化成真實的社會交往」。[33] 新的恐懼規則在學校裡最為顯著，因為現代教育學堅持兒童應當從過度壓力的重擔下得到解放。隨著時間流逝，恐懼反應的醫療化也擴散到職場及社會其他部分。

儘管這套依據心理學的醫療化詮釋人觀，在整個二十世紀之中逐步進展，它往往還是得跟更加老派而傳統的人之所以為人觀點並存。新的恐懼規則不時遭遇社會上思維更傳統的人群反挫。第二次世界大戰期間軍事衝突的危急，意味著人們被動員起來接納英勇與勇氣價值，並被鼓勵正面對抗恐懼。可能只有少數家長與學校在一九四〇和五〇年代，已經準備好全盤採納關於童年恐懼的新智慧；斯特恩斯提示，直到被社會化融入新恐懼規則之中的兒童長大成人，他們的影響力才逐漸支配主流大眾的見解。[34]

在一九七〇年代，新恐懼規則的勝利變得愈來愈明確。將恐懼正當化，成為正常狀態的社會思潮興起，與忠誠、英勇、奉獻，及犧牲等傳統德行的價值衰落幾乎同步發生。克里斯多夫·拉許（Christopher Lasch）在他對這一重大文化轉移的傑出研究中，將這樣的發展歸因於整個西方社會，尤其是美國開始給予生存問題顯要地位。這種對生存主義的執迷，癥狀之一是將危機常態化，以及將無論多麼「短暫或無關緊要」的任何議題，全都理解成「生死大事」。[35]

膨脹風險與危險的傾向，與安全及生存作為價值憑藉自身力量而被理想化同時發生。從這個視角看來，從前的世代對英雄主義與勇氣的頌揚完全不可理解。「生存主義造成英雄主義的貶值，」拉許說道。他提到其他價值也被揚棄，像是「據說已經過時的榮譽、英勇對抗環境，及自我超越等一整套理念。」[36]這種懼怕的生存主義人生觀，很快就讓人們自豪地宣告「我是倖存者」。如同克里斯多夫・柯克爾（Christopher Coker）所述：「在我們的後英雄時代，生存被看作是真正具有道德或情緒價值的行為。」[37]

拉許發現的這種新的生存主義情緒，是新文化環境的癥狀，對人們恐懼與焦慮的承認，在其中獲得認可並常態化。漸漸的，人們應受保護免於恐懼的推定，從育嬰室轉移到職場。這種趨勢最引人入勝卻又未被注意的例證之一，是霸凌的重新定義。在大半個二十世紀，霸凌問題往往被理解成童年令人苦惱的特徵。但突然間，自一九九〇年代以來，這種令人苦惱的童年特徵也被發現是具威脅性的成年狀態。一項又一項調查回報，霸凌在職場上達到流行病的程度。[38]教師抱怨家長動輒霸凌他們。倡議者則認為霸凌不僅帶來苦惱，更導致嚴重的心理衛生問題。在二〇一二年的澳大利亞，生產力委員會（Productivity Commission）估計每年澳大利亞職場霸凌的代價總額，介於六十億到三百六十億美元之間。同時，勞資關係部長比爾・薛頓（Bill Shorten）則將職場霸凌形容為「太過普遍的隱密禍害」。

為霸凌的「隱密禍害」引起注意的主張宣示者，利用預設個人必須被保護，不受人際侵犯及緊張所引發苦惱後果影響的新恐懼規則。人際互動醫療化的第一步，是提高霸凌的危害。自一九八〇年代以來，對校園霸凌的焦慮逐步升高，直到被定義成兒童面臨的最重大威脅之一。懼怕子女被霸凌，成了家長提及的最主要焦慮之一。[39]本著新的恐懼規則，兒童不再被鼓勵挺身抵抗霸凌。他們反倒被吩咐，要倚靠家長和老師解決問題。

正如前文所述，霸凌問題在一九九〇年代轉移到成人世界。[40]一個如此長久以來限定於童年的用語，被內化且同樣成為成年狀態的迅速程度頗為驚人。看來沒有人提出這個問題：何以一種迄今為止令人不快卻普遍存在的成人生活經驗，被重新塑造為霸凌，也沒有人對於「被霸凌」這個指稱所傳達的幼稚化成年版本提出質疑。被霸凌的成人體現了經由我們的恐懼文化，所傳達出來的人觀意義。

職場霸凌遮掩了諸多罪惡。幾乎任何負面或無禮的遭遇都可以被定義成霸凌，也經常被這樣定義。這個用語涵蓋：挖苦奚落、蓄意破壞、粗鄙的手勢、知情不報，甚至「以錯誤方式微笑」。不受歡迎的視線接觸、貶低個人的行為，以及賣弄自身地位也可以被稱為霸凌，一如誤傳訊息那樣。某人是否存心霸凌同儕也無關緊要，因為受到廣泛認可的霸凌定義堅稱，這些行為決定於受害者的感受，而非被控犯事者的意圖。澳大利亞醫學協會（Australian Medical Association）用以下這些話定義霸凌：「霸凌有時是蓄意的，以惹人生氣為目的。但某人若是重複以令人不快或驚嚇的方式行動，即使並非蓄意為之，仍可構成霸凌。」按照這種定義，決定霸凌者的並非被控霸凌之人的主觀意圖，而是所謂受害者的認知。某人無意造成困擾的論證，不足以作為這項指控的辯詞。不知情的霸凌者所造成的痛苦，傷害程度被認為不亞於蓄意行為受害者所遭受的傷害。

霸凌突然被發現為普遍存在於職場文化的特徵，這點幾乎不受爭議。成人霸凌被納入恐懼文化詞彙的速度，顯示出過去被認知為「辦公室政治」，或職場上不愉快遭遇的行為，如今都被說成是具威脅性的加害行為。霸凌的這種意義轉變，受到社會看待人觀意義的心態轉化所推動。容易受傷的成人——本質上，成人當然容易受傷——需要被保護，以免同儕之有害評論、手勢及行為的假定，已經取得常識的地位。

當下的霸凌敘事不只是抹除成人與兒童的區別——它還把這種令人苦惱的經驗，轉變成人類生存的境況。這種霸凌者繁衍於其中，千百萬人過著恐懼生活的恫嚇氛圍，如今隨著「網路霸凌」出現而變得更為隱伏。根據自詡為「世界霸凌問題權威」的反霸凌網（NOBullying.com）所述：

> 美國正被霸凌流行所侵襲。從遊戲場到走廊，在公共餐廳，甚至在線上，霸凌者到處出現。網際網路讓霸凌者得以輕易騷擾及糾纏受害者，而無需承擔後果。一旦霸凌者開始影響你，要將他或她排除就極為困難。霸凌受害者變得持續煩躁不安，即使霸凌者並不真正在場。他們可能罹患妄想症、抑鬱及恐慌發作。霸凌不只發生在兒童身上，且發生在不分老少及不同社會背景的人們身上。二〇一三年由澳大利亞安全工作署（Safe Work Australia, SWA）提供，最令人憂慮的一項霸凌統計數據發現，澳大利亞的職場霸凌率是

全世界最高。該報告也指出，澳大利亞雇主每年因缺勤和疾病損失八十億美元，其中六億三千九百萬美元是由職場霸凌所致。[41]

一個人們不斷懼怕被霸凌的世界能夠召喚出來，倚仗的是人們所遭遇的一切負面經驗，乃至這些經驗對他們影響的強度及範圍受到重新定義。這種全新的流行病，藉由一個從令人不悅的線上留言到肢體暴力行為，無所不包的霸凌連續體介入而被建構出來。遭受霸凌是經由社會化，融入恐懼文化中的恐懼主體之宿命。

成人權威的貶值

許多論述都把社會化輪廓變遷和新恐懼規則興起，與心理學對人際關係表現取得的權威聯繫起來。對人性與人觀的全新心理學解釋，確實對於恐懼確立為重大心理衛生問題發揮重大作用，尤其對兒童而言。[42]心理學藉由其治療價值，很快就成功地取代許多既有的準則。

然而，僅聚焦於心理學的迅速擴展，可能會將注意力從另一個同等重要的發展轉移開來：成人與他們經由社會化而融入其中的價值疏離。自十九與二十世紀之交以降，成人社會的很大一部分人，愈來愈無法或不願將子女社會化融入先前世代所持守的價值。這種趨勢在學校裡尤其顯著，教育學將其側重之處，從品格教育轉向更有心理學依據的教學方法。

許多成人從父母持守的價值中疏離，與「現代」教育學對傳統教育明顯可見的反動同步發生。當《泰晤士報教育副刊》（*Times Educational Supplement*）在一九一四年第一次世界大戰爆發時提到，「近代世界的每一場大戰，隨之而來的都是教育變遷」，它大概對於課堂上即將發生的革命規模沒有什麼概念。

第一次世界大戰對於學校教育最顯著的後果之一，是增強了所謂進步教育的影響力。針對傳統價值的進步派批評，與一戰過後年代盛行的厭惡及消沉情緒產生共鳴。兩者合而為一之際，與傳統決裂的呼籲具有顯著的文化吸引力，許多教育工作者則期望他們的進步精神，能經由對兒童發揮的影響力，協助創造出美麗新世界。從他們的觀點看來，過去的世代已經無可救藥。以兒童為中心的教育理想，伴隨著戰後對成人道德地位的幻滅增強而茁壯成長。

支持以兒童為中心教育的論證，表現出很大一部分文化菁英消沉，及迷失方向的感受。如同一部對這個時期的重要研究著作所說明：「在進步派的許多人中間，都能察覺這種感受：近代西方文明已經敗壞，尤其是工業及都市的那一部分。」[43]這種感受的顯著表現之一，是對既有權威形式的敵視，包括成人對兒童生命的權威在內。

對成人權威信心衰退最明確的表現，是對於更年輕世代的社會化，可被清楚感知的遲疑與不願負責。這種不願將過去經驗與遺產傳承給年輕人的表現，在戰間期的進步教育工作者之間尤其普遍。正如塞立克（R. J. W. Selleck）在他的論著《英國初等教育與進步派：一九一四至三九年》（*English Primary Education and the Progressives: 1914-1939*）所述，這群教育工作者對當時盛行的價值感到「煩惱與疏離」，而「他們迴避了將當下的標記銘刻於未來世代一事」。

新堡大學（Newcastle University）教育學教授尼可遜（J. H. Nicholson）有力地表達出這種情緒。他悲嘆：「我們是不自在的一代，我們多數人在某種程度上都難以調適於現況……因此應當慎防將我們自身的偏見與不適應，傳遞給我們所教導的對象。」[44]

至少對為數不少的文化菁英與教育工作者來說，第一次世界大戰引發了對於支持成人權威運行的準則及價值之質疑。對現行價值的道德地位表示的懷疑態度，對代際關係表現產生重大影響。它對教育的衝擊尤其直接，但同樣的趨勢也明顯表現在育兒領域，家長在其中尋求新專家指導他們教養的科學。大衛・萊斯曼（David Riesman）在他一九五三年的社會學經典著作《孤獨的人群：變遷的美國人性格研究》（*The Lonely Crowd: A Study of the Changing American Character*）中提到，隨著成人對於「如何養育孩子」感到愈來愈不確定，他們選擇藉由心理操弄技術的運用維持控制。[45]

當時，對成人權威喪失的後果提出最重要陳述的，是政治哲學家漢娜・鄂蘭（Hannah Arendt）。她在一九五六年美國政治及法律哲學協會（American Society for Political and Legal Philosophy）的會議上告知聽眾：「權威從現代世界中消失了，倘若我們提問『權威是什麼』，我們就再也不能依靠人人都有的真實而無可辯駁的經驗。」[46]為了強調這些重大問題的面向，鄂蘭提請人們注意一個前所未見的發展，那就是「權威形式的逐漸崩解」，它存在於「一切歷史上已知的社會，此即父母對子女的權威，教師對學生的權威，大體上是長輩對年輕人的權威」。[47]她觀察到這種「受自然需求、兒童無助需要的程度，相當於政治必要性」的權威形式，始終被社會所接受。但她也補充：「我們的世紀是第一個世紀，這種論證在此不再承載著壓倒性重量的可信度；它也在承諾解放身為受壓迫階級的年輕人，並自詡為『孩子的世紀』之時，更激進地宣告自身的反威權精神。」[48]儘管鄂蘭並未直接觸及成人權威在社會化過程中喪失的後果，她仍為理解舊世代與年輕人關係的激烈修改提供重大貢獻。

社會化任務付諸實行的遲疑與防衛方式，創造出對於影響兒童新方法的需求。關於價值傳遞的欠缺明確，導致了對替代方案的追尋，採用具有心理學依據的行為管理實踐，則是影響深遠的方法。[49]從這種專家指導的技術立場看來，家長的功能與其說是傳遞價值，倒不如說是認可子女的感覺、心態及成就。

儘管家長仍持續盡其所能將自己的信念與理想傳遞給子女，但卻出現從灌輸價值到供給認可的明顯轉移。肯定子女並提升他們的自尊，是一項由家長以及學校積極推廣的計畫。對認可的如此重視，與風險趨避育兒之道的慣習互相串聯。這種育兒體系（意想不到）的結果，則是侷限了陶冶獨立性的機會，並延長年輕人對成人社會的依賴階段。保護被幼稚化的兒童不受傷害，成了現代家長的首要責任。

年輕人的社會化變得愈來愈仰賴治療技術，而這種技術產生了鼓勵兒童及青少年，將存在問題詮釋成心理問題的反常效果。對兒童情緒的憂慮促成一種氛圍，許多年輕人在其中持續經由心理衛生語言，被教導著理解他們所面臨的挑戰。毫不意外，他們往往發現很難養成獨立的習慣，也很難完成與行使道德自主性相關的行為模式轉型。

成長過程中不可或缺的複雜情緒緊張，如今作為兒童及青少年不被指望能應付的壓力事件而受到討論。然而正是經由應對這樣的情緒波動，年輕人才能學會管控風險，並得以理解自身力量及弱點。許多兒少不再被鼓勵養成追求獨立的願望，而是受限於提倡幼稚行為的影響力。這正是仰賴更適用於幼小兒童的不同層次支持，及監督之教養行為所產生的非預期後果，但這些教養行為如今甚至在高等教育環境中也受到鼓勵。

《千禧世代上大學》（*Millennials Go to College*）一書的兩位作者尼爾．郝伊（Neil Howe）與威廉．史特勞斯（William Strauss）提到，千禧世代的特徵是「與父母緊緊綁在一起」，並堅持要求一個「安全且受控的環境」。他們的著作預言，今後家長對高等教育的參與會增加，由此產生學生、家長，與大學當局之間明確的夥伴關係。[50]他們的論證以一個斷言為前提：當今學生群體不同於先前世代，他們發現自己很難在較無架構的大學環境中茁壯成長。確保他們在這段成年之旅或「轉型」當中，不會覺得不舒服，這正在迅速成為高等教育的任務之一。

懼怕的兒童

關於人類易碎性及脆弱性的概念，經由社會對於童年狀態的恐懼而連貫地開展。在現代，成人世界往往發現自己憂慮兒童受到威脅，有時更為之困擾。但從一九九〇年代以來，對童年的恐懼取得前所未見的力量，兒童無不被描繪成根本上易受損傷的個體，需要被保護不受壓迫、批評、壓力及恐懼威脅。偶爾，對兒童容易受傷的擔憂發展成自身的諷刺畫。在澳大利亞，教育工作者被勸告不要再用紅筆批改學童的家庭作業，因為「有傷害學生之虞」。教師被指示「以較不搶眼的綠、藍等色批改作業，以求增進課堂心理衛生。」[51]英國的教師也採用類似做法，許多教師再也不在錯誤旁打叉，以免引起苦惱。紅筆對兒童幸福構成威脅的說法，是根據一種被廣泛採信的觀點：兒童被他們的弱點所定義，很容易就會因為不快經驗引起的苦惱而受到損傷。

對童年危殆狀態的焦慮，意味著恐懼始終潛伏在暗處，對教育的討論及爭辯受恐懼影響遠甚於希望。懼怕自我認同脆弱、懼怕失敗、懼怕自卑、懼怕成績退步、懼怕考試對學生心理衛生造成危害、懼怕競爭及競技運動，以及懼怕管教，這些都是教育相關辯論反覆出現的主題。這些恐懼往往被變本加厲，關於易受傷兒童的焦慮也就自動產生，彷彿成人世界非得把健康警示，加註於兒童所面臨的每一個新挑戰之上。

就以把小學到中學的過渡期，說成駭人經歷的趨勢為例。不久之前，人們才設想兒童迫不及待地盼望升上中學。此一時也。如今，按照以下這段敘述：

> 研究者、教師及政策制訂者認為，從小學到中學的過渡期是如此「令人不安、生畏而有壓力」，足以讓多達百分之四十的十一歲兒童大受打擊，直到「不可能」復元的程度，從而造成正式教育成效明顯下降。[52]

這種對於先前被認為不成問題的經驗災變性的呈現，經由一套強調兒童所背負的心理負擔不可承受的語言，而被沒完沒了地傳達出來。小學到中學的過渡期，有時透過與喪失、哀悼，及悲傷相關的過程而得到表述。有些專家建議，中學應該提供學生體驗「解脫」的方法。

脆弱性出現而成為童年的定義特徵，應當被解讀為成人對人類易碎性憂慮的昇華表現。直到一九八〇年代為止，對兒童控管恐懼能力的憂慮，與對於多數年輕人擁有因應逆境所需之韌性的信念並存。但討論童年狀態的語調開始變了，用來探討這個問題的語言愈來愈帶有狂熱及戲劇化的性質。針對年輕人的驚恐修辭，在「弱勢兒童」生涯之中得到最為戲劇性的刻劃。如今這個詞被運用得這麼廣泛，讓人很容易忽略，它其實相對晚近才被創造出來。

直到一九七〇年代為止，「弱勢兒童」一詞很少用到，主要用於社工文獻之中。一九六〇年代，密西根州青年委員會（Michigan Youth Commission）用這個詞「形容那些特別容易受到反社會行為影響的兒童及青少年」。[53]報告作者在「弱勢」這個字外面加上引號，提請人們注意這個字的罕見用法。但隨著我們的恐懼文化興起，「弱勢兒童」迅速進入了口語裡。搜尋Nexis資料庫，只在一九七〇年代找到這個詞的五筆資料。第一次有案可查的使用，是在一九七二年十一月十六日的《紐約時報》，用以指涉易受「心理及情緒危險」傷害的兒童。[54]到了一九八〇年代，資料筆數增加到一百四十一；一九九〇年代則是三千兩百六十六筆。但在二十一世紀最初十年，提及「弱勢兒童」的資料暴增到三萬三千五百六十六筆；單單在二〇一六年，我們擁有完整資料的最後一年，就有一萬七千七百八十一筆資料提及這個詞。[55]

一項對於弱勢兒童概念出現的研究顯示，它在多數已發表文獻中都被當成「相對來說不證自明的童年伴生物，幾乎不需正式闡述」。它是被視為理所當然、極少得到說明的概念，而「兒童作為個體在定義上就是弱勢，從身體及其他被認知到的不成熟之處皆然」。不僅如此，脆弱狀態還被呈現為一種固有性質：它被「看作是個體的『基本』屬性，在兒童認同與人觀中固有的事物，經由信念及行為，甚至只從外表看來就能夠辨別。」[56]就這樣，脆弱性既展現為關於兒童身分認同的陳述，也作為用以賦予童年意義的文化隱喻而運作。

當然，脆弱並不止於童年。隨著兒童度過人生週期的不同階段，他們也成了背負弱勢標籤的大人。「弱勢學生」一詞近日在大學校園的普及，反映出這種對兒童能力的悲觀敘述，是如何回收並應用於年長的學生身上，而「弱勢成人」一詞的使用增長，則反映這種易碎無力的情緒，充斥於當今版本的人觀及人性之中。

就這樣，當今西方二十一世紀人觀版本的定義特徵，正是它的「脆弱性」。[57]即使社會仍然擁護自決與自主的理想，與它們相關的價值卻愈來愈被強調人類軟弱性質的訊息所凌駕。倘若人類境況的定義特徵正是脆弱性，以此類推，感到懼怕就是正常狀態。

社會化模式的變遷及其對恐懼的影響，歷經數十年演變。突顯易碎性及脆弱性顯著地位的新情緒形勢，正與一九七〇年代晚期的生存主義及風險趨避氛圍同時發生。斯特恩斯認為：「將新的情緒標準整合在正常情況下，至少需要兩代時間。」唯有在被社會化融入新情緒標準——認可的兒童長大成人，開始影響自己的子女之後，具有心理學依據的脆弱及恐懼敘事的取向，才能取得文化霸權地位。58

名副其實的害怕新生兒

脆弱性反映的是對人類因應逆境的潛力喪失信心。這種悲觀情緒往往變異為一種信念：人類不是問題的解決者，反倒往往就是問題本身。在當今時代，對人類動機實實在在的不信任感，往往伴隨脆弱情緒而來。保護弱勢的呼聲經常將他們的憂慮指向其他人構成的威脅。因此，關於職場霸凌流行的言論，明確地傳遞出人際關係充滿危險這一概念。「人類天生具攻擊性，」反霸凌網如此表示，繼而認為霸凌「大概從開天闢地就與我們同在」。59將自然狀態形容為「汙穢、野蠻而短暫」，並為了遏制人性破壞面向而闡述一套包羅萬象之恐懼政治的霍布斯，想必會贊同這種陳述。

攻擊性是人類境況天然特徵的描述，經由電影、小說，及其他媒體而被沒完沒了地戲劇化。人際暴力及各式各樣的家庭暴力，是熱門戲劇及電影的一貫主題。我們則談論「有毒關係」、「有毒家長」及「有毒家庭」。實際上，關於人際關係風險的嚇人故事，往往與對於環境生態的討論如出一轍。毒性的隱喻如此頻繁地運用在童年，讓人不由得好奇兒童究竟是怎樣活下來的。

將童年指為疾病的文化動力變得毫無節制，予以反駁的努力往往被斥為不負責任。政治人物試圖回應各界不斷宣揚對童年恐懼的罕見例子，當屬前英國兒童、學校和家庭事務大臣艾德・鮑爾斯（Ed Balls）。二〇〇七年十一月，他發表聲明主張童年「並無毒害」，而是「前所未有地美好」。[60]

針對童年的恐懼，應當解讀為：對我們自身恐懼的間接表現。畢竟，被要求為了孩子所受傷害負責的是成人，尤其是家長。倘若霸凌真是人性不可或缺的特徵，那麼我們全都有權利懼怕彼此。自黑暗時代至今，對於折磨人類的惡意激情，還不曾有過這麼多擔憂。掠食的怪獸隨處可見，人們則以不過數十年前仍難得一見的猜疑看待彼此。家長懷疑，為他們照顧子女的日間托育中心員工能否被信任；而在學校，身上有瘀傷的兒童則引發教師對家長行為的猜疑，而家長也懷疑子女與老師之間，是否任何肢體接觸都在允許範圍之內。在英國，任何一位有可能接觸兒童的成年員工，都必須接受警方查核取得良民證，兒童保護事業的某些部門則確信，這種警方審核也應當適用於大學校園。

如前文所述，定時炸彈設想的許多敘述，都提出關於人類生存威脅的根本問題。但今天的重大問題卻不是人類能不能活過二十一世紀，而是我們「對人性的信心能否存活下來」。正如葉禮廷指出的，「對人類作惡能力的懼怕」，為政策制訂者及倡議者提供重要資源。[61] 對人類作惡能力的懼怕，幾乎在一切當代威脅敘事中都廣泛受到鼓舞。哈拉瑞表達一種近乎厭惡人類的感受，他對人們恐懼「大規模火山爆發或隕石撞擊」不予理會，反倒宣稱「與其害怕隕石，還不如害怕人類自己吧！」[62]

希律王（King Herod）對新生兒的恐懼僅限於一位嬰兒，今天厭惡人類的恐懼事業家卻拋出更大的網羅。澳大利亞的一位婦產科醫學教授確信，地球的存續亟需嚴格限制父母能夠生下的子女數量。貝瑞・華特斯（Barry Walters）的發言如下：

> 人為溫室氣體構成最大汙染源，其中最多來自於已發展世界的人類。澳大利亞的每一名新生兒都代表一個平均存在八十年的潛在溫室氣體排放來源，不只經由呼吸，也經由我們社會典型的揮霍式資源消費。那麼，我們身為對生態負責的執業醫師應當作些什麼？我們應當向看不見後果的所有人指出這些後果，必要時包括歷任衛生部長在內。非但不要再向新手母親傾注金錢利潤，從而獎賞加重溫室效應的不友善行為，更應當以碳稅形式徵收「嬰兒稅」，以符合「汙染者付費」原則。[63]

自古至今，不同文化都將嬰兒誕生歌頌為表現生命之喜的獨一無二時刻。將這一事件重新詮釋成「加重溫室效應的不友善行為」，道出一種降低排碳壓倒了尊重人類生命的想像。一旦每一個新生嬰兒都被非人化成為專業汙染者，「潛在溫室氣體排放來源」，就很難不對人類物種成長所帶來的威脅感到憂慮。

我們的恐懼文化與眾不同的特徵之一，在於對人類物種的強烈猜疑。遲早，危言聳聽就要以我們自身為目標。有系統地傳播猜疑與恐懼，不可阻擋地助長對人類動機不信任，最終則是對人類本身的不信任。身為潛在汙染者的嬰兒，再也不是為我們生命帶來這麼多喜悅的美麗又惹人憐愛的小東西。從嬰兒身上奪去我們認知中他們令人喜愛的那份純真，使得驚嚇人們不要生養他們或生養「太多」這件事更容易做到。嬰兒在過去經常被說成是一種福氣，但如今，拒絕生養嬰兒則被說成是地球的福氣。

在人類生命這方面的逆轉，受到環境保護作家凱爾比・威爾遜（Kelpie Wilson）明確倡導。威爾遜介紹的墮胎並不是允許女性自行決定人生的必要選項，而是為了生態環境的利益值得做出的犧牲。「理解一顆小小的胚胎有時必須為了家族或整個人類物種的更大利益而犧牲，正是我們今天站立於其上的道德制高點。」她如此主張，因為「我們必須考量自己明天在資源耗竭、氣候危殆的星球上如何生活」。從威爾遜的觀點看來，墮胎作為一種節省資源的策略而有道德上的正當理由，她確信「多數尋求墮胎的女性，是為了節約資源養育已經生下的孩子而這麼做」。在這樣的思路中，關於「地球物理限度」的嚇人故事被呈現為「墮胎的道德論證」。[64]

作為二十一世紀西方文化基礎的災變想像，鼓勵「人類增長是一切定時炸彈之母」這種想法的倡導者，以生殖願望本身為標靶。節育被倡導成一種責任問題，而非選擇問題。「對家庭規模做出決定的伴侶，由於相信這純屬他們自己和個人偏好的問題而這麼做。」某個人口控制倡議團體難以置信的如此宣稱。[65]人們理當有權利選擇家庭規模的概念，卻被斥為駭人聽聞。

讓我們思考這件事的意義。自開天闢地以來，一個開化文明的社會最明確的標記之一，就是聯繫於人類生命的道德地位。從外表看來，二十一世紀西方社會表現程度前所未見的對人類生命的確信。在這個時代，人權原則受到舉足輕重的文化及政治機構頌揚，保健支出的驚人增長則證明繁榮社會附加於人類福祉的重要性。西方社會能夠不遺餘力地搶救早產嬰兒，或延長老人及慢性病人的壽命。

然而人權精神及英雄醫學卻以一種曖昧關係，與當代社會對自身人性的疏離共存。直白的說：要是社會懼怕地球上的人類數量增加，讚頌人類生命就很困難。經由我們的恐懼文化傳播得沒完沒了的訊息是：人們應當懼怕自己和其他人類同胞。這種厭惡人類的見解，正是社會一心注重安全到了癡迷地步的主要驅動力之一，也正是我們下一章的主旨。

---

1 Loseke (1999), p.120.

2 "personhood, n.," *OED Online*, Oxford University Press, June 2017（二〇一七年九月十四日瀏覽）。

3 MacIntyre (1984), p.192. 譯者按：此段參看阿拉斯戴爾・麥金泰爾（Alasdair MacIntyre）著，宋繼杰譯，《追尋美德：倫理理論研究》（上海：譯林，二〇〇三年），頁二四四。

4 參看Risk Assessment — College of Policing APP, https://www.app.college.police.uk/app-content/civil-emergencies/civil./risk-assessment/（二〇一七年七月四日瀏覽）。

5 參看https://www.app.college.police.uk/app-content/risk-2/?s=（二〇一七年七月四日瀏覽）。

6 Lacquerment (2004), p.46.

7 https://www.westmercia.police.uk/media/5804/FOI-6602-Health--Safety-Policy-water-rescue---Risk-Assessments/pdf/

FOI_6602_Health___Safety_Policy_water_rescue_-_Risk_Assessments.pdf .

8 D. Kennedy, "Failure to save dying boy prompts call to scrap 'community' police," *The Times*, 22 September 2007.

9 參看"Trigger warnings," Chapter 8 in Furedi (2017a)。

10 Claire Colebrook, "End-times for humanity," *Aeon*, https://aeon.co/essays/the-human-world-is-not-more-fragile-now-it-always-has-been（二〇一七年九月八日瀏覽）。

11 http://internationalpsychoanalysis.net/2009/06/11/the-courage-to-survive/（二〇一七年七月二日瀏覽）。

12 Hasson (2015), pp.68-9.

13 Zavaliy & Aristidou (2014), p.180.

14 前引書，頁一七九。

15 前引書，頁一七四。

16 Rob Fajardo, "How to Have the Courage to be Yourself," https://journal.thriveglobal.com/how-to-have-the-courage-to-be-yourself-9e8dd4705980（二〇一七年九月十八日瀏覽）。

17 Wolfe (1998), p.54.

18 參看Furedi (2017a), Chapter 4。

19 參看"Toxic Words—Verbal Abuse Can Hurt You," http://ezinearticles.com/?Toxic-Words---Verbal-Abuse-Can-Hurt-You&id=1350602。

20 Michelle Roberts, "Cancer fight 'hampered in UK by stiff upper lip,'" *BBC News*, 30 January 2013.

21 參看Stearns (2006), p.93。

22 "Fear in Children—Harriet Martineau's Early Experience," *Christian Register*, 15 January 1848.

23 Nicholson (2003), p.100.

24 Stearns (2006), p.99.

25 前引書，頁九五。

26 “The Conquest of Fear: Modern Methods in the Nursery,” *Answers*, 24 February 1934.

27 “Nerves in the Nursery,” *Answers*, 9 February 1924.

28 華生的言論轉引自Stearns (2006), p.96。

29 Indiana Framer’s Guide, 9 December 1922.

30 Ruth Danehower Wilson, McClure’s Magazine, December 1922, p.40.

31 George Draper, “Paralyzing The Child,” Forum, July 1926, p.83.

32 他也補充：「管教必須永遠以發展品格或智慧為動機。因為知識人也需要紀律，少了紀律就不可能達到精確。」參看Bertrand Russell, “Your Child and the Fear of Death,” Forum, March 1929。

33 Stearns (2006), p.106.

34 前引書，頁一一二。

35 Lasch (1984), p.60.

36 前引書，頁七二至七三。

37 Coker (2007), p.2.

38 參看Furedi (2001)。

39 二〇〇一年九月進行的訪談。

40 在此之前，這個用語只在描述性格特質的文脈中應用於成人，例如專橫跋扈。參看“bullying, adj.,” *OED Online*, Oxford University Press, June 2017, http://www.oed.com.chain.kent.ac.uk/view/Entry/24615（二〇一七年十月二十六日瀏覽）。

41 "Bullying Statistics: The Ultimate Guide," NOBullying.com, 10 April 2017, https://nobullying.com/bullying-statistics（二〇一七年十月四日瀏覽）。

42 Stearns (2006), pp.99-100.

43 Selleck (1972), p.87.

44 前引書，頁九四、一一八至一一九。

45 Riesman (1953), pp.49, 51, 57.

46 Arendt (2006), p.81. 譯者按：作者引用時略有改動。原句應是「……我們之所以想提這個問題或有資格提這個問題，是因為權威已經從現代世界中絕跡了。由於我們不再能求助於那些人人都有的真實而無可辯駁的經驗，這個詞已經充滿了爭議和混亂。權威的本性不再是不言自明或人人都可理解的。」參看漢娜．鄂蘭（Hannah Arendt），"What is Authority?", https://www.pevpat-ugent.be/wp-content/uploads/2016/09/H-Arendt-what-is-authority.pdf（二〇一九年六月二十五日瀏覽）；漢娜．鄂蘭著，王寅麗、張立立譯，《過去與未來之間》（南京：譯林，二〇一一年），〈何為權威？〉，頁八六。

47 Arendt (1956), p.403.

48 前引書，頁四〇四。

49 這些問題在Furedi (2009b) 第四章受到討論。

50 參看Howe & Strauss (2003)。

51 "Marking in red pen 'can damage students,'" *Daily Telegraph*, 11 December 2008.

52 Ecclestone & Hayes (2008), p.34.

53 "Services and programs for the 'vulnerable' children and youth: an interim report," Youth Commission: Michigan, 1964, https://books.google.co.uk/books?id=7F5YAAAAMAAJ&q=%22vulnerable+children%22&dq=%22vulnerable+children

%22&hl=en&sa=X&ved=0ahUKEwjJrIuqiaXWAhVGJ1AKHaIUDekQ6AEIKDAA（二〇一七年三月三日瀏覽）。

54 *New York Times*, 16 November 1972.

55 Nexis資料庫檢索執行於二〇一七年九月四日。

56 Frankenberg, Robinson & Delahooke (2000), pp.588-89.

57 參看Furedi (2004), Chapter 5。

58 參看Stearns (2006), pp.112-115。

59 "Bullying Statistics: The Ultimate Guide," NOBullying.com, 10 April 2017, https://nobullying.com/bullying-statistics（二〇一七年十月四日瀏覽）。

60 參看http://news.bbc.co.uk/2/hi/uk_news/education/7101976.stm（二〇一六年五月五日瀏覽）。

61 Ignatieff (1997), p.18.

62 Harari (2016), p.73. 譯者按：此處參看尤瓦爾・諾亞・哈拉瑞（Yuval Noah Harari）著，林俊宏譯，《人類大命運》，頁八四。

63 Walters & Egger (2007), p.668.

64 參看Kelpie Wilson, "Abortion and the Earth," *Truthout*, 29 January 2008, www.truthout.org。（譯者按：參看https://www.kelpiewilson.com/2008/01/abortion-and-the-earth-.html〔二〇一九年六月二十日瀏覽〕。）

65 "A Population-Based Climate Strategy—An Optimum Population Trust Briefing," by David Nicholson-Lord, May 2007, www.optimumpopulation.org.（譯者按：參看https://populationmatters.org/sites/default/files/opt.sub_.briefing.climate.population.May07.pdf〔二〇一九年六月二十日瀏覽〕。）

第六章
在危險世界追尋安全

安全在恐懼文化中比其他狀態都更被高度評價，擁有最高的道德善（moral good）地位。多篇報導指出，美國人願意付出線上隱私換取安全。[1]以安全之名，家長願意放棄子女不在成人陪同下探索外在世界的自由。許多大專院校都認為，監控言論是確保學生不受冒犯字眼傷害所需付出的一筆小小代價。部分大眾也願意用現有的自由，交換愈來愈多反恐法律的起草者所承諾的安全。

川普將這種安全修辭的戲劇化，轉變成名副其實的藝術形式。他一再重複的「美國不安全」，與他誇口的只有他能保障人民安全互相匹配。在二〇一六年共和黨全國代表大會上接受提名參選美國總統時，川普表示：「我要向你們所有人傳達一個訊息：今天困擾著我國的犯罪與暴力，不久——我的意思是很快——就要終結。自二〇一七年一月二十日起，安全將得到恢復。」[2]川普的競選修辭召喚出的景象，是一個分裂又不安全的美國。他所承諾的「我們會讓美國再次安全」，直接與恐懼文化的前提產生共鳴。他的批評者形容這篇聲明是「很陰暗、很陰暗的大會演說」。佛羅里達州眾議員約翰．米卡（John Mica）則回應，這段「對安全與保護的強調」，是「足以流傳後世的訊息」。[3]

批評川普描述一個有毒不安全美國的人們，控訴此人是恐懼政治的實行者，他投機地操弄人們的焦慮。但在川普之外，安全修辭在世界許多地方都取得居高臨下的敘事地位，甚至到了具備準宗教性質的地步。

成千上萬公司行號的網站宣稱他們堅守安全這項德行，並誓言「客戶的安全」是他們的第一優先。公司以其「安全文化」自詡，並定期製作題為「安全哲學」的文件。安全成了「（像母職和蘋果派一般）無庸置疑」的價值，不受任何挑戰。英國國家廣播公司（BBC）為兒童設置，名為「保持安全」（Stay Safe）的網頁，提供「終極網路生存指南」，內有「在網路上保持安全，打敗網路惡霸，成為超級飆網者所需的訣竅與技巧」。[4] 眾多機構都提供「安全空間」。這些做作可不只是修辭姿態而已，它們是對於被認為可能不安全的經驗範圍擴大所做出的回應。以健康與安全理由禁止兒童打雪仗，說明了安全這項權威得到向外擴張的動力。[5]

總部設在英國，以提倡日常生活自由權為宗旨的倡議團體宣言俱樂部（Manifesto Club），對於在它看來「荒唐、不必要且自命清高的安全警示」發行一套照片集。其中包括薩塞克斯郡（Sussex）一處海灘前方寫著「警告，地面不平」的告示，以及圖丁（Tooting）一處墓地外面提醒「所有紀念皆有可能傷人」的標語牌。[6] 這些告示象徵堅持從安全視角估量任何現存事物的文化。

關於恐懼文化及其執迷於保護與安全的許多論述，往往藉由指向經常受媒體重點介紹的真正巨大驚人威脅，來說明自己的論證。這種災變論修辭圍繞著氣候變遷、全球恐怖主義、核武競賽，以及各種不同流行病對人類物種安全構成的威脅而發。評論者經常提示，即使這些安全顧慮可能誇大其詞，但威脅性的存在說明人們何以覺得如此受到威脅，對自身安全如此憂慮。荷蘭犯罪學家漢斯．布特里耶（Hans Boutellier）以這種思路提到，「安全如今是西方社會的普遍主題，這樣的觀察多少有些陳腔濫調」，同時宣稱：「我在本書中的出發點是，當代社會的安全需求是真切的需求，無法輕易被解釋過去。它是根據確切的威脅，以及烏爾利希．貝克所描述的風險社會產生出來的道德不滿。」[7]

儘管布特里耶堅稱「安全需求」乃是「真切的需求」言之成理，但由此未必能導出全部甚至多數對更多安全的呼籲，都代表對「確切威脅」的回應。不管怎麼說，安全需求同樣很有可能由幾乎無關於所謂風險社會的顧慮所激發。研究經常指出，人們最懼怕的往往是失業、貧困、年老時不受保護，以及犯罪等等極其私人與日常的威脅。[8] 安全需求是一種在文化上具體，且經由人們在當代社會中高度個體化的恐懼方式，而受到體驗的需求。

安全受到追求的這種強迫性方式，正是個人不安全感，或是本體安全感缺乏的特有表現方式。正如下文所述，二十一世紀對於保護與安全的焦慮，未必是關於重大驚人之全球災禍的恐懼，也未必關於社群或國族的完整，而是關乎個人。安全以個人化的方式受到理解，對安全的需求則經常起於對他人動機的猜疑。斯特恩斯指向美國對九一一悲劇的反應，他觀察到人民對政府喪失信心是如何促使他們「從個人角度看待危險」。[9]不信任、對機制喪失信心，以及覺得脫節的感受，創造了對安全的需求。相應來說，生存不安全感藉以傳達的治療語言——「面臨風險」、脆弱、受創傷、有壓力——又將對安全的追尋轉變成高度私人的旅程。

安全命令

首先，社會對安全的執迷應當被理解成它將傷害放大的昇華表現，這與社會對苦惱、傷害，及痛苦的低容忍程度互相吻合。安全被提升為道德價值，受到預警理念，以及對不確定性和風險明顯的不寬容所支撐。幾乎沒有什麼經驗、關係、技術或產品，毫不含糊地被評價為安全。病患須知及提供消費者的資訊都謹慎行事，提請人們注意任何可以想見的風險及副作用。就連父母親買來撫慰子女的絨毛填充玩具，也都加上可能危險的忠告。

一份談論「填充玩具與安全」的傳單試圖讓家長安心，告知家長「填充玩具是小朋友很棒的玩伴，他們能夠延伸想像力且幾乎不必擔心傷到自己」。但傳單警告：

> 為幼兒購買時，一定要選擇布玩偶，而非仿真毛皮或絨毛，因為孩子喜歡咀嚼或吸吮他們不該咀嚼或吸吮的東西，毛皮或毛髮有造成窒息的危險。同樣的，避開裝有硬鈕扣或眼珠，且可能脫落的玩具也很重要。絕不把填充玩具留在熟睡的嬰兒身邊。[10]

在用了「絕不」一詞發出警告之後，傳單作者暗示：真正重視自己子女安全的父母親，應該選擇購買手工玩具，而非量產的玩具：

> 近來媒體有不少對於玩具安全，以及為大廠製造玩具的工廠勞動條件的關注。人們對於安全問題愈來愈有意識，像是塗料中的有毒化學物質，以及全球層次的氣候變遷，而環境運動正在讓更多家長考慮購買負責任的環境友善玩具。

藉著將購買玩具的挑戰聯繫上氣候變遷、有毒化學物質等備受關注的全球性威脅，安全問題也取得一種漫無邊際的性質。

一旦就連購買泰迪熊都得受限於風險評估的命令，生命中就幾乎沒有什麼事物能被認為是明確的安全。結果，在我年輕時被認為是正常和普通的行動，如今若非被禁止，就是受管束而不復存在。我的母親曾經在買麵包時把我留在店門外的嬰兒車裡，如今她會被罵不負責任。我十歲的時候靠著送報紙賺零用錢，但今天雇用十歲兒童會被認為是不安全的行為，英國也不會有報刊經銷商冒險聘雇這麼「幼小」的孩子。對陌生人的恐懼，使得搭便車旅行近乎絕跡。許多成人相信，除非有人監護，否則讓小孩走路上學不安全。安全顧慮也擴及人際關係舉止。和其他學者一樣，我也曾被警告和學生交談時關上辦公室的門不安全。顯然，要是關上的門遮蔽住我們的互動，我們兩人的安全都有可能受到危害。

我的研究生能夠實驗、承擔風險，和踏上歷險之路的機會，都比我少很多。我最重要的性格形成經驗之一，是我在肯亞度過的那一年，我為了探討茅茅起義（Mau Mau）的博士論文而進行田野調查。那時，我到茅茅運動者的家中作客並訪問他們。我的工作往往帶著我到達肯亞大裂谷中的偏遠村莊，那裡完全無法和外界聯繫。沒人問我個人安全潛在風險的問題——我得到指導教授的信任繼續從事研究。除了寄給指導教授和父母親的三、四封信之外，我和我的大學以及家人完全失去聯絡。今天，英美世界的高等教育機構不會允許我或其他研究生，享有步上這種知識發現旅程的自由。大學倫理委員會（University Ethics Committee）認為這樣的冒險不安全、危險，因此有違背研究倫理之虞。他們將安全轉為倫理價值的努力損害探索的自由，有時還損害研究的質量。

強加於我的研究生身上的安全之道，是專家們在家長買填充玩具前要求他們採納的同一取徑之修正版本。就以萊斯特大學都市史研究中心（Center for Urban History of the University of Leicester）網站上，一張題為〈我該如何安全訪問他人？〉的培訓傳單為例。這個問題無論是我，還是我的同事，都不曾在出發進行田野調查之前問過。就我們對訪談進行的焦慮來說，我們所焦慮的是如何提出正確的問題，如何取得受訪者信任，以提供我們有用的資訊。

〈我該如何安全訪問他人？〉呼應了居於主導地位的「有備無患」情緒，其中說道：

> 我們並不是說口述歷史訪談是一件特別危險的工作，絕大多數給你訪談機會的人無疑是真誠的，不會構成任何威脅。但既然訪談通常包含到別人家裡拜訪，事先與他們的聯繫也有限，還是值得思考可能的危險，以及如何將危險減到最低或完全避免。[11]

這份傳單或多或少承認，口述歷史訪談並不「特別危險」。儘管如此，它仍堅稱值得「思考可能的危險」。結果它所謂的危險是「到別人家裡拜訪」。傳單接下來提供的安全訣竅，採用家長有時用來對四歲小孩發號施令的語氣。它問：「你去訪談要如何往返？」接著建議：「白天乘坐公車旅行或許適當，但在晚間返回時則較不可取。」為免有意訪談者對都市移動需求毫不知覺，傳單還建議：

> 一定要知道該搭哪一班火車或巴士、乘車時間，以及距離目的地最近的站牌。查詢時刻表。即使在大城市，公車班次到了晚間可能也會很稀少。避免入夜後獨自在公車站牌等車，尤其在照明昏暗或荒廢的地區。

這份傳單召喚出這樣的英國都市景象：乘坐公車旅行的危險，以及到別人家裡拜訪構成的危害，在在要求「要有人知道你去哪裡」。

就其本身而言，針對研究生而發的老套安全忠告，幾乎不足以影響人們的心態及行為。但是當大學倫理委員會及其他風險趨避機構也塞進同樣的訊息，就連例行活動都有可能成為個人安全問題。

對於安全的忠告假定：人們欠缺應對生命所需的道德或情緒資源，而且往往把成人當成困惑的兒童對待。例如卡地夫大學（Cardiff University）的〈個人安全指南〉：「我們實話實說，你晚上出去玩之前最重要的考慮，大概是要穿什麼衣服。但酒精能夠嚴重影響你做決定的能力，因此出門前把安全措施準備就緒，真的很重要。」[12]充滿危害與風險的險惡娛樂情勢，被晚上進城遊玩前「把安全措施準備就緒」的呼籲召喚了出來。

愛丁堡大學的「個人安全」網頁，慷慨地提供陳腔濫調的建議。它在列出一長串安全訣竅之前說道：「愛丁堡一般被認為是一座安全的城市，但一如任何城市環境，你都應該知道要隨時留心自己的安全及自我保護，尤其在夜晚。」它的「或許安全……但是」訊息，繼之以一連串的老套忠告，像是「深夜或獨自讀書時，要告知某人」。這份指南以一段直指人們對生存之不安全感的聲明作結：「要是覺得不安全或不對勁，就聯絡安全部門。」[13]換言之，區區的「不對勁」感受迄今為止都被視為人類困境令人不適的特徵，在此卻轉化成安全問題。

社會全力以赴地執迷於個人安全，由此明確或不明言地傳達這一訊息：不信任我們遇見的人是明智之舉。不論公立或私營機構都採用措辭複雜精細的行為準則，旨在保護個人不受他人可能施加的傷害。在某些事例，對個人安全的焦慮導致了重新採用伴護人（chaperone）監控人際關係的舊習。過去的時代，仰賴伴護人確保人們舉止合宜、循規蹈矩；而在今天，對個人安全的需求導致這種被認為古怪過時的作為再次受到採行。

我家附近藥局這張宣傳可用伴護人的布告，專門用來說明此人能提供何種服務確保我們的安全：

> 本藥局伴護人政策
>
> 本藥局致力於提供安全舒適環境，令閣下及本藥局員工得以確信最佳服務隨時獲得實行。因此有時須於診間內安排一名伴護人。伴護人在個人問診過程中，同時為患者及本藥局員工提供安全保障。若閣下認為伴護人陪同較為舒適，可在診療過程中隨時請求伴護人陪同……主治藥師亦可要求伴護人陪同，但必先徵得閣下同意。

患者與藥師皆可得益於召來伴護人「保障」自己這一推定，傳達出的訊息是雙方的接觸有可能不安全。它也不明言對支撐著藥師與顧客、醫師與患者，或是學者與學生之間專業關係的信任提出質疑。

成人與兒童的關係構成嚴重安全問題的假定，導致了對代際關係的微觀管理及嚴密檢視。由教會兒童保護諮詢服務中心（Churches’ Child Protection Advisory Service, CCPAS）發行的小冊子《幫幫我……我想要安全的與青少年和兒童工作》（*Help...I Want to work safely with young people and children*），描繪出拒不信任與兒童工作之成年人的世界。這本小冊子建議：「每件事都保持公開。在群體脈絡中的擁抱和關上門的擁抱大不相同。」[14]關上門和私下互動，再也不被一個源源不絕地攝取猜疑維生的社會所接受。彷彿關上的門，在本質上就構成對兒童安全的威脅。

實際上，成人與兒童的一對一接觸蒙受汙名化。救世軍（Salvation Army）出版的一本指南建議成員，應確保「當雙方行為難得或沒有機會被他人看見時，成人不被單獨留下與兒童或青少年共處」。它補充道，這「可以意指團體在同一個大房間工作，或在門戶開敞的相鄰房間工作」。救世軍成員對這項規定大表不滿，因為他們的許多活動都包含音樂演奏。由於樂隊成員演奏不同樂器且熟練程度各異，許多訓練都需要一對一進行。儘管如此，新指示仍命令房門應當敞開——想來也要把耳朵捂上。在許多敘述裡，象徵私領域的關上的門，都被描述成人類安全的一大威脅。一篇題為〈犯罪恐懼與安全家園迷思〉（Fear of Crime and the Myth of the Safe Home）的論文，批判將公共場所與危險聯結、將私領域與安全聯結的犯罪學家，[15]並傳達出這樣的訊息：即使最親密的關係都不能信任。就連家都不再安全的概念，引起了對人類境況危殆性質的疑問。它反映出在恐懼文化的脈絡之內，安全正因其缺乏而更為醒目。

對個人安全的焦慮持續受到媒體標題，以及倡議組織和運動團體的警告推波助瀾。就以告知讀者「百分之八十的兒童在社群媒體上感到不安全」的這個誤導標題為例。標題所依據的那項研究僅只宣稱，受訪兒童每五人就有四人指出網站應當採取更多行動，保護他們免於有害訊息。百分之八十七受訪者表示，自己知道如何在網路上確保自身安全，並不足以制止研究背後的倡議團體宣揚一種直接牴觸研究成果的說法。[16]

然而，即使媒體和恐懼商人沒完沒了的提請人們注意個人安全遭受的威脅，有個重點還是得提出：他們不過是放大既有的焦慮。許多社會及文化心理學家都相信，對個人安全的焦慮是個體化過程的結果。與個體化同時發生的社群聯結，破壞「為人類帶來新的不安全感」，心理學家埃里希・佛洛姆（Erich Fromm）如此認為。[17]佛洛姆斷言，恢復社群團結需要原本被自身不安全感干擾的人們自覺付出努力。

佛洛姆提請人們注意的，傳統社群存有之社會聯結的喪失，與現代社會盛行的個人焦慮感兩者之間的關聯，無疑言之成理。但還是得提出一個重點：即使社群聯結的破壞已經持續將近兩百年，社會對安全的執迷卻一直到了二十世紀晚期才取得如此強大的動力。回顧現代歷史，仍有些時期的情勢——第二次世界大戰期間或戰後經濟成長——幫助人們與他人維持及建立新的關係。但在一九七〇年代卻出現個體化過程，趨向硬化的明顯轉變。因此，當克里斯多夫・拉許開展他對於生存主義情緒興起的論證時，他將焦點放在他所謂的個人「精神存活」（psychic survival）之上。

對於精神存活的焦慮，與對自身及自身與世界關係的認知變化密切相關。在這一脈絡下，個人認同的意義喪失了一部分的持續感，而變得更加流動。值得注意的是，認同與持久的公眾世界之間的關係，在人們的體驗中愈來愈易碎。拉許認為：「認同變得不確定和困難重重，並非因為人們再也不占有固定的社會地位……而是因為他們再也不棲息於一個獨立於他們自身而存在的世界。」[18]

隨著人們與他們共有的世界疏離，他們的自我認同也就變得愈來愈和私生活緊密相連，反過來又將不安全感個人化。這種發展的癥狀之一是，私人焦慮成為公眾議題的傾向。經由自殘、飲食疾患、對身體形象憂慮，以及對關係的恐懼而表現出來的個人不安全感，都成了公眾安全議題。

對個人安全的追尋不只是對外在威脅的回應，也是對於與生存不安全感相關的內在混亂之反應。當今的「一切都與我有關」感受早已被拉許預料到，當時他對「自戀文化」的增長評論如下：「一種把世界看作鏡子，尤其是看作自身恐懼與欲望之投影的意向。」[19]正因如此，認同政治的鼓吹者才會對自身「人格面具」可能遭受的威脅表示如此強烈的焦慮。儘管認同政治的修辭通常讚頌生存，卻持續提請人們注意自身的受害經驗、脆弱感，以及因創傷而受到認可及保護的權利。

增強的個人不安全感，將日常生活問題轉譯為傷害的心理學語言，這在相對晚近發明的「微侵犯」（micro-aggression）概念中最有系統地刻劃出來。微侵犯一詞與諮商心理學家德拉爾德·溫·蘇（Derald Wing Sue）的著作有關。蘇將微侵犯定義為：「對於目標個人或群體短暫而普遍的日常口頭、行為，及周遭環境侮蔑，無論有意或無意地傳達出敵對、貶抑，或負面的種族、性別及性取向，以及宗教輕蔑和侮辱。」這一定義的重點在於，這些侮蔑無須是有意為之的後果；實際上，蘇認為「微侵犯加害者通常沒有意識到」，他們施加於他人的侮蔑。[20]

指向微侵犯無意識，及不經意面向的關注至為重要。被控觸犯這項不當行為的人們，並非因為他們的行為、言語，甚至不是因為他們自以為的想法而被指控，而是為了他們無意識的想法。微侵犯被表現為一種非故意的文化傷害形式，其認定完全由受害者壟斷。不同於清楚可見的傳統侵犯行為，微侵犯幾乎沒有確實證據，除了對它的主觀反應之外。

微侵犯概念之所以能取得影響力，原因之一是它提供一套與個人不安全感共鳴的敘事。微侵犯突顯拒斥、焦慮及孤立的主觀經驗，並將它重塑為對個人安全的潛在威脅。微侵犯概念藉由降低存心意圖作用的語言，有助於重新表述失望、拒斥及痛苦的經驗。如同上一章討論的霸凌概念，微侵犯的作用在於解釋及認可個人所遭遇的本體不安全感。藉由它對人際溝通所造成傷害的強調，突顯了易碎的認同與追尋個人安全之間的緊密關聯。

當我們獨自恐懼

即使對精神存活的憂慮在認同政治之中得到最有系統的表述，但它其實盛行於整個社會。對自我認同愈益增強的關注，對於恐懼運作及安全受到認知的方式都產生重大影響。恐懼變得愈來愈私有化：人們作為孤立而寂寞的個人體驗，威脅的程度遠甚以往。結果，恐懼行為不再有助於締造團結感，反倒助長社會片斷化。就連在戰爭及衝突等等趨向於助長團結展演的情況中，大眾的回應也往往採用個人語調。主詞經常不是「我們」而是「我」，例如「我感覺不安全」。這樣的回應經常在災變或恐怖襲擊之後，受到媒體索求而產生。諸如「你感覺怎樣？」

「說說你的心情」，或是「這對你來說有什麼意義？」這類的問題，將整個社群遭受打擊所引發的回應給個人化了。這種問題不可避免的聚焦在「我的故事」之上。二〇一七年五月曼徹斯特遭受恐怖分子炸彈襲擊之後，一份報刊的標題引用電視節目主持人沃格．威廉絲（Vogue Williams）的發言：「我再也不覺得住在英國很安全。」[21]這篇關於一名個人對其自身安全焦慮的報導，把社群安全的顧慮推到次要地位。

儘管有共同的恐懼文化，但對於被察知的威脅做出的回應，則通常具有個體化的性質。缺乏共享的恐懼經驗既暴露，也加重社會賴以理解自身面臨威脅的共同意義之網，相對上的薄弱。創傷與焦慮的治療語言，引導人們以個體化、原子化的方式體驗自身恐懼。相對於威脅在過去經常作為社會的共同危害而受到體驗，如今它們往往被內化為個人安全的私密問題。比方說，英國全國警察總監委員會（National Police Chief's Council）發布一份聲明，勸告大眾在遭遇恐怖攻擊時應當「逃跑、躲藏、報警」。[22]有些安全事務專家則合情合理地批評這份指南過於被動，他們宣稱美國聯邦調查局採用的建議「逃跑、躲藏、反擊」才是更能有效確保社群安全的方法。[23]

失去團結感與社群安全保護所提供的慰藉，獨自懼怕的人們可能將各式各樣的議題，都理解成對自身安全的潛在威脅。包曼寫道：「隨著恐懼私有化」，再也「不留一絲人類理性」能夠幫助我們，「最終進入一處安全愜意庇護所的希望」。[24]一項研究的受訪者被問到他們面臨的個人風險，結果發現受訪者往往將「危機、恐懼及焦慮」，表現為「自行製造的個人問題，是『個人傳記』的產物」。[25]缺少為安全保護賦予共享意義的主導敘事，對安全的顧慮成了人生的永久特徵。

將安全轉化為價值的方案

自古至今，人們一直都在反思安全與恐懼的關係。「恐懼為安全之基石，」基督教會的教父特土良（Tertullian，約西元一五五至二四〇年）如此說。但附著於安全的意義經歷重大修改，直到近代之前，個人安全往往被看作遠不如社群安全重要。西塞羅如此解釋：「正如法律將眾人安全置於個人安全之先，一個良善、聰明、守法，對市民職責有自覺的人，也會關照眾人的益處更多於他自己一個人的。」[26]西塞羅熱心公益的安全敘述無疑成了一份理想，而這份理想被那些實際上認為個人安全重於社群安全的人給違背。儘管如此，安全與市民職責的結合，仍為這個詞的意義增添公共面向。

如同前文所述，霍布斯是公認將政治論述核心地位，分派給安全計畫最有關聯的哲學家。英格蘭內戰之後，霍布斯試圖利用人們基本的自保衝動，替一套以恐懼為基礎的主權理論提供理據。但即使霍布斯倚靠人們的自保本能，他的安全概念仍是以取締暴行，並經由主權者行動確保社群和平為基礎。他的安全概念並非個人主義式的，而是公共安全概念。[27]

安全經常成為政治論述的主題之一，但在許多事例中，它並不被看作是道德規範。道德規範是指那些用以指引眾人行為及社群習俗的道德規則。即使安全保護有其實用需求，但許多史料都質疑安全理念本身能否成為價值。安全顧慮有時被描述為，讓社群在面臨挑戰時無法全力處置的干擾。塔西佗（Tacitus）宣稱：「安全的欲求阻礙一切偉大高貴的事業。」[28]這種情緒在古代雅典也很普遍，雅典文化提倡承擔風險和把握機會。它承認名聲與英雄主義的理念，認為安全並非價值，而是實用需求問題。

社會學家艾爾文·郭德諾（Alvin Gouldner）在他對雅典文化引人入勝的敘述中，說明雅典的人民並不太看重安全。按照郭德諾的說法，雅典人敢於冒險作風的實例之一，正是他們決定棄城，集中全力在海戰中擊潰數量遠勝於他們的波斯軍隊。[29]雅典城邦衰落千百年之後，敢於冒險的雅典文化仍廣受景仰。德國哲學家弗里德里希·尼采（Friedrich Nietzsche）讚揚雅典領導人伯里克利（Pericles），後者在著名的國葬演說中頌揚雅典人民「對安全、身體、生命的不在乎及輕視」。[30]尼采將社會偏好安全與舒適更甚於風險，稱作是奴隸道德。

許多十九世紀哲學家與思想家，都認同尼采對安全價值之輕蔑的改良版本。約翰·斯圖亞特·彌爾（John Stuart Mill）告誡那些以為安全勝過一切其他目標的人。他的看法值得完整引述：

> 戰爭是醜惡之事，但並非世上最醜惡之事：道德與愛國情操敗壞、墮落而失去不惜一戰之心，遠比戰爭更壞。當一個民族僅只為了主子的自私利益效勞，而被用作發射大炮和拚刺刀的人型工具，這樣的戰爭使民族墮落。保護其他人類抵抗暴虐不義的戰爭，為其他人類

自身正當良善的信念帶來勝利的戰爭，而且是他們自己為了自由選擇的誠實目標而進行的戰爭——則通常是民族重生的方法。當一個人沒有願意奮鬥的目標，沒有不計個人安危也要拚死保護的事物，這種可悲的生物沒有機會獲得自由，除非有其他更加優秀的人為他努力爭取和維持。只要正義與不義仍不斷為了在人類事務中得勢而生生不息的爭戰，人類就非得在必要時甘願為正義而戰，對抗不義不可。[31]

仰慕雅典人勇於冒險精神的彌爾認為：「一定程度的不安全感在某些情境聚合之下，藉由讓精力及實用能力成為安全的條件，產生了好壞參半的效果。」從這個觀點看來，安全並非「消極防範傷害」產生的結果，而是如同亞倫．維達夫斯基（Aaron Wildavsky）所言：「安全必須被發現，不能只是被揀選。」[32]

彌爾表述的這種情感，充滿一種認定對他人福祉的義務與責任，是良善生活舉止所不可或缺的道德見解。近年來，道德被治療準則取代，則改變義務受到理解的方式。三不五時，公眾修辭仍會按照義務的古典意義指涉其重要性，像是為他人或社群承擔義務。但這種公共義務版本，頻頻受到另一種說法牴觸：真正重要的義務是對自己的義務。「價值是個人偏好、傾向與選擇」，社會學家詹姆士．戴維森．杭特（James Davidson Hunter）如此表示。[33]按照烏爾利希．貝克的說法，這套受治療語言影響的價值體系，其中一項關鍵要素即是「對自身的責任原則」。[34]

安全的增值（valorization）甚至影響參與暴力衝突、以作戰為職責的機構。美國陸軍准將提摩西・艾登斯（Timothy J. Edens）說過：「安全可說是我軍價值的核心要素之一，」他希望官兵們：「將安全看作戰士精神的一部分。」[35]一家生產軍用防彈裝備的公司也重申這點，表示：「我們的核心價值是安全；我們的核心任務是幫忙帶著你平安回家！」[36]

當代的安全敘事獨厚個人，以技術性和工具性的方式應對安全的公共面向。即使運用價值修辭，它卻迴避一套經由規範性基礎提供價值的道德架構。數以萬計的網站，致力於將安全確認為機構的核心價值。「將安全從方案變成核心價值」，承包業務（Contracting Business）網站如此宣告，並解釋：「當安全是一種價值，公司的思考與行為相對於安全是方案或客戶要求時大不相同。以安全為核心價值的公司有一套安全文化，意思是安全成了一種生活方式。」[37]幾乎每一篇涉及安全的宣言都堅稱，他們是這麼認真看待自身的安全核心價值，使它「成了一種生活方式」。因此安橋公司（Enbridge）的網站也呼應這句老生常談：「安全不只是優先，更是我們的生活方式。就是這項核心價值使我們成為安橋。」[38]

我們對網際網路上隨機挑選一百五十份價值宣言的考察顯示，它們在提到安全作為「核心價值」時，運用類似的陳腔濫調。它們全都清楚理解安全支配了社會的關注，對於缺乏安全的焦慮，則是我們的時代精神不可分割的一環。機構頻頻使用「安全文化」一詞敘述它們的生活方式。企業及機構經常宣告它們對「安全哲學」的信奉，將它描述成以人為取向和個人的，比方說：「安全由人落實，而不是體系或流程。」[39]一家能源公司說明，它的安全哲學是針對

「我們的員工」，員工是「我們最寶貴的資源」，「沒有任何事業比個人安全更重要」。[40]這家公司指出，它們絕對是認真的：

> 為培養這一（安全第一且優先）哲學，派而曼能源（Parman Energy）任用一名全職安全主管，為全體職工開展及施行安全訓練。這名安全合規主管的主要工作重點，不只是確保這套哲學獲得遵循，更要激勵員工在生活的每一個面向（工作和家庭）都安全行事，好讓他們與家人團圓。[41]

倡導安全文化或哲學的敘事，試圖將技術及實用安全措施轉變成一套價值語言。但安全價值的意義，卻幾乎不曾經由一套涉及是非善惡的道德語言解釋。反倒如同一連串實用訣竅一般，經由工具性詞語傳達出來。實際上，「核心價值」一詞的使用與道德價值毫無干係。值得一提的是，關於採納某一特定核心價值的決定，根據的是商業及公關考量。諮詢顧問和網站向機構提供可資選擇的核心價值內容，有一個網站提供「核心價值清單附加五百個範例」，並用一頁篇幅回答「如何創造你自己的核心價值清單」這個問題。[42]其他公司則提供現成的使命宣言，其核心價值則依照客戶需求而剪裁訂做。

激勵各機構宣揚自身對安全價值之信奉的工具性命令，是以承認安全保護需求確實存在為基礎。將安全轉換為價值的企圖，同樣是由承認對共享價值缺乏共識，大眾的焦慮及不安全感隨之增加所引起的。經由將安全轉化為價值的企圖，安全保護感的缺乏本身也被轉化成對一套共同準則共享的正向肯定。但我們珍視的事物——安全與保護——與自主或自由這樣的道德價值之間，卻有天壤之別。對安全的估價就代表對傷害的聲明。實際上，安全受到神格化的真正驅動力，來自實現無傷害世界的願望。如同一份題為〈安全——讓它發生〉（Safety—Making it Happen）的使命聲明所解釋：「『安全』一詞的意義因人而異，但本質上刻劃出『傷害不存在』的理想。」[43]

無傷害世界的危機

無傷害世界的理想化，道出一種認為傷害的後果遠比先前想像的更具破壞力和災難性的文化，並試圖通過一套擴張的安全體系加以抵銷。作為這套「將安全轉化為價值」計畫基礎的，則是針對潛在傷害的不寬容。〈安全——讓它發生〉這份使命宣言明確的將轉化「安全成為價值」，與「零（零傷害、零意外、零容忍等等）的目標」聯繫在一起。[44]

安全哲學的倡導者經常鼓吹零傷害的目標。正如「將安全視為價值」的一名鼓吹者概述：

> 「安全即是價值」的精神，建立在一切傷害皆可避免、零傷害目標，能夠達成這一基本哲學。要將這個概念引進職場，公司主管必須開展出一套願景，並全力投入其中。這樣的承諾也必須經由管理階層向下紮根於基層。[45]

這份聲明的作者許諾：「長久下來，零傷害的努力必定能在財務與人力上獲得回報。」從這個觀點看來，零傷害環境的目標不只是務實，也是值得的。零傷害社會的鼓吹者附加於安全之上的重要性，意味著其他關注及原則都必須從屬於這個目標。

二〇一二年，彼得・沃爾將軍（Gen. Peter Wall）對於英國的反風險文化影響及於軍中表示憂慮，他說：「我感受到社會某些領域有這樣的期望，認為在眾多其他行業中合情合理地受到追求的這種零風險文化，理當也能在戰場上實現。」沃爾認為，社會必須接受「在其他行業中受到追求的零風險文化」，實際上不該應用在戰場上[46]。他甚至必須提出論證，由此足以說明零風險心態對社會的影響有多麼廣泛。

儘管零傷害的鼓吹者所勾勒的安全烏托邦，看來往往像是某種文化幻想，這個目標卻受到許多機構及倡議團體熱烈追求，他們將「意外」一詞看作是某種世俗褻瀆的表述。禁用這個詞的呼籲被「人們受到的傷害皆可避免」這一信念所驅動。二〇〇七年，「意外」一詞從英國交通部發行的新版英國《公路法規》（*Highway Code*）中刪除，「碰撞」、「相撞」或「事故」則成為敘述先前稱為意外之事的替代用語。[47]

聲稱「一切傷害皆可防範」的口號，助長一種針對意外相關人等的咎責情緒。兒童受到的傷害不斷被詳加檢視，尋找家長怠忽職責或虐待的證據。正因如此，英國政府在二〇一四年自作主張實施一項規定，確保所有前往醫院急診處就醫的兒童，都被登錄在為了辨識可能受虐兒童而建置的全國資料庫。

在職場、公共機構，乃至整個社會引進嚴格安全體系，對於人身傷害的減少有著重大貢獻。因此，多數經濟發達社會都達到人類歷史上前所未有的安全。但弔詭的是，程度前所未見的人身安全得以實現，卻與不安全感增強同時發生。正如前一章所述，這種反應由於人們被社會化，以應對恐懼的方式而變本加厲。在這樣的情況下，不斷追求無傷害世界的烏托邦願景無助於人們覺得安全。既然它持續讓人們注意到安全處於缺乏狀態，也就增強不安全感。

儘管頌揚安全的使命聲明，往往聚焦於防範人身傷害及危害，但社會近年來關注的威脅，則愈來愈指向對人們情緒造成的損害。個人的情緒傷害屢屢被描繪比人身傷害更嚴重，成了某種足以讓人「終身受損」的事物。不同於人身傷害，情緒傷害僅受想像限制。無論意圖為何，一個手勢或一句評論，都可以被認知為造成損害的方式。根據英國採用的兒童保護指導原則，情緒虐待可用於指稱家長近乎完全失敗，從「無法滿足孩子被關愛的需求」，到「過度保護與占有」，妨礙子女體驗「正常社會接觸或正常體能活動」，不一而足。[48] 情緒傷害診斷的擴充還不僅限於兒童。如前文所述，當代文化規範也發揮作用，持續降低可接受的痛苦門檻，從而鼓勵個人將不愉快經驗詮釋成有損健康及情緒。

情緒傷害的無所不在，為安全的神格化增添一種擴張且侵入的面向。「安全」這個副詞示意了負責任的行為，如同在「安全性行為」、「安全喝酒」、「安全飲食」、「安全上學」，及「安全空間」的用法；「保持安全」這句勸告則成了「願主與你同在」這句呼求的世俗版本。

正因如此，對安全保護不受傷害的需求，得以如此輕易地被承認為一種正當訴求，有權得到肯定與承認。將安全歸為一種經驗或產物，賦予它自動贏得我們認可的性質，在此同時，個人及機構則屢屢因為不夠小心謹慎而受到撻伐。

反向隔離

「反向隔離」是社會學家安德魯・薩茲（Andrew Szasz）在他的論著《購入我們的安全：我們如何從保護環境轉向保護自我》（*Shopping Our Way to Safety: How We Changed from Protecting the Environment to Protecting Ourselves*）之中開展的概念。[49]不同於傳統隔離試圖隔絕疾病，阻止它傳染給大眾，反向隔離表現的則是相反的衝動：人們將自身隔絕於他們認定對自己構成威脅的危害。反向隔離構成了對於「人類境況天生就不安全」之恐懼的一種回應。

可以說，「安全空間」這個概念的出現，正是對反向隔離之需求最引人注目的例子。如同一個為了隔絕不受歡迎的外人而設置門禁的社區，安全空間的宗旨正是為了保護其居民免於不受歡迎的批評及思想。

正因媒體在二〇一五年將注意力轉向英美大學校園內的安全空間需求，導致這一現象廣泛受到認可。然而，對這種反向隔離形式的需求，在很久以前就已經出現。一九七〇年代晚期浮上檯面的精神存活的憂慮，為最終被表述為安全空間需求的這種心態興起，注入最初的動力。精神存活與安全空間兩者的這種初步關係，由精神科醫師安東尼・弗萊（Anthony Fry）一九八七年的著作書名《安全空間：如何在險惡的世界裡存活》（*Safe Space: How to Survive in a Threatening World*）刻劃出來。在弗萊看來，安全空間由於存在於自我之外的危險世界，而成為必要。他寫道：「當我仔細觀看這個頗為險惡的世界，似乎對我們多數人來說，安全空間變得愈來愈難找到，由於種種原因，物質、社會，及個人狀態都變得愈來愈不適宜於人類。」[50]弗萊的理想是他所謂的「受保護童年空間」，而他的安全空間隱喻，在許多方面都刻劃出孩童仍在子宮中的那份安全保護。[51]

弗萊在兒童保護精神與追求安全空間的願望之間劃上等號，突顯這種反向隔離形式所吸引的幼稚化人觀版本。安全空間概念對其兩大關鍵特徵的突顯，遠甚於我們的恐懼文化所產生的任何願望——人類棲息的空間不安全這一論點，以及人們天生「處於危險中」且「脆弱」，因此無能應對生命拋向他們的挑戰。切合這種自覺脆弱意識的生存主義見解，則引導人們想像自己生活的世界不安全。「日常生活開始仿效那些，強加於遭逢極端逆境的人們身上的生存策略。」拉許如此表示。[52]

安全的缺乏是安全空間論證的前提，但安全空間能對哪一種類型的威脅提供保障？一般而言，安全空間需求是基於以下的理由而被正當化：由於人們在情緒上容易受傷，他們需要被隔離於批評與論斷的有毒效應之外。從這個觀點出發，個人安全的議題又與供給保護，以防可能進一步損害個人自我認同的言語及想法兩相交纏。安全空間鼓吹者表達的恐懼，與其說是針對人身傷害，不如說是針對他們的精神與自我認同遭受的威脅。

安全空間的宗旨，在於控管人際之間的社會距離及精神界限，用以闡述安全空間政策的語言，經常運用空間、距離與界限的隱喻。占領布里斯托（Occupy Bristol）運動以尊重「個人的身體及情緒界限」為訴求，並勸告聲援者：「對自己的行為與安全，以及你周遭人們的安全負責。」[53]占領倫敦運動的安全空間政策，同樣聚焦於維護精神空間之實行，建議聲援者「尊重彼此身體及情緒界限」，並「覺察你所占有的空間，以及你所帶來的地位與特權」。[54]這種反向隔離不只是為了將人們隔離於外在威脅之外，也是為了確保他們安全，不受最接近的人們侵擾，以免這些人侵入他們的個人空間。

倡議者與運動者在各式各樣的背景裡，都提出安全空間的需求。社工人員、學校教師、心理學家、教育工作者、醫師、性工作者及觀護人，則是其中一些替安全空間爭取支持的利益團體。安全空間通常被描述成難民等弱勢群體應當享有的一項人權，[55]它也被整合成為二十一世紀政治抗爭的語彙。如同前文所述，二〇一一年九月在世界各地興起的占領運動，致力於安全空間的提供，理由通常是安全空間對於協助運動聲援者建立信心至關重要。英國工黨全國代表大會在布萊頓（Brighton）舉行期間，為厭倦聆聽激烈爭辯的女性代表設置一個安全空間。[56]安全空間的需求並不僅限於政治分歧的左翼。加州大學洛杉磯分校（University of California at Los Angeles, UCLA）的共和黨棕熊學生會（Bruins Republicans）一位領袖，形容自己的社團是「保守派學生分享意見，無需面對意見不同的教職員和學生批評或攻擊的一個空間」。[57]

總體而言，對於缺乏安全的焦慮，特別是對安全空間的需求，在高等教育機構內部最有系統的得到構思及開展。正是在大學體系之內，支持恐懼文化各種不同表現的論證，取得系統性的準意識型態基礎。倘若學術界恐懼事業家提出的論證為真，那麼按照各方說法，大學就成了最危險的工作場所之一。大專院校被騷擾泛濫所籠罩的說法，隨即由校園面臨前所未見之壓力泛濫的相關報導跟進。在某些情況，問題的規模簡直令人難以置信。二〇一七年四月，澳大利亞一篇談及「承受壓力的學生蔓延」的報導提到，超過百分之七十的學生回報高度或極高度心理困擾，顯然有超過三分之一的受訪者宣稱，他們曾盤算過自傷或自殺。[58]而在英國，全國學生會總會（National Union of Students）二〇一五年的一項調查指出，百分之七十八的學生經歷過心理衛生問題，還有三分之一受訪者宣稱有過自殺的念頭。

人們會想像，大學是一個相對和善與舒適的工作機構，但恐懼文化裡的事物卻並不這樣運作。〈學者比其他職業「面臨更高的心理衛生風險」〉是一篇宣稱在英國大學中任職的「大多數人」認為自己的工作很有壓力的文章標題。[59]看來，相較於其他職業——外科醫師、急救人員、警察、軍人——在大學教書是出奇高壓又危險的經驗。

為校園安全火上加油的主要動力，是對於人們精神保障與自我認同的焦慮。安全空間應當被詮釋成一種認可的隱喻：對它的支持者而言，其吸引力在於讓人們豁免於被迫感到不適的許諾。正如法律學者、美國公民自由聯盟（American Civil Liberties Union, ACLU）前總裁娜丁·史卓森（Nadine Strossen）所述，這個隱喻的意義如今也包含保護人們免於「遭逢令其不適的想法」。[60]

眾多大學生在情緒上受到允諾保護他們免於論斷的做法吸引，並不令人意外。學童從很小的時候開始，就被社會化而接納同理、自尊，及無條件尊重他人觀點等居高臨下的教育學價值。有了這麼多時間與資源傾注於確認年輕人的自我認同，他們相信自己有權受到認可也就無需意外。於是當他們來到大學，他們認為理想的課堂環境是他們的自我和觀點都被接受與確認的環境。許多大學生或許從來沒聽過安全空間，但他們的社會化過程卻使他們傾向於期望所在機構認可自己的自我認同。反過來說，許多大學生認為嚴肅的批評和辯論，是對他們的「人格面具」不可容忍的挑戰。

實際上，安全空間提供一道免於論斷威脅的隔離。因此言論自由和有力的辯論往往被診斷為不安全，危害心理衛生。安全空間的支持者認為，缺乏論斷是大學最值得珍視的特徵之一，這一點也受到眾多高等教育機構明確承認。聖安德魯大學（St. Andrews University）的「學生服務價值宣言」（Student Services Value Statement）許諾：積極反思自身實踐，以確保我們的環境不作論斷。[61]大專院校經常將他們的安全空間描述為遠離論斷的避風港。「安全區域提供非異性戀個人（LGBTQ）一個管道，得以辨別支持他們且不作論斷，並對這些議題歡迎開放對話的場地及人群。」蒙大拿州立大學（Montana State University）如此宣告。[62]

探討恐懼課題的評論與研究往往忽略懼怕論斷這點，它通常被體驗為一種最為深刻的威脅。這樣的發展不明言地受到與論斷相關的語言變遷所承認。論斷獲得不祥且具威脅的聯想。最近發明出來的「挑三揀四」（judgy）一詞傳達出對他人紆尊降貴的意涵，[63]用以指稱某些被認為太過苛求的人。「挑三揀四」的負面意涵與「不挑」（non-judgy）的正面意涵兩者的對比，在安・雷根（Anne Regan）二〇一二年主編的《動物磁力》（*Animal Magnetism*）故事集中獲得明確表述，其中一個角色「垂下眉毛，雙臂抱胸，試著看起來不挑，即使他有點想要挑三揀四」。[64]

當代社會對批評和論斷的恐懼與厭惡，表現在採用「羞辱」作為文化綽號。羞辱被隨便地用來指責各種不同型態的批評與論斷。身材羞辱、肥胖羞辱、蕩婦羞辱、瘦子羞辱、體重羞辱、速食羞辱和網路羞辱，只不過是不受歡迎的言語被當作文化罪行看待的幾十種方式其中一小部分。詢問一位母親為何不用母乳哺育嬰兒，立刻就會被指控為配方奶羞辱。就連一丁點論斷的暗示，都被認為是直接威脅某人的自我認同。

在校園內抑制判斷力行使的企圖，可以看作是非學術機構提倡的零傷害烏托邦版本之一。如同前文所述，零傷害論點往往經由「對傷害零容忍」這句慣用語表達出來。[65]如同安全空間的論證，零傷害的主張也堅稱絕對不應容忍可能造成人身或情緒傷害的行為。「零容忍」的隱喻傳達出零論斷及零斟酌（zero discretion）的觀念。這些政策被期望無差別適用，並且不問原委地懲罰違犯者。它省下法官與官員必須酌情思考特定事件的工夫，使他們免於行使區辨及判斷的職權。而在校園內冒犯言論零容忍的例子，則意味著人們無須費心對論點的價值得出自己的結論。

零容忍的概念也充斥著風險趨避。它象徵著運用管理手段，消除不受歡迎的意見或信念表述所引起風險的企圖。當然，在某種意義上，寬容是有風險的。一旦對信念、意見與言論約定俗成的限制被除去，公眾生活的未來走向就難以預測。言論及求知的自由，慣於向出人意表的方向發展。

不出所料，對安全的焦慮與對安全空間的需求會自行滋長。一個安全空間的鼓吹者一得到遷就，立刻有人要求另一個。安全空間的意義持續擴充，囊括對安全愈來愈大的要求。安全空間一詞曾經一度是指，學生能在其中舒適及安全地討論問題的特定實體區域——通常是房間。近年來，安全空間則擴大到涵蓋整個大學。倫敦大學金匠學院（Goldsmith University）伊斯蘭社（Islamic Society）的社員在宣稱「大學應當對所有人都是安全空間」時，正是這個意思。安全空間的這種概念膨脹，經常受到這一主題的政策性文件推進。比方說，倫敦帝國學院（Imperial College, London）學生會評議會（Union Council）就頒布安全空間政策（Safe Space Policy），適用範圍「包含評議會管理之一切設施」。同樣的，倫敦國王學院（King's College, London）學生會的安全空間政策，也適用於「國王學會學生會之任何空間或活動」。[66] 安全空間的鼓吹者經常主張，安全空間應當涵蓋每一間教室。[67]

安全空間概念的潛移乃是基於這項認識：安全作為一種不受爭議的價值，享有獨特地位。然而正因為對反向隔離的支持受到「這世界不安全」的推定所驅動，獻身於安全空間目標的人們永遠無法覺得安全。實際上，安全需求本身就包含找出愈來愈多威脅，以供懼怕的內在邏輯。就其定義而言，精神受到的無形傷害不受空間侷限，就連維安監控最嚴密的安全空間，都不足以讓恐懼主體放心。

許多觀察者對於安全空間需求的急速升高感到困惑。其中有些認為，安全空間概念形同鬧劇或不可理解的人斥之為一時心血來潮，沒多久就會被校園抗爭的另一個不同目標取代。或許真有可能是這樣，但只要針對論斷行為而來的強大憎惡持續支配文化形勢，它就會繼續要求不受言論自由、批評，及自發人際互動影響的保護。[68]

用自由交換安全

安全的神格化最醜陋的特徵之一，便是將自由價值從屬於其驅使之下的明顯傾向。在恐懼文化的道德架構裡，安全與秩序是第一順位價值，自由則降級到頂多第二順位。在美國校園的許多事例之中，言論自由被等同於仇恨言論，或被斥為白種人特權的武器。布魯金斯研究院（Brookings Institute）在二〇一七年九月發表的一項研究顯示，美國學生受訪者中有百分之五十一同意這樣的陳述：封殺一個他們不認同的發言者是可接受的。更令人不安的是，有百分之十九的受訪者確信，使用暴力阻止「引起爭議」的發言者說話是可行的。[69]

自由與安全的關係自古至今都是爭論的主題。在許多情況下，人類實現安全的衝動本身就被用來當成限制自由權行使的藉口。美國開國元勳之一亞歷山大·漢彌爾頓（Alexander Hamilton）也認識到這一點。「避免外來危險，保障人民安全是指導國家行動的最有力因素，」他在一七八七年十一月寫道，並發出警告：「即使是熱愛自由意志的人，在經過一段時間後，也會屈服於此種力量，」由此將「迫使國家……摧毀自己的公民及政治權利。」漢彌爾頓帶著些許宿命論提到：「為了要得到更大的安全，他們終於願意以自由來換取冒險。」[70]另一位開國元勳班傑明．富蘭克林（Benjamin Franklin）則堅定不移地反對用自由交換安全。他說出一句名言：「放棄基本自由以換取些許暫時安全的人，既不配得到自由，也不配得到安全。」

呼籲用自由交換安全的人們宣稱，人們享有的自由權必須與社群對安全的需求兩相權衡。這種論證自古至今不斷被當權者再三提起。為人民卸下自由的重擔，好讓他們覺得安全，是威權主義反覆重演的主題。這種論證的新版本，則因應九一一事件後的反恐戰爭而被闡述。在大西洋兩岸，安全與保護的緊急需求都被拿來替限制公民自由的法律及程序辯護。這種發展最令人憂慮的面向之一，是持續不斷地將人們私生活殖民地化的趨勢。鼓吹擴大使用侵入性監控器材的人們，積極倡導用隱私權交換安全的必要，[71]而在許多事例中，公民被說服接受「老大哥」盯著自己看以確保安全。

許多聰穎的觀察者，對政治人物如此輕易就爭取大眾默認，以自由交換安全發出批判。眾多學者指出，美國《愛國者法》（*Patriot Act*）等一系列新頒布的反恐法律，對公民自由權構成的威脅。但在同樣的交易：限縮對冒犯性言論的寬容，以保護大學社群成員的情緒狀態而被提出時，這些批評者的沉默卻引人側目。事實上，用自由換取某些所謂的精神益處，和抱持威權思想的政治人物經常用來為限制人民權利，以「保護人民自由」的政策辯護的論證並沒有兩樣。就以川普的選戰口號：「在美墨邊界『築牆』」為例，為了阻止墨西哥移民進入美國而修築的牆，在川普的許多支持者看來是生存安全的象徵。川普藉由隔離「確保美國安全」的理念，所訴諸的衝動與為安全空間需求推波助瀾的衝動並無二致。

交換的論證還剝奪自由的道德內涵——任何形式的自由皆然。恐懼文化不斷提倡，我們的安全取決於放棄一部分自由這種觀念，對預警原則的頌揚則導致冒險的自由喪失價值。追求科學實驗與創新的自由，往往被安全命令以及對副作用的顧慮抑制。兒童獨立移動與戶外活動自由的喪失，則象徵不自由想像與恐懼之間的緊密結合。在大專院校，學術自由頻頻受到倫理委員會的裁定損害，他們宣稱自由必須讓步於「倫理」考量。而在大學校園，要求審查言論的論點往往宣稱這種限制是確保人們不受傷害或冒犯所必需的。從這種立場說來，審查作為一種保護人們不感覺受傷的大眾療法而被正當化。

精神存活與自尊的需求，被用來當作付出自由以換取安全感受，這種不切實際目標的論證。但正如本書的論證所示，恐懼文化會持續自行滋長。交換自由的行為無法讓人們覺得安全，反而增強人們對生命缺乏控制能力的意識，從而助長他們的不安全感。我們的任何一種自由權利喪失，都只是徒然損害人們面臨威脅時的應對能力。如同所述，要抵銷恐懼文化對社會發揮的腐蝕作用，第一步正是更認真看待自由。

1 http://www.thefiscaltimes.com/Articles/2013/06/12/Americans-Choose-Safety-over-Privacy-in-New-Poll（二〇一七年二月十二日瀏覽）。

2 這場演說的逐字稿，參看https://www.vox.com/2016/7/21/12253426/donald-trump-acceptance-speech-transcript-republican-nomination-transcript（二〇一七年五月八日瀏覽）。

3 參看John Cassidy, "Donald Trump's Dark, Dark Convention Speech," *New Yorker*, 22 July 2016, https://www.newyorker.com/news/john-cassidy/donald-trumps-dark-dark-convention-speech（二〇一七年九月五日瀏覽）。

4 https://www.bbc.co.uk/cbbc/shows/stay-safe（二〇一七年十月五日瀏覽）。

5 https://www.standard.co.uk/news/parents-anger-after-pupil-sent-home-for-breaking-snowball-ban-7275502.html（二〇一七年六月四日瀏覽）。

6 參看http://manifestoclub.info/attention-please-manifesto-club-photobook/（二〇一六年四月二十一日瀏覽）。

7 Boutelier (2007), p.4.

8 我本人和一群協作者在歐盟第七期研發架構計畫"Changing Perceptions of Security and Interventions," 31 July 2009得出這個結論。

9 Stearns (2006), p.42.

10 Sarah Clark, "Soft Toy Manufactre and Safety," 16 March 2017, Toys Advice, http://www.toysadvice.co.uk/soft-toy-manufacture-safety.html .

11 "How can I be safe while interviewing people?," East Midlands Oral History Archive, https://www.le.ac.uk/emoha/training/n06.pdf（二〇一七年七月九日瀏覽）。

12 http://www.cardiff.ac.uk/secty/resources/Personal%20Safety%20Guide.pdf.（譯者按：原聯結失效。參看https://www.

cardiff.ac.uk/__data/assets/pdf_file/0017/240209/Personal-Safety-Guide.pdf〔二〇一七年六月二十三日瀏覽〕）

13 參看http://www.ed.ac.uk/history-classics-archaeology/information-current-undergraduates/new-undergraduates/personal-safety（二〇一七年十月五日瀏覽）。

14 參看http://services.ccpas.co.uk/information/media/press-release-archive。（譯者按：原聯結失效，參看https://thirtyoneeight.org/media/2131/17_hl_work_safely_with_young_people.pdf〔二〇一九年六月二十三日瀏覽〕）

15 Stanko (1988).

16 參看Mary Bulman, "80% percent of children don't feel safe on social media," *Independent*, 26 April 2017, http://www.independent.co.uk/news/uk/home-news/children-social-media-nspcc-harmful-content-online-a7704201.html。

17 Fromm (1965), p.35. 譯者按：此處參看埃里希・佛洛姆（Erich Fromm）著，劉宗為譯，《逃避自由》（臺北：木馬，二〇一五年），頁五九，略有改動。

18 Lasch (1984), p.32.

19 前引書，頁三三。

20 Sue et al. (2007), p.271.

21 Vogue Williams, "I don't feel safe living In the UK anymore," 28 May 2017, *Independent* (Ireland), http://www.independent.ie/style/celebrity-news/vogue-williams-i-dont-feel-safe-living-in-the-uk-anymore-35763921.html（二〇一七年七月七日瀏覽）。

22 http://www.npcc.police.uk/NPCCBusinessAreas/WeaponAttacksStaySafe.aspx（二〇一七年十月十二日瀏覽）。

23 例如，參看https://www.thetimes.co.uk/article/official-advice-to-run-hide-tell-not-remotely-helpful-say-experts-5klrfkh3hgn（二〇一七年十月二日瀏覽）。

24 Bauman (1992), p.xviii.

25 Tulloch & Lupton (2003), p.38.

26 "On the ends of good and evil," *De Finibus* 3.64 in Cicero (2006).

27 參看 Sorell (2010)。

28 Tacitus, *Annals*, Book XV, 50. 譯者按：塔西佗（Tacitus）著，王以鑄、崔妙因譯，《編年史：自聖奧古斯都之死》（臺北：臺灣商務，一九九八年），第十五卷，頁五四三，本句譯為：「但是只有貪生怕死的思想，也就是那些壯舉的宿敵，才使他不敢貿然下手。」

29 Gouldner (1965), p.65.

30 參看 Nietzsche, "On the Genealogy of Morality," Chapter 2.11，可在線上閱讀：http://lyricswatch.com/artist/15692/lyrics/151512（二〇一七年七月二日瀏覽。譯者按：原聯結失效，參看 http://www.inp.uw.edu.pl/mdsie/Political_Thought/GeneologyofMorals.pdf〔二〇一九年六月二十五日瀏覽〕）

31 轉引自 Smith (1998), p.245。

32 Wildawsky (2017), p.2.

33 Hunter (2000), pp.xiii & 76.

34 Beck & Beck-Gernsheim (2002), p.38.

35 http://safety.army.mil/Portals/o/Documents/MEDIA/DASAFMESSAGES/Standard/2014/DASAF_AUG14_FINAL.pdf.（譯者按：原聯結失效，參看 https://www.facebook.com/ArmySafety/photos/a.98630523543/10152582623768544/?type=3&theater〔二〇一九年六月二十五日瀏覽〕）。

36 http://www.dupont.com/industries/safety-protection/military-protection.html.

37 參看 http://www.contractingbusiness.com/archive/change-safety-program-core-value（二〇一七年十月十二日瀏覽）。

38 https://www.enbridge.com/About-Us/Our-Values/Environment-Health-and-Safety.aspx（二〇一七年十月十二日瀏覽）。

39 參看https://www.bainessimmons.com/about-baines-simmons/philosophy（二〇一七年十月四日瀏覽）。

40 https://www.parmanenergy.com/about/safety-first-always-and-without-hesitation（二〇一七年九月七日瀏覽）。

41 https://www.parmanenergy.com/about/safety-first-always-and-without-hesitation（二〇一七年九月七日瀏覽）。譯者按：網頁中的職稱記為Fleet Safety and Maintenance Manager（車隊安全與維修主管），與引文略有不同。

42 http://www.threadsculture.com/blog/company-culture/core-value-list-threads/（二〇一七年十月四日瀏覽）。

43 參看http://www.jacobs.com/about（二〇一七年五月七日瀏覽）。

44 前引書。

45 Dominic Cooper, "Tresting Safety as a Value," *Professional Safety*, February 2001, p.21.

46 參看http://www.telegraph.co.uk/news/uknews/defence/9052473/Army-chief-soldiers-will-face-new-and-greater-risks.html（二〇一三年四月六日瀏覽）。

47 參看F. Furedi, "The Crusade Against the A-word," Spiked Online, 15 May 2007, http://www.spiked-online.com/newsite/article/3356#.WdznxxNSyi4 。

48 轉引自Furedi (2004)。

49 Szasz (2009).

50 Fry (1987), p.xiv.

51 參看前引書，Chapter 7。

52 Lasch (1984), p.57.

53 參看http://www.occupybristoluk.org/about/safe-space-policy/（二〇一六年二月二日瀏覽）。

54 http://occupylondon.org.uk/about/statements/safe-space-policy/（二〇一六年三月四日瀏覽）。

55 https://www.newtactics.org/conversation/creating-safe-spaces-tactics-communities-risk.

56 http://www.dailymail.co.uk/news/article-4915050/Labour-set-safe-space-delegate.html（二〇一七年九月二十五日瀏覽）。

57 https://dailybruins.com/2016/11/17/bruins-republicans-members-encourage-students-to-accept-election-results（二〇一七年一月六日瀏覽）。

58 參看Julie Hare, "Epidemic of stressed university students," *The Australian*, 6 April 2017。

59 "Academics 'face higher mental health risk' than other professions," *THE*, 22 August 2017, https://www.timeshighereducation.com/news/academic-face-higher-mental-health-risk-than-other-professions（二〇一七年九月六日瀏覽）。

60 史卓森的說法引自http://www.telegraph.co.uk/news/worldnews/northamerica/usa/12022041/How-political-correctness-rules-in-Americas-student-safe-spaces.html（二〇一六年一月十四日瀏覽）。

61 https://www.st-andrews.ac.uk/media/student-services/documents/Student-Services-values-and-beliefs-2014-2017.pdf（二〇一六年三月二十三日瀏覽）。

62 參看http://www.montana.edu/counseling/safezone.html（二〇一六年三月二十五日瀏覽）。

63 值得一提的是，「挑三揀四」一詞至今仍未被收入《牛津英語大辭典》。

64 Regan (2012), p.126.

65 例如，參看Aubry, Dvo ák, McCrory et al. (2013)。

66 https://www.imperialcollegeunion.org/your-union/policies/safe-space-policy（二〇一六年五月三十日瀏覽）。

67 例如，參看Chloe Lew, "Campus safe spaces need expansion into classrooms," *Daily Bruins*, 25 May 2015。

68 參看Furedi (2017a) 書中，我討論「口語淨化」（verbal purification）的章節。

69 https://www.brookings.edu/blog/fixgov/2017/09/18/views-among-college-students-regarding-the-first-amendment-results-from-a-new-survey/（二〇一七年十月三日瀏覽）。

70 Alexander Hamilton, "The Consequences of Hostilities Between the States," Federalist 8，可在線上閱讀：http://avalon.law.yale.edu/18th_century/fed08.asp（二〇一七年九月三日瀏覽）。譯者按：此處參看詹姆士．麥迪遜（James Madison）等著，謝淑斐譯，《聯邦論》（臺北：左岸，二〇〇六年），頁八九，略有改動。

71 參看 Altheide (2017), p.42。

結論
邁向較不恐懼的未來

一旦我們理解恐懼文化如何運作，我們就可以開始將自己從它的宿命論影響之中解放出來。理解恐懼如何運作，是著手限制它對人們生命破壞性影響的第一步。歷史向我們揭示各種不同的恐懼方式，如同社會學家埃利亞斯在《文明的進程》一書中的主張，歷史研究有助於我們明白「推動人們的恐懼與焦慮，在何等程度上是人造的」。[1]人為製造的習俗、文化心態與實踐，並非不可改變的生活現實。它們都可以被挑戰、改變及轉化。

恐懼文化表現為一種永恆狀態，無可改變的生活現實。預警價值的鼓吹者武斷地堅稱，除了謹慎行事之外別無他法，並且用盡一切機會傳播這種失敗主義情緒。他們宣告，在他們的世界觀之外別無他途。但替代方案永遠存在，人類社會經常證明自己能夠克服障礙向前邁進。我們若能理解恐懼在二十一世紀如何運作，就可以採取有效行動消除它的有毒影響。本文概述的取徑，在維繫恐懼文化及其對人類與其未來悲觀看法的價值與心態之外提供替代方案。

挑戰歷史失憶

我們現今的恐懼文化投射於未來的那套在劫難逃的目的論，是由它對未來晦暗且經常憤世嫉俗的呈現滋養和支持。佛洛伊德預期性恐懼觀念的當今版本，將社會的焦慮導向未知未來的危險世界。如同我們討論滴答作響的定時炸彈隱喻所示，人類彷彿完全無助，沒有能力改變自身的未來命運。但恐懼文化也同樣鼓勵社會，透過恐懼的稜鏡理解過去。它所培養的心理是把過去看作一連串恐怖且可鄙的事件，人類在其中既缺乏方向，也不具備任何可補救的特質。預警精神將歷史倒著讀，把現今的擔憂反向投射到過去。如此一來，它藉著將脆弱性表現成生命的永恆狀態，極力將自己的恐懼版本正當化。它也對於頌揚英雄主義與英勇行為的歷史解讀表達出譏諷。

二十一世紀懼怕的人，自然而然繼承他們往昔的祖先，這種說法動輒由當代版本的歷史回收利用。可以看出對提及英雄事蹟與無私奉獻行為的歷史敘事進行「揭露」，並對諸如勇氣、英雄、忠誠等，長久以來受到珍視的價值意義加以解構的傾向。正如柯克爾所言：「一四一五年亨利五世在阿金庫爾（Agincourt）決定性地擊敗法軍，還有莎士比亞以那句惡名昭彰的『這一群弟兄』對這一戰的敘述，如今都可能被說成是人們受苦於『關於戰爭榮耀長達數百年之久的欺騙』。」[2]

英雄主義往往被嘲弄或鄙斥為不合情理。一種全新的大眾文化與歷史敘事文類，專心致力於揭露過往英雄汙穢的「祕密生活」。英雄主義的主張往往遭逢貶抑與輕蔑。他們充其量被描述成有缺陷的人物，最壞則被宣判為權力飢渴的騙子。《紐約時報》前文學評論家角谷美智子說道：「我們過去曾經把英雄封為聖徒……但現代的做法卻是把他們庸俗化。」角谷認為，傳記寫作成了某種見紅消遣（blood sport），致力於冷酷無情地揭露傳主。[3]將英雄拉下神壇本能地導向這樣一種文化，責任、犧牲，或甘冒風險全都與其本質不相容。在許多敘述之中，英雄主義被鄙斥為過時的，甚至是冒犯的特性。柯克爾在他的著作《戰士精神》（*The Warrior Ethos*）中評述：「我們往往剝奪（英雄們）生命的完整性，藉以支持和維繫我們自身的渺小。」[4]

恐懼文化對歷史的影響，也展現於將當代生存主義心理投射於過去形勢的這種做法之上。在許多敘述中，「倖存者」取代英雄成為讚頌的對象。「在我們的後英雄時代，生存被認為是真正在道德或情緒上值得的行為。」柯克爾如此評述。[5]

反英雄史觀尤其趨向於運用心理學解釋，揭露及譴責它想像中無止盡受害的過去。焦點從歷史上的英雄轉向歷史上的倖存者，反映出易碎且脆弱的主體興起為恐懼文化主角的趨勢。

過去兩百年，重新書寫歷史的關鍵主題，在於宣揚特定民族、國家，或文化之偉大獨一無二的渴望。國族神話是關於英雄行為與光榮事蹟。這種神話不僅用來當作頌揚過去的工具，也被調動而建構一套對未來的正向願景。美國邊疆（American frontier）的神話向美國社會許諾偉大的命運。英國、法國和德國的國族神話，也被調動而提供一套對未來可能性的樂觀描繪。

但如今，重寫歷史卻是由大不相同的衝動所驅使。以往將「過去好時光」編寫成神話的趨勢，現在則被將過去重塑成「過去壞日子」的計畫給取代了。

歷史的反英雄轉向特徵之一，是將過去負面表述為永無休止的人類罪行與苦難故事。它的另一個顯著特徵則是倒著讀歷史，重新發現當今的脆弱性概念這種人類生命的永恆狀態。鼓吹歷史向這種治療語言轉向的人們，認為過去的人類就像今天一樣，在情緒上容易受傷與脆弱，但他們缺乏我們所擁有的精密心理學覺知，無法理解與診斷自己的心理衛生問題。套用我們現在流行的說法，「他們沒有意識到」，或者有時候「他們不承認」。儼然一整個產業都致力於溯及既往地為過去遭逢逆境的人們做出診斷，將他們說成心理衛生出現問題的個人。

許多二十一世紀歷史學家發現自己很難承認這件事：過去的人們實際上是在完全不同的道德規範與價值引導之下體驗逆境。時空錯置地針對「人們以勇氣與堅毅應對艱難困苦」這一歷史說法加以貶損，透露更多的是二十一世紀人們對待痛苦的心態，而非過去掙扎求生的人們真正的體驗。這樣的批評無法理解一種可能性：由於以往的價值體系為人們的苦難賦予意義，人們得以應對自己的痛苦而不受到創傷。

「歷史學家直到最近為止，都忽略或低估隱藏的心理衛生問題蔓延」這一論點，經常被用來當作重寫過去敘述的理據。僅舉一例：一九六六年的艾伯凡（Aberfan）礦災。這是第二次世界大戰後英國傷亡最慘重的一次工業災變，煤礦崩塌掩埋了威爾斯村莊艾伯凡的小學校，造成一百一十六名兒童和二十八名成人喪生。當時，包括政府官員和衛生專家在內，許多人都以為這場悲劇會摧毀這個威爾斯的小社區。但社區努力恢復正常生活的速度，卻出乎觀察者意料。比方說，倖存的學童在災變後兩星期內就返校上學，村民則堅持仰賴自身的應變資源，阻止心理衛生專家介入。

災變過後一年，威爾斯大學家庭與兒童心理學家瑪麗・艾賽克斯（Mary Essex）注意到，倖存的兒童看來正常且適應良好。[6]《泰晤士報》的一篇報導總結道：「在外援極少的情況下，村民自我重建的表現令人讚嘆。」但二十五年後的評論者，採取懷疑觀點看待一九六六年的事件。伊恩・麥克林（Ian McLean）和馬丁・瓊恩斯（Martin Johnes）在二〇〇〇年的著作《艾伯凡：政府與災變》（*Aberfan: Government and Disasters*），明確質疑災變後的威爾斯社區設法自我重建成功的說法。他們推斷「當時，對於個人悲劇的長期後果可能還沒有完整的意識」，並肯定地表示：「後續研究確實顯示，長期影響很可能存在於艾伯凡。」[7]

人類易碎性的當代敘事力量，支配了歷史記憶。將其假定內化的人們，發現自己難以理解威爾斯採礦社區在災變過後堅韌不屈的行為。評論者非但不去探究這種韌性的來源，反倒更加傾向於把這些倖存者看作是情緒需求，在一九六〇年代找不到出口的隱藏受害者。[8]

對於過去事件的回溯研究，能為確實發生的事件始末提供一些有益的洞見，但在解釋當時的人們如何感受自己的逆境經驗，提供的指引卻很貧乏。它們當然不是理解何種力量推動個人以某種特定方式回應逆境，或為昔日人類的內在生活提供洞見的適當工具。從歷史裡搜括蛛絲馬跡來證明過去的倖存者，也受苦於今日如此廣泛被診斷的同一種心理衛生疾患，用意其實是將我們的恐懼文化所特有的心態正當化。這種取徑藉由如此晦暗、反英雄地描述人類歷史，而認可當今的時代精神。在劫難逃的目的論得到一套忽視人類成就遺澤的歷史記憶，並執迷於人類的失敗與罪行。對生命的宿命論情緒，經由被侷限和被動感受支配的文化想像，既向前投射於未來，也向後投射於過去。

數千年來，人類影響自身命運的能力，始終是哲學與科學辯論的主題。當羅馬人創造出「勇者得助」這句話時，他們對人類遂行意志、塑造未來的潛力，表現出強大的信念。隨著啟蒙運動得勢，以及科學與知識居高臨下的影響力，對人類創造力與轉化潛能的信念也蓬勃發展。但在今天，這些概念的權威卻喪失大半。即使社會比以前更加依賴科學與知識，它們受到的頌揚與確認，卻不如十九世紀與二十世紀。

當代社會不甚重視自己的知識與文化遺澤。有些歷史學家宣稱，歐洲人在精神上已經與過去疏離到了再也不需要靠歷史培養認同或理解自己的地步。「歐洲人顯然認為自己是被他們遠遠拋在腦後的歷史之倖存者；他們不把歷史當成自己的起源，或是他們今日地位的基礎，」歷史學家克里斯提安・邁爾（Christian Meier）如此認為。他隨後補充：

> 歷史並不是他們想要（可能的話，以更好的方式）延續的事物。因此他們對先人付出巨大心力所獲致的成就毫不感念；他們反倒執迷於自己不理解（並且努力想要理解）的一切事物，像是戰爭、不義、歧視女性、奴役，諸如此類。他們感到與自己的歷史脫節，一般而

言，他們愈來愈無法想像歷史的嚴肅性。[9]

為了證明這種趨勢，邁爾引述歐盟將自己疏遠於歐洲過去歷史的努力。「因此在我看來，歐洲聯盟正在興起為現代第一個不需要自身歷史，也不需要歷史定位的政治實體。」他如此陳述。[10]

社會疏遠於自身歷史及文化遺澤，對於社群理解及看待自身未來的方式，有著重大影響。社群經由歷史汲取過去經驗，取得面對未來的引導。他們對過去的詮釋，以及歷史提供的意義之網，對於協助人們控管恐懼發揮了關鍵作用。過去的遺澤也包含責任、勇氣與自由等價值，看待恐懼更為明智的取向得以發展，少不了它們。重新思考這些價值，並將它們採納為我們自己的價值，可以幫助我們開展出更有信心的未來觀。

小看人們為自身行動擔負相當程度責任之能力的歷史敘述，顯然對風險趨避有利。這樣的心態是恐懼文化所不可或缺，它吩咐人們要向命運低頭。在這樣的情況下，人類實際上無力阻止定時炸彈爆炸。因此，恢復歷史記憶正是對治透過恐懼視角看待未來的單向度傾向所必備的解藥。

認真看待我們的過去，並不表示社會需要毫無批判地將「過去好時光」理想化。社會需要的不是對過去的美化，而是歷史意識的視角。如同我們對恐懼歷史的反思所示，社會應對恐懼與不確定性的方式因時而變。歷史意識有助於我們認識，是人類造成這些改變。他們藉由開展出被現代人視為迷信的實踐，得以應對威脅；隨後，他們逐漸理解，他們所創造的宗教其實與自身賦予恐懼意義的需求間接相關。自十八世紀以降，許多人得出結論，認為理性與科學是制伏恐懼最有效的工具。從那時候起，人類又採用及拒斥許多應對不確定性與恐懼的策略。

歷史意識展現出任何一種恐懼文化的轉瞬即逝，得以協助社會找出控管不確定性，更有創意也更強健的方式。文明開化的社會，將以批判的眼光審視自己的過去，探究出開發自身遺澤中最佳特徵的方式，幫助自己更有信心地面對未來。最重要的是，挑戰晦暗的歷史是直面盛行的宿命論情緒所必需。

人類歷史絕非令人羞恥之事。古希臘讓人類熟悉哲學精神，向我們開展科學的承諾。從猶太教到基督宗教，西方社會獲得作為理念被持守至今的一連串道德原則。從羅馬人身上，我們則承襲對於法律及法律體系帶來保護與秩序的理解。人們一再重新發現自主與自由理念作為基本原則，與自己的生存息息相關。古代——希臘與羅馬——基督教哲學、文藝復興與啟蒙運動共同做出的貢獻，有助於鞏固對於實驗的開放心態，促成理性思考與科學影響力增長。結果，即使歷經諸多挫折，人類還是學會應對自身面臨的許多挑戰。

歷史提供重要的智識資源，說明人們如何設法馴服恐懼、勇往邁進。文藝復興與啟蒙運動確實締造歷史的重大事件。它們汲取古代的經驗，對當時盛行的假定與偏見提出質疑。學習過去的經驗教訓，有助於鼓舞新世代對未來採取正向的取徑。某些情況，甚至是無所畏懼。

直面宿命論情緒

在我們的恐懼文化中蓬勃發展的文化、社會及政治理念，全都被一種明顯的宿命論情緒籠罩。這種宿命論感受在關於社會如何看待未來的問題上，表現得最為生動。對人類影響未來能力喪失信心的基礎，是對人類能動性的悲觀敘述。這種人類對未來無能的悲觀敘述，經常被具有影響力的人們質疑，對影響人生的重大問題理性決斷能力的觀點給加強。

人們掌握智慧理解及形塑環境的能力，廣泛受到擁有影響力的評論者、文化人和政治人物質疑。這種心態條理分明地由哲學家約納斯闡述出來，他對人類理性的缺乏信心，使得他考慮選擇一個柏拉圖式的暴君。在他的例子裡，對人類理性的缺乏尊重，糾纏著對民主討論與人民主權的懷疑傾向。因此恐懼逐漸被理解成一項獲致道德共識的正向資產。

對公眾生活與人民決策能力喪失信心，是當前恐懼政治實踐的來源之一。而在理解當今政治生活上至關重要的一種恐懼，則是針對群眾行為的恐懼。領導人物經常質疑人民負責任行動的能力，最近幾次大選中的眾多評論者都展現這一點。「倘若有些議題應當託付給全體人民投票決定，像歐盟會員資格這樣在經濟上先進精密的複雜議題，絕對不會是其中之一。」生物學家理查·道金斯（Richard Dawkins）如此認為。[11]在他看來，複雜的議題遠遠超出一般人民的智能範圍，允許這些問題經由投票決定，也就違背事物的自然秩序。當前針對民粹的批判也運用刺耳的語言將對象給非人化，希拉蕊在二〇一六年美國總統大選期間將川普的支持者稱為

「一大票可悲的人」正是一例。在這種情況下，人們並不僅僅被當成受誤導的政治對手而已，而是被看作是人類生命的低等型態。這樣的情緒由狄恩．奧拜達拉（Dean Obeidallah）發表於《野獸日報》（*Daily Beast*）一篇文章的標題生動地呈現出來：「不能只是打敗川普而已；他和他那群可悲之人必須被粉碎」。[12]

政治意見千差萬別的公眾人物所採取的這種歇斯底里語氣，表現出對大眾的輕蔑，有時候甚至是鄙視。這種發展通常與某些評論者稱作，政治及公眾生活「粗俗化」或「墮落」的發展密切相關。可以說，更令人憂慮的趨勢在於民主與公眾討論喪失價值。啟蒙運動最重要的洞見之一，就是它理解公眾意見與討論的行使，乃是釐清議題與解決社會面臨之問題所不可或缺。按照這樣的思路，政治理論家史蒂芬．霍姆斯（Stephen Holmes）認為：「公眾異議是一種創造力量，這可說是自由主義政治最新穎且基進的原則。」[13]

直到本世紀第二個十年，就連那些猜疑公眾討論理念的人，仍不願表達他們對公眾討論的保留意見。唯有在最近幾年，這樣的猜疑才被公開提出。對公眾討論價值的批判在大學校園裡愈來愈明確這點，表明了公眾討論不但不被看成是「創造力量」，還往往被斥為傷害的來源。對言論自由與群眾理性的攻擊，反映出鄙視「人民」的傳統反動心態。懷疑言論自由的人們認為公開辯論具有風險，由於風險等同於危險，他們對於民主決策過程也就毫不熱衷。

至少在一個方面，人民民主的批評者完全正確。選民有可能，有些情況下也的確做出錯誤的選擇。選舉或公民投票也確實給煽動家和不擇手段的政客機會簡化議題，試圖操弄公眾輿論。但錯誤一方贏得選舉或辯論的可能性，卻並非值得認真看待的反民主論點。

預警文化對於專家意見比起選民不可預測的判決更加放心，這並不令人意外。真正的民主討論本身就具有風險，因為不能保證會出現什麼結果。但這種風險很值得承擔，因為公民唯有透過參與民主討論，才能獲致有意義的道德與政治責任。唯有對民主程序的不確定性抱持開放心態，我們才能測試自己的想法、實驗，獲得洞見並從經驗中學習。民主討論接受這樣的風險，開啟了通往新觀念的道路。這意味著願意踏上一段旅程，而這段旅程有可能帶領社會走上出人意表的方向。這當然是風險，但我們可以經由大眾對這樣一場冒險的參與，對我們所面臨的問題開展出共同理解，並對如何應對眼前的威脅開展出共識。更認真看待民主與自由，是獲得影響未來所需的信心之先決條件。

值得提醒我們的是，自古至今，自由、民主與討論的價值，與承擔風險的正向理想化和拒絕屈服於命運攜手並進。人們普遍相信「風險」一詞源自十七世紀的義大利文「riscare」，意思是「膽敢」。[14]在當時，義大利文藝復興文化對於冒險與大膽抱持著出奇正向的心態。不同於今日社會認為風險是「人們不由自主而遭逢的」，與「riscare」聯結的概念是「人們選擇承擔」風險。[15]這種對於不確定性的積極取向，在許多情況下都與正向贊同公眾生活的價值相關。對於做出選擇的確認，象徵著激烈背離中世紀的宿命論感受。

文藝復興早期的人文主義者強調經由活出民主與自由，啟動公眾生活的重要性。即使在人類啟蒙歷史這麼早的時間點，他們就已經明白，特別是在重大問題上，人民對於公眾生活的實行發揮重要作用。正是在文藝復興人文主義者與哲學家尼可羅・馬基維利（Niccolò Machiavelli）的著作中，我們找到對於認真看待大眾觀點最早的一段論證。馬基維利由於勸說君王運用恐懼控制善變且貪婪的大眾，而為大多數人所知。但通常被人們所忽略的，則是馬基維利也相信人們表達自身看法的自由。在他的《李維羅馬史疏義》（*Discourses on Livy*）〈群眾比君主明智，也更穩重〉一章中，他援引羅馬的經驗得出結論：群眾的智慧並不遜於統治者。他反駁那些宣稱群眾有可能犯錯的人，表示這樣的缺點「我認為同樣適用於每一個人，尤其適用於君主，因為每一個不受法律規範的人都會像不受束縛的群眾那樣犯下相同的過錯。」[16]

在馬基維利看來，重要的是人們受到法治控制。他認為，在這些情況下，大眾能夠發展出相當可觀的發現真實潛力：「至於判斷事理，如果人民聽到功德相當而立場不同的兩個演說家，常見的情形是他們會接受比較有道理的意見，也會接受他們聽到的真相。」[17]馬基維利提示，群眾在重大問題上比起單一君主或專家更有可能明辨事理。對這位哲學家來說，真正重要的是人民具有潛力，能發展出考慮並決定社群最佳利益的能力。

儘管對冒險採取正向心態與培養強健的公共領域兩者之間的關係，尚未被文藝復興思想家明確闡述，它卻構成應對未來的現代人文主義取徑之核心要素。亞普・哈內坎普（Jaap Hanekamp）提醒我們，「掌控風險」是一個「定義過去與現代界限的革新概念」。[18]他說明如下：

正是這個觀念說明未來不只是眾神的一時興起，男男女女在自然面前，並不像區區生命與眾神棋盤上的卒子那樣被動。人類通過概率計算工具，找到跨越界限的方法。未來不只是過去的倒影而已，也不是壟斷了對預期或可能發生事件「知識」的神諭或占卜者之昧晦領域。19

哈內坎普在透過或然率思考，掌控風險與開展出有信心的見解，應對不確定性之間得出的關聯，對於發展一套較不恐懼的應對未來取徑不可或缺。拒絕把人們當成無助的卒子，並記得他們是可能創造自身命運的人，對於直面當今的宿命論情緒至關重要。而真正的公民審議經驗，則會帶給社群未來可資運用的遺澤。

重新思考社會化

如何將年輕人社會化，這項挑戰對未來社會意義重大。它對於如何控管不確定性與恐懼的問題也有直接影響。採用新的治療方法將年輕人社會化，比起任何其他歷史發展都發揮更大的催化作用，促成恐懼文化得勢。關於育兒和教育新興的所謂現代心態，對於恐懼在我們生活中重要性提高發揮重大作用。伴隨著將兒童隔絕於恐懼之外的勸誡，在昔日社會化體系中具有重大意義的勇氣等理念，則被邊緣化。斯特恩斯指出：「讓孩子相信他或她的環境沒有風險是至關重要的；教導他或她以勇氣克服恐懼則被放棄了——的確是根本轉變。」[20]

新的情緒文化並非從一開始就要讓人們變得更加恐懼。然而，一旦照料情緒的計畫取得居高臨下的影響力，控管及抑制恐懼對公眾生活的腐蝕作用，就變得愈來愈困難。這在九一一事件過後令人難受地顯而易見。斯特恩斯回顧：「面臨真正的威脅與合理的恐懼需求，美國人卻在無意間徹底受到缺乏經驗、習得仇恨，及追求慰藉三者結合的社會化，而過度反應。」[21]

或許斯特恩斯還可以再把「習得無助」，加入讓大眾傾向於對眼前的不確定性採取宿命論，及風險趨避回應的行為缺失清單裡。阻止人們自行對付挑戰的勸告，受到影響力強大的提倡求救行為趨勢所強化。在一個充滿「求助專線」的世界裡，撥打電話被推廣成處理問題的第一步驟。

無論人們對於年輕人應當如何教養的問題採取何種看法，他們大致都同意年輕人社會化的方式出了錯。人們普遍承認，現行的社會化模式無法養成年輕人的自主獨立習性。延長青春期的現象既可被理解為失去獨立的志向，也可被理解為懼怕長大。這種發展對於代際關係產生深遠影響。史蒂芬・敏茲（Steven Mintz）在他對成年期的論著《人生全盛期》（*The Prime of Life*）中宣稱：「脫離家長對於心智成熟至關重要，而對愈來愈多的年輕人來說，實現心理獨立的速度比起先前的世代更緩慢。」[22]

至少在英美環境中，對兒童社會化投注的心力引人注目地薄弱。如同大衛・沃許（David Walsh）在他的論著《自由心靈的成長》（*The Growth of the Liberal Souls*）之中所述：「自由社會沒有能力發展出任何機制性的方法傳遞自身德行」，招致了文化危機。[23]當今社會化體系的首要弱點，在於它無法將開明的道德價值傳遞給年輕人。漢娜・鄂蘭詳盡地寫下將年輕人社會化，卻不傳遞過去價值的難處。「既然世界是古老的，」她觀察到：「比他們本人更古老，學習就不可避免的要轉向過去，而不論有多少生命活在當下。」[24]「向過去學習」的呼聲通常看似陳腔濫調，但人們若不從千百年來的人類經驗汲取洞見與知識，就不可能應對未來。個人經由熟習人類世界先前如何發展而理解自己。這樣的理解也帶給他們信心與力量，得以應對眼前不確定的未來。

年輕人社會化的方式發生嚴重錯誤，從為了帶給兒童與青少年更多自尊、信心、韌性或勇氣，而發起的眾多倡議即可看出。提倡兒童在學校應當被教導韌性或勇氣的論點，明確承認他們在成長過程中遺漏某些重要事物。不幸的是，引進新的教育風尚卻不太可能改善問題，因為它仰賴技術性解答以解決社會化問題。

鼓吹教導韌性與勇氣的人們，錯誤地假定這些技術能夠對教育兒童人格的方案有所幫助。這種取徑傾向於將人格理解成，可以經由訓練達成的技術成就。任何一個投入時間與心力嘗試在課堂上養成兒童人格的人，都知道自己從事的工作是鼓勵兒童道德品質的發展。人格是一個道德概念，意味著擁有德行，其中最重要的德行就是判斷力。

自古至今，人格或美德能否被教會的問題，始終是辯論的題目。儘管對於人格形成與擁有德行的歧見一直延續到今天，但人們大致承認關鍵在於道德，而非技術成就。判斷能力或勇氣之類的美德並非技能，而是經由反思及獲取智慧而來的成就。教育在讓兒童熟習勇氣與慎重等經典德行這方面可以發揮重大作用。但課堂的介入不能作為成人社會無法將青少年社會化，使其融入一致同意的規範性見解之有力替代。

近年來，英美兩國的教育政策制訂者經常勸說學校應在課堂上提倡勇氣。其中有些決策者希望勇氣能帶給兒童更多道德明晰，另一些人則希望能讓兒童更有決心。[25]勇氣的提倡者承認，幫助年輕世代更自立、更不恐懼與焦慮、更有決心的重要性。但要實現這個目標的話，社會就必須重新思考它將年輕人社會化的方式。成人世界尤其需要放棄它對治療性確認（therapeutic validation），作為社會化主要工具的單向度仰賴。需要更認真看待年輕人的道德教育，尤其需要回應如何開展一種取向，讓年輕人熟習道德價值這項挑戰；而這些價值又以勇氣、責任與判斷力最為重要。

多數家長都明白，要幫助子女獲得更大的獨立，還有更多事可以做。培養思想與行為的獨立，是幫助年輕人獲致所需信心以應對自身恐懼必不可少。亞里斯多德解釋過，膽量「是恐懼的反面」，「使人壯膽的事，是使人畏懼的事的反面」。[26]在我們的世界，「使人」壯膽與恐懼的事有很多，但基本上都與社會對於人觀意義所提供的敘述有關。今日的人觀表述將人類脆弱性的處境常態化，藉由提高無力感而完全無助於控管恐懼情緒。當代的人觀版本，藉由執迷於情緒的易受傷害，加強我們的恐懼感，同時質疑我們應對眼前威脅的能力。

社會需要重新檢視自身對公民的期望，並反思人之所以為人的問題。支持當今低期望人觀版本的論點，往往經由指涉某種迄今未被承認的心理缺失（尤其在童年期或成年期）站不住腳的「發現」而得到合理化。透過堅稱社會所面對的許多威脅，遠比先前想像更加危險的論證而不斷升高的威脅層次，則強化這樣的主張。儘管有些主張可能言之成理，但這並不表示社會需要採取被動、風險趨避與懼怕的反應。我們要採用預警哲學，還是要接受更勇敢的承擔風險取徑，取決於社會如何理解人之所以為人的意義。

重新思考人觀

提高對兒童與年輕人的期望，是確保人類對未來更不恐懼所必需。首先，我們必須質疑支配性的恐懼童年觀。將兒童標籤為「脆弱」或「面臨危險」，對他們毫無幫助。家長、教師及其他成人，自然想要保護兒童不受傷害，但當前的兒童保護體系與其說是在保護兒童、年輕人安全，倒不如說是在壓迫所有人成為兒童、年輕人安全的奴隸。這種兒童保護精神將一種前所未見，且毫無必要的長期依賴強加在家長與成年人身上。而這種童年期或青春期的延長，剝奪兒童、年輕人得以學習自身力量與弱點，並發展獨立理性思考、決策，及道德自主能力的許多機會。

兒童絕不能被當成情緒易碎、脆弱，無法應對人生壓力的生物對待。只要他們在與同儕和家人的互動中被指引正確方向，他們就能學會控管風險，處理人生中出乎預期的挑戰。兒童不該被隔絕於生命的痛苦與可怕面向之外，而是應該被教育著理解它們，並發展自身應對失望與痛苦經驗的能力。要創造一個對於年輕人更加冒險、更有挑戰的環境，成人世界應對他們的方式必須從根本上重新導向。此外，也要求重新思考我們的人觀理念，使之符合對於人類因應生命歷程中突發問題與威脅的能力更加樂觀的看法。

重要的是，不可將重新思考人觀意義的要求，與人為的改善自我思考方式的努力混為一談。問題不在於選擇自稱能讓人更快樂的正向心理學技巧，也不在於要求更大努力與韌性。更強健的人觀理念發展，有賴於提供人們更多機會實驗與冒險，以獲取經驗，讓他們更有信心應對不確定性。如此的信心令他們得以領會許多讓人類社會得以在艱困環境下向前邁進的德行，像是勇氣、責任與理性思考。

回到十八世紀，德意志哲學家伊曼努爾・康德（Immanuel Kant）提出一個問題：「何謂啟蒙？」康德認為，啟蒙運動發生在人類克服對自行使用理性思考的恐懼之時。他主張，阻礙啟蒙運動的是：「缺乏不靠他人的指導，去使用知性的決心與勇氣。」因此他主張啟蒙運動的格言是「勇於求知」（Sapere Aude），意思是「鼓起勇氣去使用你自己的知性吧！」[27]具備求知的勇氣總是需要意志行動。在康德看來，勇氣與人類理性思考的發展攜手並進。康德提到，勇於求知的行動需要「在各方面公開運用其理性的這種自由」。這位德意志哲學家經常運用「除去未成年狀態的桎梏」這一隱喻，表明成長的重要性。他的人觀概念是運用「自己的知性」而不靠「他人的指導」。人們若要養成道德獨立的習性，他所忠告的這種勇於求知精神絕不可少。

康德對人類境況的探討使他得出結論，阻擋啟蒙運動的障礙是由人們「自己招致的」。他創造形勢協助人類擺脫「自己招致的未成年狀態」之計畫，是由個人擁有挺身面對困難的能力這一信念所驅動。「勇於求知」這句格言，對於試圖減弱恐懼文化影響的人們有著特殊意義。今天「自己招致的」不成熟人觀版本，同樣需要徹底修改。藉由聚焦於人類對自身生命取得一定程度控制權的潛力，恐懼文化強加於人類發展的限制是可以被反駁的。擁有自行使用知性的勇氣，有助於社會踏上啟蒙之路。它也讓社會得以經由知識與理性，而非恐懼的視角理解自身經驗。

要跨出當前由心理學表述的人觀概念，社會就必須重新運用道德語言。社會需要找出一種方式重新挪用古典德行，並以能夠因應今日需求的方式加以重新塑造。當人們並未被預期替社群安全及自己的個人生命擔負責任，感到脆弱和恐懼的狀態就太容易發生了。當人們在面臨威脅時被期望保持被動，將它留給別人處理，責任、勇氣及承擔風險之類的價值就變得毫不相干。然而，這些價值在打造一個較不恐懼的未來計畫中，卻變得至關重要。

恐懼視角的替代方案

我們這時代的宿命論感受，呼應了定期困擾現代社會的反人文主義主題。這些主題經由一套彼此強化的反人文主義結合而表達出來，其中提倡厭惡人類、推翻知識的權威，以及人類主體性的貧乏感。厭惡人類的敘事指示人們不信任自己和他人，尤其要提防陌生人。它也要求人類為地球面臨的威脅負責，以至於將人類指為問題。推翻知識權威傳達出的理念則是人類理性思考被高估，不太可能解決人類造成的問題。這種對人類理性思考與知識地位的消沉說法，持續強調著侷限感。最後，對人類及其理性能力的悲觀敘述，強化了對人類能動力量的喪失信心。這種人類主體性的貧乏感，不斷經由當今的人觀版本，及其將脆弱性歸納為人類境況的定義特徵而折射出來。直面這種對世界的反人文主義描述，以及它所推廣的宿命論心態，是削弱恐懼視角居高臨下影響力的先決條件。

恐懼文化不只是讓我們毫無必要地擔憂和懼怕，它也抑制人們行使能動力量與實現潛能，同時侵蝕及限制我們的自由。恐懼與自由的對照，從啟蒙運動以來就受到思想家普遍承認。一九四一年一月，小羅斯福總統在著名的「四大自由演說」（Four Freedom Speech），將免於恐懼的自由敘述為四項基本自由之一。[28]小羅斯福在那篇宣言中運用「免於恐懼的自由」一詞，指稱人們不再擔憂戰爭與人身侵犯威脅的世界。小羅斯福並不是空想家，他理解恐懼本身作為生活現實，不可能只靠通過法律就予以廢除。

今天，實現免於恐懼之自由的挑戰，有賴於支撐恐懼視角的規範與價值受到反駁，以及它們的影響力被克服。對人們的社會化誤入歧途數十年，意味著擔保恐懼文化的反人文主義價值不會在一夜之間就被削弱。但它們的權威可以被抑制，有毒影響在某些情況下也可以被抵銷。個人要超越這時代的宿命論時代精神並非易事，但可以經由拒絕扮演受指派的被動角色，發現個人對自由的追求是值得的經驗。

如同前文所述，勇氣這項德行在控管恐懼上發揮重要作用。勇氣連同理性思考、判斷力、謹慎與堅毅等其他價值，針對恐懼視角提供靈活且有效的解藥。教育年輕人接納這些價值，能夠確保新世代的人們得以發展自信心，並對未來採取更均衡、更樂觀的心態。勇氣是一種能夠經由鼓勵人們積極主動，發展出對世界承擔責任之習性的社會實踐而培養出來的理想。藉由積極主動，並對自己和他人承擔責任，人們獲得發展信心與勇氣的經驗。亞里斯多德說過，膽量可以產生於面對我們眼前威脅的經驗。他表示「我們有膽量」，只要我們「是經常遭受危險而又能逃脫」。[29]

擁有勇氣的人們仍會感到恐懼，但不會被恐懼壓倒。一個勇敢的人會運用理性思考與判斷的力量。判斷力的運用在歷史上經由慎重這項德行而受到表述。慎重作為一種德行，有一部分源於古希臘的「實踐智慧」（phronesis）概念，它可以轉譯成實用智慧一詞。慎重表達出「承認並遵循最合適或最明智行動方案」的能力。[30]偶爾，慎重被誤解為與行使謹慎有關的行為模式。然而，慎重卻是多面向的行為模式，具有經由願意應對不確定性，並承擔風險而行使健全判斷的能力。因此，不同於風險趨避的安全價值，慎重對於應對不確定性是開放的，並會在判斷合適之時承擔風險。

儘管經常被描述為四樞德之一，慎重的理念卻可以被理解成經由運用理性思考與判斷力，對世界獲致理解的心智品質。正是這些特徵確保有勇氣的人們不只對威脅反應，還會反思眼前威脅的本質。如此一來，勇氣有助於提供在機會與威脅之間取得務實平衡的回應。最重要的是，勇氣帶給社會希望，對恐懼的文化力量提供解藥。它承認不確定性能產生恐懼，也能產生希望。

漢娜・鄂蘭進而認為，勇氣不只帶給社會希望，更擔保社會行使自由權的能力。鄂蘭提到：「勇氣讓人們擺脫生命的憂慮，一心追求世界的自由。」她贊同地引述溫斯頓・邱吉爾（Winston Churchill）的說法：勇氣是「人的首要品質，因為它是保證所有其他品質的品質。」勇氣幫助個人與社會不被自身的恐懼嚇倒。[31]

在我們對安全價值得勢的討論中，指出各機構對不論斷主義的鼓吹，是二十一世紀道德為害最大的特徵之一。判斷力的喪失與理性思考及寬容的地位大不如前密切相關。對不確定性的不寬容，總是與控制、規制與管理人們生活的家父長式情感聯繫在一起。恢復判斷力的價值，是重建真正向批評、質疑與實驗開放的公眾生活型態之先決條件。對這些屬性的寬容有助於創造一個環境，人們在其中能將自己面臨的挑戰看作影響未來的機會。正是經由判斷力的行使，社會才能學習馴服自身恐懼，創造出空間，讓人類對自身命運獲致一定程度的控制力。判斷力與理性思考的行使，有助於揭開恐懼文化的神祕面紗，將社會重新導向拒絕屈服於命運。

社會化朝著治療轉向的結果，讓過去有助於引導人類控管自身所面臨威脅的價值，喪失了居高臨下的影響力。正是這些價值的權威相對薄弱，導致恐懼視角興起為我們這時代的關鍵驅動力。幾乎每一個對於心胸開闊、寬容、根據實驗和以人為本的社會至關重要的價值，全都與恐懼文化所支持的價值相悖。重新挪用這些價值，是抵銷我們的恐懼文化之腐蝕性影響絕對必要。重新讓我們，尤其是年輕人熟識這些價值，則是以希望視角取代恐懼視角的出發點。

引導社會走向更有信心的未來與恐懼文化兩種價值之間的對比，由下表突顯出來：

對未來更有信心	恐懼文化
對實驗估定價值	對安全空間估定價值
信任人類潛力	厭惡人類
勇於判斷	不論斷主義
慎重	安全
將不確定性看作機會	將不確定性看作問題
向承擔風險開放	風險趨避
或然率思考	最壞情況思考
人類能動性	順從命運
道德自主性	脆弱性
對未來開放	監控不確定性

儘管人類終究不可能免於恐懼情緒，也永遠都要面對某種威脅，但創造條件讓社會得以從我們的恐懼文化中解放自己，既有必要，也有可能做到。它是必要的，因為如前所述，現行對安全的心態將自由降格為第二順位價值。它阻礙人類發展，抑制探索、實驗、冒險及選擇的自由。我們的目標不是要用不恐懼的反向訴求來對抗恐懼訴求。像某些現代主義思想家所盼望的那樣，相信科學、理性與知識能夠消除恐懼的某些腐蝕特徵與後果，是很幼稚的。儘管如此，展望一個恐懼不再被當成公眾生活首要驅動力的世界，卻是完全有可能的。挑戰將恐懼用作政策及公共訴求基礎的做法，並予以邊緣化，可以為當今政治停滯與衰竭的狀態提供有力的替代方案。開展一種以未來為導向的取徑替代恐懼視角，是社會面臨的關鍵挑戰。

對抗恐懼視角最有效的方式，是讓社會熟習於為人們帶來有效應對不確定性所需之意義與希望的各種價值。前幾章提出的問題並不在於恐懼本身，而在於社會難以養成能夠引導它控管不確定性及眼前威脅的價值。擔憂恐懼政治化之腐蝕效應的人們，有必要再看得深入一些。恐懼的政治運用受到一種文化形勢所維持，避免風險與謹慎行事在其中被等同於負責任的行為。安全作為獨立運作的價值，壓過一切其他價值而得勢，幾乎不受爭議。恐懼政治的批評者往往未能意識，或是忽視他們的敵視對象賴以維持的基礎。

靠著人們的焦慮與軟弱而興盛的預警文化，對社會取得支配性的權威。然而，它的權威絕不是無可挑戰。它不斷訴諸負面論點以支撐其見解，不足以激勵社會。它能夠激起恐懼、焦慮、憤怒和猜疑，但無法獲得人們信任與奉獻。最重要的是，缺乏能力因應人類的理想主義或追求希望的志向。正因如此，當今的恐懼文化狀態才不可能無限持續。

最後再說一點。我們被期望懼怕未來已經夠糟了，更壞的是，現行的在劫難逃目的論將人們降格，成了在超出人們掌控的世界裡無助觀看者的被動角色。我們這時代最令人不安的特徵，並非養成恐懼的習慣，而是養成我們的脆弱感。我們非得被我們的脆弱定義不可嗎？我們非得恐懼嗎？在我們詢問這些問題之時，我們就已經踏上這條路：我們憑著直覺知道，永遠都有替代方案。

---

1 Elias (2005), p.442.

2 Christopher Coker (2007), *The Warrior Ethos: Military Culture and the War on Terror*, London: Routledge，轉引自Bill Durodié, "Death of the Warrior Ethos," http://www.durodie.net/index.php/site/printable/94/（二〇一七年八月四日瀏覽）。

3 M. Kakutani, "Critic's notebook: biography becomes blood sport," *New York Times*, 20 May 1994.

4 Coker (2007), p.3.

5 前引書，頁二。

6 參看*The Times*, 5 November 1966。

7 McLean & Johnes (2000), p.115.

8 參看Morgan et al. (2003)。

9 Meier (2005), p.17.

10 關於歐盟疏離歐洲歷史的討論，參看 Furedi (2017b), Chapter 4。

11 參看 http://www.independent.co.uk/news/people/richard-dawkins-eu-referendum-brexit-david-cameron-a7059201.html。

12 http://www.thedailybeast.com/articles/2016/11/02/donald-trump-can-t-merely-be-defeated-he-and-his-deplorables-must-be-crushed.html.

13 Holmes (1993), p.3.

14 Svendsen (2008), p.52.

15 前引書。

16 參看 Chapter LVIII, *Discourses on the First Ten Books of Titus Livius*, https://www.marxists.org/reference/archive/marchiavelli/works/discourses/ch01.htm#s05（二〇一七年一月十八日瀏覽）。譯者按：此處參看尼可羅．馬基維利（Niccolò Machiavelli）著，呂健忠譯，《論李維羅馬史》（臺北：五南，二〇一一年），頁一八九至一九〇。

17 前引書。譯者按：此處參看尼可羅．馬基維利著，呂健忠譯，《論李維羅馬史》，頁一九二。

18 Hanekamp (2005), p.44.

19 前引書。

20 Stearns (2006), p.102.

21 前引書，頁一一四。

22 Mintz (2015), p.21.

23 Walsh (1997), p.89.

24 Arendt (2006), p.192. 譯者按：此處參看漢娜．鄂蘭（Hannah Arendt）著，王寅麗、張立立譯，《過去與未來之間》，〈教育的危機〉，頁一八六。

25 例如，參看http://www.tes.com/news/school-news/breaking-news/tristram-hunt-children-should-be-taught-grit-and-determination-school（二〇一七年十月二十一日瀏覽）。

26 *Rhetoric*, Book II, Chapter 5, http://rhetoric.eserver.org/aristotle/index.html. 譯者按：此處參看亞里斯多德著，羅念生譯，《修辭學》，頁八四。

27 參看http://library.standrews-de.org/lists/CourseGuides/religion/rs-vi/oppressed/kant_what_is_enlightenment.pdf（二〇一七年五月二十四日瀏覽）。譯者按：本段與下段皆參看康德著，李明輝譯，《康德歷史論文集（增訂版）》（臺北：聯經，二〇一三年），〈答「何謂啟蒙」之問題〉，頁二七至三五。

28 http://www.americanrhetoric.com/speeches/fdrthefourfreedoms.htm.

29 參看*Rhetorics*, Book II, Chapter 5, http://rhetoric.eserver.org/aristotle/index.html。譯者按：此處參看亞里斯多德著，羅念生譯，《修辭學》，頁八四。

30 “prudence, n.,” *OED Online*, Oxford University Press, June 2017, http://www.oed.com.chain.kent.ac.uk/view/Entry/153584?redirectedFrom=prudence（二〇一七年十二月十九日瀏覽）。

31 Arendt (2006), p.154. 譯者按：此處參看漢娜．鄂蘭（Hannah Arendt）著，王寅麗、張立立譯，《過去與未來之間》，〈何謂自由？〉，頁一六二。

致謝

我寫作本書的研究過程中，受益於眾多同事的洞見與批評。我要特別感謝巴斯大學（University of Bath）的比爾・杜若迪教授（Prof. Bill Durodié），他在安全這個主題上指引我留意諸多珍貴的資料來源。坎特伯雷基督教會大學（Canterbury Christ Church University）的珍妮・布里斯托博士（Dr. Jennie Bristow）讀完各章，以見地深刻的評論協助我重新思考及發展某些論點。我兒子雅各・福瑞迪（Jacob Furedi）對本書的初稿提供寶貴的批評。

參考書目

Alcabes, P. (2009), *Dread: How Fear and Fantasy Have Fuelled Epidemics from the Black Death to Avian Flu*, New York: Public Affairs.

Altheide, D. (2002), *Creating Fear: News and the Construction of Crisis*, New YorK: Aldine De Gruyter.

Altheide, D. (2017), *Terrorism and the Politics of Fear*, 2nd edn., London: Rowman and Littlefield.

Altschuler, G. C. (2003), "Apathy, Apocalypse, and the American Jeremiad," *American Literary History* 15 (1): 162-71.

Arendt, H. (1956), "Authority in the Twentieth Century," *The Review of Politics* 18 (4).

Arendt, H. (1960), "What is Freedom?," in Arendt, H. (2006), *Between Past and Future*, London: Penguin Books.

Arendt, H. (1960), "What is Authority?," in Arendt, H. (2006), *Between Past and Future*, London: Penguin Books.

Aristotle (2000), *The Nicomachean Ethics*, Indianapolis: Hackett Publishing Company (ed. T. Irwin).

Armstrong, M. (2017), "Germ Wars: The Politics of Microbes and America's Landscape of Fear," in M. Armstrong

(2017), *Germ Wars: The Politics of Microbes and America's Landscape of Fear*, vol.2, Los Angeles: University of California Press.

Aubry, M., J. Dvo ák, P. McCrory et al. (2013), "Zero Tolerance: The Future of Head Injury In Sports," *British Journal of Sports Medicine* 47: 249.

Austin, E. A. (2009), *Fear and Death in Plato*, Washington University in St. Louis, PhD. Thesis.

Bader-Saye, S. (2005), "Thomas Aquinas and the Culture of Fear," *Journal of the Society of Christian Ethics* 25 (2): 95-108.

Bannister, J. and N. Fyfe (2001), "Introduction: Fear and the City," *Urban Studies* 38 (5-6).

Barber, M. (1997), *The Learning Game: Arguments for an Education Revolution*, London: Indigo.

Bauman, Z. (1992), *Initiations of Post-Modernity*, London: Routledge.

Bauman, Z. (2006), *Liquid Fear*, Cambridge: Polity Press.

Beck, U. (1992), *Risk Society: Towards a New Modernity*, London: Sage Publications.

Beck, U. (2002), "The Terrorist Threat: World Risk Society Revisited," *Theory, Culture & Society* 19 (4).

Beck, U. (2003), "The Silence of Words: On Terror and War," *Security Dialogue* 34 (3).

Beck, U. and E. Beck-Gernsheim (2002), *Individualization*, London: Sage Publications.

Beck, U., A. Giddens and S. Lash (1994), *Reflexive Modernization*, Cambridge: Polity Press.

Becker, E. (1973), *The Denial of Death*, New York: Free Press.

Behringer, W. (1999), "Climatic Change and Witch-Hunting: The Impact of the Little Ice Age," *Climate Change* 43.

Beye, C. R. (1963), "Lucretius and Progress," *The Classic Journal* 48 (4): 160-9.

Bogardus, E. S. (1940), *The Development of Social Thought*, New York: David McKay Company.

Bourke, J. (2005), *Fear: A Cultural History*, London: Virago Press.

Boutelier, H. (2007), *The Safety Utopia: Contemporary Discontent and Desire as to Crime and Punishment*, Dordrecht, Springer.

Bowden, H. (2008), "Before Superstition and After: Theophrastus and Plutarch on Deisidamonia," *Past & Present* 199 (supplement 3): 56-71.

Bruckner, P. (2013), *Fanaticism of the Apocalypse*, Cambridge: Polity Press.

Burke, J. S. (2015), *The Nanny Time Bomb: Navigating the Crisis in Child Care*, Santa Barbara, Cal.: ABC-CLIO.

Bush, N. and G. Codrington (2008), *Future Proof Your Child: Parenting the Wired Generation*, London: Random House.

Cicero, M. T. (2006), *The Academic Questions, Treatise de Finibus & Tusculan Disputations of M. T. Cicero, with a Sketch of the Greek Philosophers Mentioned*, online publication (publisher unknown).

Clark, S. (1980), "Inversion, Misrule and the Meaning of Witchcraft," *Past & Present* 87: 96-127.

Clark, S. (2005), *Thinking With Demons: The Idea of Witchcraft in Early Modern Europe*, Oxford: Oxford University Press.

Coker, C. (2007), *The Warrior Ethos*, London: Routledge.

Creighton, M. (1905), *The Heritage of the Spirit & Other Sermons*, London: S. C. Brown and Lanham & Company

Limited: 149-51, available online at https://archive.org/stream/heritagespirito00creigoog/heritagespirito-00creigoog_djvu.txt（二〇一四年四月十九日瀏覽）。

Currie, E. (1968), "Crimes Without Criminals: Witchcraft and its Control in Renaissance Europe," *Law & Society Review* 7: 7-32.

Cutler, M. J. (2015), "Seeing and Believing: The Emergent Nature of Extreme Weather Perceptions," *Environmental Sociology* 1 (4): 293-303.

Delumeau, J. (1990), *Sin and Fear: The Emergence of a Western Guilt Culture, 13th-18th Centuries*, New York: St. Martin's Press.

Desmond, W. (2006), "Lessons of Fear: A Reading of Thucydides," *Classical Philology* 101 (4): 359-79.

Dill, J. and J. D. Hunter (2010), "Education and the Culture Wars," In S. Hitlin and S. Vaisey (eds.), *Handbook of the Sociology of Morality*, New York: Springer.

Dillinger, J. (2004), "Terrorists and Witches: Popular Ideas of Evil in the Early Modern Period," *History of European Ideas* 30 (4): 167-82.

Dinneen, N. (2014), "Hans Jonas's Noble 'Heuristics of Fear': Neither the Good Lie Nor the Terrible Truth," *Cosmos and History: The Journal of Natural and Social Philosophy* 10 (2): 1-21.

Ecclestone, K. and D. Hayes (2008), *The Dangerous Rise of Therapeutic Education*, London: Routledge.

Elias, N. (2005), *The Civilizing Process — Volume 2: State Formation and Civilization*, Oxford: Basil Blackwell.

Faye, G. (2012), *Convergence of Catastrophism*, Berwick-Upon-Tweed: Artkos Media Ltd.

Fitzpatrick, M. (2001), *The Tyranny of Health*, London: Routledge.

Frankenberg, R, I. Robinson and A. Delahooke (2000), "Countering Essentialism in Behavioural Social Science: The Example of the 'Vulnerable Child' Ethnographically Examined," *The Sociological Review* 48 (4): 586-611.

Freud, S. (1918), *Reflections on War and Death*, New York: Moffat Yard and Company.

Freud, S. (1920), *A General Introduction to Psychoanalysis*, New York: Boni and Liveright, 1920; Bartleby.com, 2010. http://www.bartleby.com/283/.

Fromm, E. (1965), *Escape From Freedom*, New York: Holt Books.

Fry, A. (1987), *Safe Space: How to Survive in a Threatening World*, New York: Dent.

Furedi, F. (1997), *The Culture of Fear: Risk Taking and the Morality of Low Expectations*, London: Cassell.

Furedi, F. (2001), "Bullying: The British Contribution to the Construction of a Social Problem," in J. Best (ed.), *How Claims Spread: Cross-National Diffusion of Social Problems*, New Jersey: Transaction Publishers.

Furedi, F. (2004), *Therapy Culture: Cultivating Vulnerability in an Anxious Age*, London: Routledge.

Furedi, F. (2005), *The Politics of Fear*, London: Continuum Press.

Furedi, F. (2007), "The Only Thing We Have to Fear is the 'Culture of Fear' Itself," Spiked-Online, 4 April 2007.

Furedi, F. (2009a), "Precautionary Culture and the Rise of Possibilistic Risk Assessment," *Erasmus Law Review* 2 (2).

Furedi, F. (2009b), *Wasted: Why Education Isn't Educating*, London: Continuum Press.

Furedi, F. (2012), "The Objectification of Fear and the Grammar of Morality," in S. Hier (ed.), *Moral Panic and the Politics of Anxiety*, London: Routledge.

Furedi, F. (2013a), *Authority: A Sociological History*, Cambridge: Cambridge University Press.

Furedi, F. (2013b), *Moral Crusades In An Age of Mistrust: The Jimmy Savile Scandal*, London: Palgrave.

Furedi, F. (2014), *First World War: Still No End in Sight*, London: Bloomsbury.

Furedi, F. (2016), "Moral Panic and Reading: Early Elite Anxieties about the Media Effect," *Cultural Sociology* 10 (4): 523-37.

Furedi, F. (2017a), *What's Happened to the University: A Sociological Exploration of its Infantilisation*, London: Routledge Press.

Furedi, F. (2017b), *Populism and the European Culture Wars: The Conflict of Values between Hungary and the EU*, London: Routledge.

Garland, D. (2001), *The Culture of Control: Crime and Social Order in Contemporary Society*, Oxford: Oxford University Press.

Giddens, A. (1991), *Modernity and Self-Identity: Self and Society in the Late Modern Age*, Cambridge: Polity.

Giddens, A. (1992), "Risk, Trust, Reflexivity," in U. Beck, *Risk Society: Towards a New Modernity*, London: Sage.

Gouldner, A. (1965), *Enter Plato: Classical Greece and the Origins of Social Theory*, New York: Basic Books.

Gray, M. G. and D. P. Ropeik (2002), "Dealing With the Dangers of Fear: The Role of Risk Communication," *Health Affairs* 21 (6).

Grupp, S. (2003), "Political Implications of a Discourse of Fear: The Mass Mediated Discourse of Fear in the Aftermath of 9/11" (unpublished paper: Berlin)

Guzelian, C. P. (2004), *Liability and Fear*, Stanford Public Law and Legal Theory Working Paper Series: Stanford, CA: Stanford Law School.

Hale, C. (1996), "Fear of Crime: A Review of the Literature," *International Review of Victimology* 4: 79-150.

Habermas, J. (1975), *Legitimation Crisis*, Boston: Beacon Press.

Hammond, P. (2017), *Climate Change and Post-Political Communication: Media, Emotion and Environmental Advocacy*, London: Routledge.

Hanekamp, J. (2005), *Utopia and Gospel: Unearthing the Good News in Precautionary Culture*, Holland: Zoetemeer, https://pure.uvt.nl/ws/files/5129814/Hanekamp_utopia_11_02_2015.pdf.

Harari, Y. N. (2016), *Homo Deus: A Brief History of Tomorrow*, London: Harvill Secker.

Harrison, P. (2002), *"Religion" and the Religions in the English Enlightenment*, Cambridge: Cambridge University Press.

Hasson, G. (2015), *Mindfulness Pocketbook: Little Exercises for a Calmer Life*, Chichester: Capstone Publishing.

Herbst, W. (1938), *Questions of Catholics Answered*, St. Nazlanz, Wisconsin: The Society of the Divine Savior.

Higgins, P. (2005), "Exercise-based Transportation Reduces Oil-Dependence, Carbon Emission and Obesity," *Environmental Conservation* 32 (3).

Hochschild, A. R. (2003), *Managed Heart: Commercialization of Human Feeling*, Los Angeles: University of

California Press.

Hollander, J. (2004), "Fear Itself," *Social Research* 71, winter 2004.

Holmes, S. (1993), *The Anatomy of Antiliberalism*, Cambridge, MA: Harvard Univeristy Press.

Howe, N. and W. Strauss (2003), *Millennials Go to College*, Washington, DC: American Association of Collegiate Registrars and Admissions Officers.

Hubbard, P. (2003), "Fear and Loathing at the Multiplex: Everyday Anxiety In the Post-Industrial City," *Capital & Class* 27 (2): 51-75.

Hughes, H. S. (1969), *The Obstructed Path: French Social Thought in the Years of Desperation*, New York: Harper and Row.

Hulme, M. (2008), "The Conquering of Climate: Discourses of Fear and their Dissolution," *The Geographical Journal* 174 (1): 5-16.

Hume, D. (1889), *The Natural History of Religion*, London: A. and H. Bradlaugh Bonner, available online, https://ebooks.adelaide.edu.au/h/hume/david/h92n/index.html.

Hunt, A. (2003), "Risk and Moralization in Everyday Life," in R. V. Ericson and A. Doyle (eds.), *Risk and Morality*, Toronto: University of Toronto Press.

Hunter, J. D. (2000), *The Death of Character: Moral Education in an Age Without Good or Evil*, Boston: Basic Books.

Ibarra, P. R. and J. I. Kitsuse (2003), "Claims-making Discourse and Vernacular Resources," in J. A. Holstein and G.

Miller (eds.), *Challenges & Choices: Constructionist Perspectives on Social Problems*, New York: Aldine de Gruyter.

Ignatieff, M. (1997), *The Warrior's Honor*, New York: Robert Holt.

Jackson, H. (1932), *The Fear of Books*, London: The Soncino Press.

Jalland, P. (2000), *Death in the Victorian Family*, Oxford: Oxford University Press.

Jenkins, P. (2014), *The Great Holy War*, Oxford: Lion Books.

Johnston, J. S. (2003), "Paradoxes of the Safe Society: A Rational Actor Approach to the Reconceptualization of Risk and the Reformation of Risk Regulation," *University of Pennsylvania Law Review* 151 (3): 747-86.

Jonas, H. (1984), *Imperative of Responsibility: In Search of an Ethics for the Technological Age*, Chicago: The University of Chicago Press.

Kateb, G. (2004), "A Life of Fear," *Social Research* 71, winter 2004.

Kazanjian, P. (2015), "Ebola in Antiquity?," *Clinical Infection Disease* 61 (6): 963-8.

Kelly, T. and J. Kelly (1998), "American Catholics and the Discourse of Fear," in P. N. Stearns and J. Lewis (1998), *An Emotional History of the United States*, New York: New York University Press.

Kempe, M. (2003), "Noah's Flood: The Genesis Story and Natural Disasters in Early Modern Times," *Environment and History* 9.

Kesselring, M. (2003), *How to Analyze the Works of Franklin D. Roosevelt*, Minneapolis: ABDO Publishing Company.

Kierkegaard, S. (1986), *Fear and Trembling*, London: Penguin.

Kukla, R. (2006), "Ethics and Ideology in Breastfeeding Advocacy Campaigns," *Hypatia* 21 (1): 157-80.

Lacquement, R. (2004), "The Causal-Aversion Myth," *Naval War College Review* 57 (1).

Laidi, Z. (1998), *A World Without Meaning: The Crisis of Meaning in International Politics*, London: Routledge.

Lasch, C. (1984), *The Minimal Self: Psychic Survival in Troubled Times*, New York: W. W. Norton.

Lawson, S. T., S. K. Yeo, H. Yu and E. Greene (2016), "The Cyber-Doom Effect: The Impact of Fear Appeals in the US Cyber Security Debate," 8th International Conference on Cyber Conflict, Tallinn, 2016, pp.65-80.

Lincoln, C. E. (1960), "Anxiety, Fear and Integration," *Phylon* 21 (3).

Locke, J. (1663-4), *Essays on the Law of Nature*, in M. Goldie (ed.) (1997), *Political Essays*, Cambridge: Cambridge University Press.

Loimer, H. and M. Guarnieri (1996), "Accidents and Acts of God: A History of The Terms," *American Journal of Public Health* 86 (1): 101-7.

Loseke, D. (1999), *Thinking about Social Problems: Introduction to Constructionist Perspectives*, New York: Aldine de Gruyter.

MacIntyre, A. (1984), *After Virtue: A Study In Moral Theory*, Notre Dame, IN: University of Notre Dame Press.

Mack, A. (2004), "Editorial," *Social Research* 71, winter 2004.

Macvarish, J. (2016), *Neuroparenting: The Expert Invasion of Family Life*, London: Palgrave.

McLean, I. and M. Johnes (2000), *Aberfan: Government and Disasters*, Cardiff: Welsh Academic Press.

Marcus, G. (2002), *The Sentimental Citizen: Emotion in Democratic Politics*, University Park, PA: The Pennsylvania State University Press.

Mason, J. (1835), *A Treatise on Self-Knowledge*, Boston: John Loring.

May, R. (1950), *The Meaning of Anxiety*, New York: The Ronald Press Company.

Meier, C. (2005), *The Uses of History: From Athens to Auschwitz*, Cambridge, MA: Harvard University Press.

Meyer, G., A. P. Folker, R. Jorgensen, M. Kyare von Krauss, P. Sandoe and G. Tveit (2005), "The Factualization of Uncertainty: Risk, Politics and Genetically Modified Crops—a Case of Rape," *Agriculture and Human Values* 22: 235-42.

Mills, C. W. (1959), *The Sociological Imagination*, New York: Oxford University Press.

Mintz, S. (2015), *The Prime of Life*, Cambridge, MA: Harvard University Press.

Morgan, L., J. Scourfield, D. Williams, A. Jasper and G. Lewis (2003), "The Aberfan Disaster: 33-Year Follow-up of Survivors," *British Journal of Psychiatry* 182: 532-6.

Mueller, J. (2006), *Overblown: How Politicians and the Terrorism Industry Inflate National Security Threat, and Why We Believe Them*, New York: Free Press.

Mueller, K. (2000), "Politics, Death, and Morality in US Foreign Policy," *Aerospace Power Journal*, summer.

Nederman, C. J. and John of Salisbury (1991), *John of Salisbury: Policratus*, Cambridge: Cambridge University Press.

Nerlich, B. and C. Halliday (2007), "Avian Flu: The Creation of Expectations in the Interplay between Science and the Media," *Sociology of Health & Illness* 29 (1): 46-65.

Nicholson, I. (2003), *Inventing Personality*, Washington, DC: APA Books.

Nisbet, P. (1932), *The Legend of Hell: An Examination of the Doctrine of Everlasting Punishment in the Light of Modern Scholarship*, London: Nisbet and Co.

O'Neill, S. and S. Nicholson-Cole (2009), "'Fear Won't Do It': Promoting Positive Engagement With Climate Change Through Visual and Iconic Representations," *Science Communication* 30 (3): 355-79.

Overy, R. (2009), *The Morbid Age: Britain Between the Wars*, London: Allen Lane.

Pain, R. (2009), "Globalized Fear? Towards an Emotional Geopolitics," *Progress in Human Geography* 33 (4): 466-86.

Panchev, D. (2013), "'Good Moral Panics' and the Late Modern Condition," London: LASALA Foundation.

Pearl, J. (1983), "French Catholic Demonologists and Their Enemies in the Late Sixteen and Early Seventeenth Centuries," *Church History* 52 (4).

Pearson, G. (2014), "Courage and Temperance," in R. Polansky (ed.), *The Cambridge Companion to Aristotle's Nichomachean Ethics*, Cambridge: Cambridge University Press.

Pfeiffer, R. H. (1955), "The Fear of God," *Israel Exploration Journal* 5 (1): 41-8.

Pieper, J. (1966), *The Four Cardinal Virtues: Prudence, Justice, Fortitude, Temperance*, Notre Dame, IN: University of Notre Dame Press.

Plamper, J. (2009), "Fear: Soldiers and Emotions in Early Twentieth-Century Russian Military Psychology," *Slavic*

Review 68 (2): 259-83.

Plato, *The Republic*, in J. M. Cooper (ed.) (1997), *Plato Complete Works*, Indianapolis: Hackett Publishing Company.

Pope, A. (1804), *The Poetical Works of Alexander Pope: With His Last Corrections, Additions and Improvements*, vol. 3, Philadelphia: T. & G. Palmer.

Prior, M. E. (1932), "Joseph Glanvill, Witchcraft, and Seventeenth-Century Science," *Modern Philology* 30 (2).

Reddy, W. (2001), *The Navigation of Feeling: A Framework for the History of Emotions*, Cambridge: Cambridge University Press.

Rees, M. J. (2003), *Our Final Hour*, New York: Basic.

Regan, A. (2012), *Animal Magnetism*, Tallahassee: Dreamspinner Press.

Rieseman, D. (1953), *The Lonely Crowd: A Study of the Changing American Character*, New York: Doubleday.

Riezler, K. (1944), "The Social Psychology of Fear," *The American Journal of Psychology* 49 (6).

Robin, C. (2000), "Fear: A Genealogy of Morals—Feelings of Vulnerability," *Social Research* 67 (4): 1085-1115.

Robin, C. (2004), *Fear: The History of a Political Idea*, New York and London: Oxford University Press.

Rodgers, D. T. (2012), *Age of Fracture*, Cambridge, MA: Harvard University Press.

Rowe, D. (2009), "The Concept of Moral Panic: An Historico-Sociological Positioning," in D. Lemmings and C. Walker (2009), *Moral Panics, the Media and the Law in Early Modern England*, Houndmills, Basingstoke: Palgrave Macmillan.

Rowell, G. (1976), *Hell and the Victorians*, Oxford: Oxford University Press.

Schlatter, R. (1945), "Thomas Hobbes and Thucydides," *Journal of the History of Ideas* 6 (3): 350-62.

Schoenfield, J. D. and J. P. Ioannidis (2013), "Is Everything We Eat Associated with Cancer? A Systematic Cookbook Review," *The American Journal of Clinical Nutrition* 97 (1): 127-34.

Segal, S. (2014), *Lucretius on Death and Anxiety*, Princeton: Princeton University Press.

Selleck, R. J. W. (1972), *English Primary Education and the Progressives: 1914-1939*, London: Routledge & Kegan Paul.

Shklar, J. N. (1989), "The Liberalism of Fear," in N. L. Rosenblum (ed.), *Liberalism and the Moral Life*, Cambridge, MA: Harvard University Press.

Shoveller, J. A., D. M. Savoy and R. E. Roberts (2002), "Sun Protection Among Parents and Children at Freshwater Beaches," *Canadian Journal of Public Health* 93 (2): 146-8.

Skoll, G. (2010), *Social Theory of Fear: Terror, Torture, and Death in a Post-Capitalist World*, New York: Palgrave Macmillan.

Small, J. B. (1898), *The Human Heart Illustrated by Nine Figures of the Heart: Representing the Different Stages of Life, and Two Death-bed Scenes: The Wicked and the Righteous*, Salisbury, NY: York Dispatch.

Smith, G. (1998), *John Stuart Mill's Social and Political Thought: Critical Assessments*, London: Routledge.

Sorell, T. (2010), "Hobbes, Public Safety and Political Economy," in R. Prokhovnik and G. Slomp (eds.), *International Political Theory after Hobbes*, International Political Theory Series, London: Palgrave Macmillan.

Spitz, R. (1952), "Authority and Masturbation: Some Remarks on a Bibliographical Investigation," *Yearbook of Psychoanalysis* 21 (4): 490-527.

Stanko, E. (1988), "Fear of Crime and the Myth of the Safe Home: A Feminist Critique of Criminology," in K. Yello and M. Bograd (eds.), *Feminist Perspective on Wife Abuse*, Newbury Park, California: Sage.

Stearns, P. N. (2006), *American Fear: The Causes and Consequences of High Anxiety*, New York: Routledge.

Stern, J. and B. Wiener (2006), "Precaution Against Terrorism," in P. Bracken, D. Gordon and I. Bremmer (eds.), *Managing Strategic Surprise: Lessons from Risk Management & Risk Assessment*, Cambridge: Cambridge University Press.

Stolberg, M. (2000), "An Unmanly Vice: Self-Pollution, Anxiety, and the Body in the Eighteenth Century," *The Society for the Social History of Medicine* 13 (1): 1-22.

Strauss, N. (2016), "Why We're Living in the Age of Fear," *The Rolling Stone*, 6 October 2016.

Strengers, J. and A. Van Neck (2001), *Masturbation: The History of a Great Terror*, New York: Palgrave / St. Martins.

Sue, D. W., C. M. Capodilupo, G. C. Torino, J. M. Bucceri, A. Holder, K. L. Nadal and M. Esquilin (2007), "Racial Microaggressions in Everyday Life: Implications for Clinical Practice," *American Psychologist* 62 (4): 271-86.

Svendsen, L. (2008), *A Philosophy of Fear*, London: Reaktion Books.

Szasz, A. (2009), *Shopping Our Way to Safety: How We Changed from Protecting the Environment to Protecting*

Ourselves, Minnesota: University of Minnesota Press.

Thucydides (1900), *History of the Peloponnesian War*, Oxford: Clarendon Press.

Toffler, A. (1970), *Future Shock*, New York: Amereon Ltd.

Tomes, N. (2000), "Public Health Then and Now," *American Journal of Public Health* 90 (2).

Tulloch, J. and D. Lupton (2003), *Risk and Everyday Life*, London: Sage Publications.

UNESCO (1972), *The World of Education Today and Tomorrow: Learning to Be*, Paris: UNESCO.

Valéry, P. (1927), *Variety*, New York: Harcourt Brace.

Vico, G. (2002), *The First New Science*, ed. and trans. Leon Pompa, Cambridge: Cambridge University Press.

Walsh, D. (1997), *The Growth of the Liberal Soul*, Columbia: University of Missouri Press.

Walters, B. N. J. and G. Egger (2007), "Personal Carbon Trading: A Potential 'Stealth Intervention' for Obesity Reduction?," *Medical Journal of Australia* 187 (11): 668.

Walton, D. N. (1996), "Practical Reasoning and the Structure of Fear Appeal Arguments," *Philosophy & Rhetoric* 29 (4): 301-13.

Weber, M. (1915), "Religious Rejections of the World and their Directions," in H. Gerth and C. Wright Mills (eds.) (1958), *From Max Weber: Essays in Sociology*, New York: Galaxy Books.

Wildawsky, A. (2017), *Searching For Safety*, New Brunswick, NJ: Transaction Books.

Wilkins, R. (1996), *Death: A History of Man's Obsessions and Fears*, New York: Barnes & Noble Books.

Wilkinson, G. (1841), *Manner and Customs of the Ancient Egyptians*, volume 1, London: John Murray.

Wilkinson, I. (1999), "Where is the Novelty in our Current Age of Anxiety?," *European Journal of Social Theory* 2 (4): 445-67.

Wilkinson, I. (2002), *Anxiety in a "Risk" Society*, London: Routledge.

Wilson, E. O. (1998), *Consilience: The Unity of Knowledge*, London: Little, Brown and Company.

Wodak, R. (2015), *"The Politics of Fear": What Right-Wing Populist Discourses Mean*, London: Sage.

Wolfe, A. (1998), *One Nation After All: What Middle-Class Amercians Really Think About*, New York: Viking.

Wootton, D. (1983), "The Fear of God in Early Modern Political Theory," *Historical Papers* 181: 56-80.

Wrenn, M. (2013), "Fear and Institutions," *Journal of Economic Issues* 47 (2): 383-90.

Zavaliy, A. G. and M. Aristidou (2014), "Courage: A Modern Look at an Ancient Virtue," *Journal of Military Ethics* 13 (2): 174-89.

NEXT 267

恐懼如何被操弄：不確定的政治、經濟與社會，為何形成21世紀的恐懼文化

How Fear Works: Culture of Fear in the 21st Century

作　者—福瑞迪（Frank Furedi）
譯　者—蔡耀緯
編　者—張啟淵
封面設計—兒　日
編輯總監—蘇清霖
董 事 長—趙政岷
出 版 者—時報文化出版企業股份有限公司
10803台北市和平西路三段二四〇號四樓
發行專線—（〇二）二三〇六—六八四二
讀者服務專線—〇八〇〇—二三一—七〇五
（〇二）二三〇四—七一〇三
讀者服務傳真—（〇二）二三〇四—六八五八
郵撥—一九三四四七二四時報文化出版公司
信箱—台北郵政七九～九九信箱
時報悅讀網—http://www.readingtimes.com.tw
法律顧問—理律法律事務所　陳長文律師、李念祖律師
印　刷—勁達印刷有限公司
初版一刷—二〇一九年十一月二十二日
定　價—新台幣四六〇元
（缺頁或破損的書，請寄回更換）

時報文化出版公司成立於一九七五年，
並於一九九九年股票上櫃公開發行，於二〇〇八年脫離中時集團非屬旺中，
以「尊重智慧與創意的文化事業」為信念。

恐懼如何被操弄：不確定的政治、經濟與社會，為何形成21世紀的恐懼文化 / 福瑞迪（Frank Furedi）著；蔡耀緯譯. -- 初版. -- 臺北市：時報文化, 2019.11
面；　公分. --（Next ; 267）
譯自：How fear works : culture of fear in the 21st century
ISBN 978-957-13-8008-7（平裝）

1.恐懼 2.社會互動 3.風險管理

541.6　　108017769

ISBN 978-957-13-8008-7
Printed in Taiwan